Thomas Knauf, *Babelsberg-Storys*

Thomas Knauf

BABELSBERG-STORYS

Erlebnisse eines Drehbuchautors
in Ost und West

Alexander Verlag Berlin | Köln

»*Dieses Unseligkeitsgefühl tritt gewöhnlich im vierzig-
sten oder fünfzigsten Jahr auf … Die ganze Vergangenheit beginnt sich zu summieren, Szenen aus dem eigenen Leben rollen sich auf wie ein Panorama, werden in
ein neues Licht gerückt, Vergessenes wird ausgegraben,
alles, bis ins kleinste Detail, kommt an den Tag.*«

August Strindberg

Ase: »Peer, du lügst!«
Peer: »Nein, nein, ich lüg' nicht!«

Henrik Ibsen

© by Alexander Verlag Berlin | Köln 2011
Alexander Wewerka, Fredericiastr. 8, D-14050 Berlin
www.alexander-verlag.com
info@alexander-verlag.com
Alle Rechte vorbehalten. Jede Form der Vervielfältigung und des Nachdrucks,
auch auszugsweise, nur mit schriftlicher Genehmigung des Verlags.
Alle Fotos stammen von Thomas Knauf, wenn nicht anders vermerkt.
Lektorat: Stella Diedrich und Katharina Broich
Umschlaggestaltung, Satz und Layout: Antje Wewerka
Coverabbildung: Szenenfoto aus *Die Architekten*, Foto: Christa Köfer
Druck und Bindung: Interpress, Budapest
Printed in Hungary (May) 2011
ISBN 978-3-89581-243-9

INHALT

* Die Kapitelüberschriften stammen von Songtiteln der ›Beatles‹, die origineller sind als die meisten deutschen Verleihtitel englischsprachiger Filme

TELL ME WHAT YOU SEE

ein Bild

VORSPANN

Dieses Buch soll junge Drehbuchautoren bewußt entmutigen, damit sie ihre naiven Illusionen verlieren und keine elenden Sklaven des Filmgewerbes werden; ihnen wiederum mit einigen hilfreichen praktischen Ratschlägen Mut machen, um ihr Talent an die schönste Nebensache der Welt (das Kino) zu verschwenden. Man sehe nur die strahlenden Kinderaugen, wenn das Licht der Leinwand auf ihre blassen Gesichter fällt, um zu begreifen, daß die Welt, wo man mit offenen Augen träumt, blauer und irdischer ist. Vor allem soll das Buch anregen; meinetwegen auch aufregen. Denn was allen gefällt, kann nichts Diskutables mitteilen.

Wer ein akademisches Lehrbuch über das Schreiben von Drehbüchern erwartet, wird also enttäuscht. Wer ein skandalträchtiges Enthüllungsbuch übers deutsche Film- und Fernsehgeschäft erhofft, ebenso. Die wahre Absicht dieses Buches ist es, wie Sheherazade Geschichten zu erzählen, um nicht den Kopf zu verlieren – als Filme in Worten nach wahren Begebenheiten. Der Erzähler (im Nebenberuf Journalist und Fotograf) bevorzugt es, nur aus subjektiver Perspektive über Dinge zu schreiben, die er selbst erfahren und erforscht hat. Im Deutschen wird das oft als Nachteil empfunden, im Englischen nie. Darum hält der Autor es mit John Lennon und singt: »*Half of what I say is meaningless. But I say it just to reach you, Julia!*«

***

Pat Hobby ist eine Romanfigur von F. Scott Fitzgerald (1896–1940), zugleich sein *alter ego* in den *Hollywood-Stories*, worin der erfolgreichste amerikanische Schriftsteller der ›goldenen zwanziger Jahre‹ seine frustrierenden Erfahrungen als Drehbuchautor im Filmgeschäft schilderte. Obwohl die *Hollywood-Stories* zu den weniger bekannten Büchern F. Scott Fitzgeralds zählen, ist sein bedauernswerter Held Pat Hobby für Drehbuchautoren, was Willy Loman für

Thomas Knauf, Karikatur von Laurie Anderson, 1993

Handlungsreisende, Josef K. für Buchhalter, Nikola Tesla für verkannte Technikerfinder ist – eine Identifikationsfigur.

Der Autor des vorliegenden Buches verwendet in einigen Kapiteln den Namen dieser literarischen Idealgestalt, um seinem Kollegen F. Scott Fitzgerald die Ehre zu erweisen, der mit nur vierundvierzig Jahren an Alkoholismus starb.

EIN BERUF WIE JEDER ANDERE

»SINNIG zwischen beiden Welten / Sich zu wiegen laß ich gelten:
Also zwischen Ost- und Westen / Sich bewegen sei zum Besten!«
J. W. Goethe

Die unvermeidliche Frage in Büchern übers Drehbuchschreiben –
wie finde ich eine gute Filmgeschichte – habe ich nie verstanden.
Entweder man hat etwas zu erzählen, oder man läßt es. Wenn man
sich nicht anders ausdrücken kann als durch das Schreiben, kommen die Geschichten von selbst. Man muß nur Augen und Ohren
aufsperren und am Leben teilnehmen. Allein vom Filmeanschauen
sollte man sich nicht inspirieren lassen, will man nicht bloß Mechaniker, sondern Erfinder dieser technisch reproduzierbaren Kunst
sein. Aus Träumen destilliert man auch keine originellen Drehbücher, selbst wenn man, wie das Medium Edgar Cayce, von Atlantis
und den verborgenen Geheimnissen der Pyramiden träumt. War es
Billy Wilder, der die Anekdote erzählte, wie ein Autor jede Nacht
den nie dagewesenen Film träumte? Am Morgen hatte er ihn stets
vergessen. So legte er Papier und Stift neben sein Bett, um den
Traum in der Nacht aufzuschreiben. Am Morgen darauf las er das
Geschriebene – *boy meets girl.*
    Also ist Drehbuchschreiben ein Bewußtseinsakt erinnerbarer eige-
ner und fremder Erfahrungen. Phantasie braucht dazu nur, wer kein
Realist ist. Jeder Mensch besitzt Phantasie, aber zielgerichtet erzählen kann nicht jeder. Wichtig ist die Fähigkeit, sich möglichst genau
zu erinnern und das Erinnerte zu strukturieren. Alles andere ist
Technik, Erfahrung, Fleiß, Talent und der unstillbare Drang, sich
mitzuteilen. Die banalsten Dinge können die Schleuse des Erzählens öffnen, nur daß ein Drehbuch nun mal etwas anderes ist, als
wie Marcel Proust im Bett zu liegen und *À la recherche du temps*
perdu (Auf der Suche nach der verlorenen Zeit) zu schreiben. Filme

ausdenken ist weniger ein Roman als eine Partitur, auf der das Orchester eines Drehstabes ein Stück in drei Sätzen bzw. Akten spielt. Manchmal auch ohne dritten Akt, aber nie ohne Figuren, die ein Problem haben und es lösen wollen/müssen.

Wie man eine Geschichte für den Film findet, ist so unbestimmbar wie die Frage, was zuerst da war – das Huhn oder das Ei. Beim szenischen Schreiben fürs Kino und Fernsehen löst sich das Paradoxe auf in den beiden Geburtsfehlern des Mediums – des reproduzierten Bildes und des Mehrwert heckenden Geldes. Der verstohlene Blick des biskopischen Apparates zur Wiedergabe von Ereignissen fand die ersten Geschichten quasi auf der Straße, bis die Jahrmarktbudenattraktion sich als synthetische Kunst über die anderen erhob. Zur bewußten Erzeugung von kollektiven Gefühlen erfand die neue Kunst den Beruf des *screenwriters*. Als Huhn, das goldene Eier wie am Fließband legt, war er von Stund an Produktivkraft der Geflügelproduzenten und somit unfrei. Trotz Massenproduktion von zumeist minderwertigen oder gar faulen Eiern genießt er, wenn er fleißig ist, eine durchaus artgerechte Tierhaltung. Die Freiheit, anders und von etwas anderem zu erzählen, bezahlt der Autor, wie jeder unbequeme Künstler, mit Erfolglosigkeit. Wenn er auch Regie führt und Produzent seiner Filme ist, kann er manchmal als bejubeltes *enfant terrible*, Liebling der Kritiker und ewiger Außenseiter von sich reden machen. Die Mehrzahl der schreibenden Filmerzähler muß als Lohnarbeiter der Medienfabriken tun, was von ihr verlangt wird, und auf Beförderung hoffen.

Um mir und dem Leser eine wortreiche Einlassung mehr oder weniger bekannter Tatsachen des spezifischen Schreibens für den Film zu ersparen, lasse ich Erwin Panofsky (1892–1968), einen der bedeutendsten Kunsthistoriker des Jahrhunderts, zu Wort kommen. Mit seinem einzigen Text über Populär- und Massenkultur »Style and Medium in the Motion Pictures« (1936/47)* führte der gebürtige

* Erstmals auf deutsch erschienen als ›Stil und Medium im Film‹ in *Filmkritik* 11/1967.

Deutsche auf nur achtundzwanzig Druckseiten mit einer ziemlich unakademischen Mischung aus kindlicher Kinobegeisterung und kunstkritischer Klarsicht in die Filmästhetik ein: »Im Film bleibt, im guten wie im schlechten, das Gehörte unlösbar gebunden an das Gesehene; der Ton, artikuliert oder nicht, kann nicht mehr ausdrücken, als die gleichzeitig sichtbare Bewegung.« Somit, stellt Panofsky vorbehaltlich fest, unterliege das Skript eines Films dem Prinzip des kombinierten Ausdrucks. »Das heißt nicht, daß das Szenarium bei einem Film gleichgültig ist. Es heißt nur, das sein künstlerischer Sinn sich grundsätzlich von dem eines Theaterstücks unterscheidet und erst recht von dem eines Romans oder einer Dichtung… So hängt die Bedeutung eines Filmskripts, ähnlich der eines Opernlibrettos, nicht nur von der literarischen Qualität ab, sondern ebenso, ja noch mehr davon, wie das Skript den Ereignissen auf der Leinwand integrierbar ist.«

Jeder, der unbedingt Filme schreiben will, sollte diesen kurzen, reich bebilderten Text lesen. Weil er manches lehrt, das man auf der Filmschule nicht unbedingt vermittelt bekommt: z. B. das subjektive, autobiografisch gefärbte Erzählen für den Film (Panofsky nennt es als Emigrant treffender *motion pictures* – bewegte Bilder) bei gleichzeitigem Nachdenken über die Wirkungsmechanismen des Mediums. Gute, nicht unbedingt erfolgreiche Filme sind zugleich originell (egal in welchem tradierten Genre), autobiografisch (auch im Sinne einer Generation, Nationalität, sozialen Klasse, kulturellen Minderheit) und einzelkämpferisch gegenüber den Allgemeinplätzen des populären Kinos. Das ist leicht dahergesagt, die Wirklichkeit eines Drehbuchautors sieht anders aus. *»Change the script!«* lautet der Befehl der Auftraggeber. So lange, bis alles Persönliche, sprich Selbstreferentielle, alles Medienkritische und zu Originelle getilgt ist. Ein Vertriebsprodukt ist gefragt, keine kostenintensive literarische Selbstbespiegelung in Bildern. Aber zurück zu dem Problem: Wie finde ich eine Geschichte, die Film- oder Fernsehgeschichte schreibt. Denn das wollen wir doch alle – uns ins Guinness-Buch der Mediengeschichte einschreiben oder wenigstens zwei Tage Aufmerksamkeit mit unserer Arbeit erringen. Durch Verleugnen des künstlerischen Ichs kann es vielleicht gelingen, tut es aber selten. Film als Massenmedium ist das Gegenteil von Modedesign oder Autoherstellung. Er will weder getragen, noch gefahren werden, nur angesehen. Gewöhnlich einmal, und da muß die Wirkung sofort überzeugen, im Fernsehen schon in den ersten zehn Minuten. Trotzdem oder gerade deshalb braucht es Autoren, die riskieren, vom Publikum mißverstanden zu werden. Nicht selten begreift dieses erst spät die Bedeutung des Kunstwerkes. Dank Kinematheken und Fernsehen ist ein Wiedersehen manchmal eine wahre Entdeckung. Leider muß ein Filmautor, wie andere Zeitgenossen, monatlich seine Miete zahlen und Dinge schreiben, die er zutiefst verachtet. Wie in jeder Kunst gibt es unausgesprochene Möglichkeiten, die Ideenlosigkeit festangestellter Redakteure, freier Produzenten, unterbeschäftigter Regisseure durch Kopieren von Meisterwerken zu begeistern. So kann der Filmautor beim geforderten Thema *Love Story* aus seiner privaten ›Chronik der Liebesunfälle‹ schöpfen und, wenn ihm das zu intim ist, von dem gleichnamigen Roman von Tadeusz Konwicki, Segals *Love Story* oder Goethes *Werther* leiten lassen. Alle drei Werke wurden längst verfilmt, wie die meisten großen Liebesgeschichten.

Man kann, um dem Dilemma des ›Alles-war-schon-da‹ zu entfliehen, auch mehrere Ideen zu einer verknüpfen und daraus einen originellen Filmstoff stricken. Vorausgesetzt, man hat Zeit und Muße, etwas zu schreiben, wonach niemand verlangt. Das sind wohl die glücklichsten Momente im Leben eines Lohnschreibers, wenn er Ideen hat, die noch nicht der Zensur von Redakteuren, Produzenten, Regisseuren unterliegen.

Die wahrscheinlich glücklichste Zeit für Filmautoren waren die 1930/40er Jahre, als Hollywood-Produzenten begabte Stückeschreiber und Prosaerzähler ins sonnige Kalifornien einluden und ihnen gutes Geld zahlten, damit sie sich täglich mehrere Stunden in Büros auf dem Studiogelände einschließen ließen, um irgend etwas zu Papier zu bringen. So gut wie nichts von diesen Autoren wurde verfilmt, nicht mal gelesen von den Studiobossen. Es genügte ihnen, damit zu prahlen, daß sie Leute wie Maxwell Anderson, William Faulkner, F. Scott Fitzgerald, Lillian Hellman, Joe Orton unter Vertrag hatten und so der gebildeten Leserschaft ihre besten Literaten am Leben erhielten. »Hollywood, solange es die beschriebene Eigenart hatte, war Amme, Nährerin und überhaupt Daseinsvoraussetzung der gesamten nordamerikanischen Kunst, und das, obgleich es doch Filme machte«, behauptet der DDR-Dichter Peter Hacks neidisch in *Die Maßgaben der Kunst* (Aufbau Verlag 1988). Doch ganz so selbstlos waren die *Tycoons* vom Hollywood-Boulevard nicht. Für ihr, im übrigen nur einige Jahre währendes, Mäzenatentum, erhielten sie günstig die Verfilmungsrechte an den Büchern und Stücken der ›Eingeschlossenen‹, die dann meist von schlecht bezahlten *screenwriters* adaptiert wurden. Irgendwann mußten die Namhaften auch Originaldrehbücher liefern oder ihr kalifornisches Schlaraffenland verlassen. Auf Almosen hoffen Drehbuchautoren seitdem vergebens, nur noch in Babelsberg bei der DEFA wurde man dafür bezahlt, so wenig wie möglich zu schreiben. Weshalb des Dichters und Ulbricht-Verehrers Hacks Bonmot »Die DDR ist das reichste Land der Welt« zum geflügelten Wort für die allgegenwärtige Vergeudung der Produktivkräfte im Staat des saarländischen Dachdeckers wurde. Meines Wissens besaß keiner meiner Babelsberger Kollegen, wie der ›preußische Goethe‹, ein Lustschloß im Brandenburgischen, einige wurden immerhin von westelbischen Bühnen und Verlagen mit Devisen alimentiert, von denen der Arbeiter-und-Bauern-Staat den Hauptteil einstrich.

Doch zurück zur Frage ›Wie schreibe ich eine gute Geschichte für den Film und wo finde ich sie‹. Am besten, man vertraut wie eh und je auf die drei Moiren oder Parzen, Töchter des Zeus und der Themis, die unser Schicksal durch Zufall und Notwendigkeit lenken. Klotho spinnt den Lebensfaden, Lachesis teilt das Lebenslos zu, Atropos durchschneidet ihn. Alles andere sind mehr oder weniger praktikable Tricks von Wanderpredigern, Skriptagenten oder redaktionellen Dogmatikern.

Wer sucht, der findet. Nicht unbedingt, was er sucht, aber etwas anderes, das ihn dann sucht und findet, wenn die Zeit reif ist.

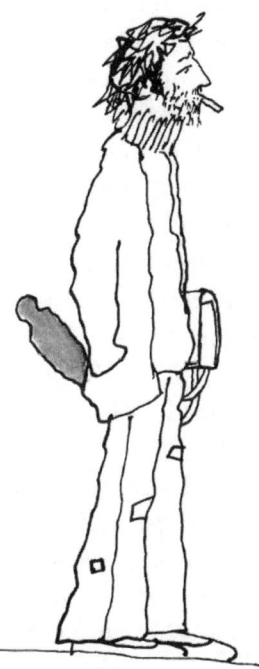

GESTERN ERHIELT DER JUNGE OSTBERLINER
THOMAS KNAUF AUF EINEM FESTAKT IN
DER USA - BOTSCHAFT DEN DIESJÄHRIGEN
OSCAR FÜR DAS BEMERKENSWERTESTE
FILMDREHBUCH DES JAHRES 1981 VERLIEHEN.
U. BILD ZEIGT: TH.KNAUF UNMITTELBAR NACH
VERLASSEN DER BOTSCHAFT, WENIGE MINUTEN
VOR SEINER VERHAFTUNG DURCH 4 VOPOS.
(ASSOSIATED PRESS INTERNATIONAL REPORT)

Karikatur von Grischa Meyer, 1981

ES WERDE LICHT!

Unlängst war ich zum ersten Mal in Lyon, um den Ort der fünfjährigen Kriegsgefangenschaft meines Vaters zu sehen. Ich fand die Alu-Gießerei im Stadtteil *Villeurbanne* genau so vor, wie mein alter Herr sie beschrieben hatte. Sogar die Eckkneipe, in der er mit dem *Poilu* des Viertels Rotwein trank, wenn er Ausgang hatte, gab es noch. Der Lokaltermin erwies sich als unerwartet emotionales Erlebnis, wie ein Film, den ich zigmal gesehen hatte. In Bernardo Bertoluccis *Die Strategie der Spinne* (1970) wandelt ein Sohn auf den Spuren seines Vaters, der im Krieg als Partisan gegen die Deutschen umkam. Diesen italienischen Film nach der Erzählung »Thema vom Verräter und vom Helden« des Argentiners Jorge Luis Borges hatte ich im Kopf, als ich den Ort der Gefangenschaft von Hans im Unglück, meinem Vater, besichtigte. Er versicherte, es seien die besseren Jahre seines Lebens gewesen. Nach einem Arbeitsunfall leitete er die Materialausgabe der Gießerei und lernte Französisch. Der Fabrikbesitzer nahm seine *allemands* im Sommer mit auf sein Weingut in Südfrankreich, wo sie nicht arbeiten mußten, nur mit ihm Wein verkosten. Nach Kriegsende schickte er jedes Weihnachten ein Freßpaket in die DDR und einen Brief, der mit »Mon cher Hans!« begann. Stets bedauerte er meinen Vater, daß er, statt in Frankreich zu bleiben, zu den Kommunisten ging. Dafür konnte ich schon mit drei Jahren die erste Lektion des Französisch-Lehrbuchs: *le bœuf* – der Ochs, *la vache* – die Kuh, *fermez la porte* – die Türe zu.

In Lyon suchte ich vergebens nach dem Mann, der einen Nazi Freund nannte, fand dafür andere Freundschaften. Und eine Filmstory, die mir zu Hause nie eingefallen wäre. Nicht genug, ich kam in Lyon fast zu Tode. An einem sonnigen Samstag radelte ich am Ufer der Rhone entlang. Plötzlich gab es ein Gewitter und im Sturm fiel der Ast einer Platane auf mich und einen Fußgänger. Er mußte ins Krankenhaus, ich kam mit einer Platzwunde am Kopf davon. Gutes Material für einen Film. Doch es kam noch besser. Im Mu-

Rue du premier-film, Straße in Lyon 2008

seum der Brüder Lumière gibt es ein 360-Grad-Panoramafoto aus dem Jahr 1901. Darauf sieht man einen Jungen und ein Mädchen, die aus verschiedenen Blickwinkeln neugierig in die Kamera schauen. Ich fragte mich, was wohl aus ihnen wurde. Wie entwikkelte sich ihr Leben nach der Geburtsstunde des Films, dessen Taufpaten die Brüder Louis und Auguste Lumière waren? Die Hoffnungslosigkeit, zwei namenlose Kinder aus der Wiege des 20. Jahrhunderts ausfindig zu machen, und der zweifelhafte Versuch, in die Kriegsgefangenschaft meines Vaters einzutauchen, überlagerten sich am selben Ort auf filmische Weise. Gewiß, ich könnte eine Er-

Details aus dem 360-Grad-Bild der Brüder Lumière von 1900 (Lumière-Museum Lyon)

zählung darüber schreiben, gar einen Roman über die Ungewißheit fotografischer Dokumente oder des Lebens an sich. Als *l'homme de cinéma* wird aber (fast) alles, das ich schreibe, ein Film in Worten.

Was will ich damit sagen? Man liebt entweder die Kunst des Kinos und lebt in ihr, oder man tut es nicht und sieht fern. Ersteres läßt einen immer an die Möglichkeit denken, vergangene Dinge zu erleben, letzteres nur an die Vergangenheit als Erklärung für Gegenwärtiges. Zwischen Guido Knopps Geschichtslektionen und dem Indianer, der am Lagerfeuer die alten Legenden erzählt, liegen Welten. Zwischen Hollywood und den Ureinwohnern Amerikas liegt die Zerstörung einer Kultur. Ich war einmal auf einem Indianer-Festival in Québec. Dort sang ein alter Indianer die Lieder seines

Details aus dem 360-Grad-Bild der Brüder Lumière von 1900 (Lumière-Museum Lyon)

Stammes ohne die dazugehörigen Worte. Er erinnerte sich lediglich an die Melodien und sang auf unendlich traurige Weise: »Wir haben die Legenden unseres Volkes vergessen. Aber der Klang der Worte ist uns geblieben, deshalb singe ich He-ja, He-ja, He-jo ...«

Film bewahrt, wie fadenscheinig auch immer, die Bilder und Töne dieser uralten Legenden und wirft ein Licht auf die Zeit, wo die Menschen noch alles wußten, was ihnen wichtig schien. Ihr Verstand wurde nicht mit unnützen Informationen und Meldungen überfrachtet, die äußere und innere Welt war mit dem Mantel des Geheimnisses umkleidet und trug die poetische Kraft des Mythischen in sich, die an der Erfahrung des Alltags gemessen wurde. Der Mythos des kollektiven Gedächtnisses, den C. G. Jung das Unbe-

Auguste & Louis Lumière, Lumière-Museum Lyon 2008

wußte nennt, heißt im Fernsehen KULT und dekliniert die Dekaden der Nachkriegszeit als Summer of the 60s, 70s, 80s … durch, animiert die Kapitel der Urzeit als Disneyland, kürt Jesus Christus zum ›sexiest man alive‹ und das Dritte Reich zur ›greatest story ever told‹. Bei aller Liebe für fotografische Medien, aber »Wo findet man noch ein stilles Kloster ohne Fernsehen« und »Wie kann eine Schwangere eine Tageszeitung lesen, ohne sofort eine Fehlgeburt zu haben?« schreibt der 83jährige italienische Dichter Guido Ceronetti.

Das Licht der Leinwand ist der Altar der Ungläubigen, Desperaten und Süchtigen, der Hoffnungs- und Erwartungsvollen, wie der *spiritus rector* des Neuen deutschen Films Laurens Straub sagte. Leuten wie ihm ist dieses Buch gewidmet. Nicht denen, die keine Erwartungen haben und längst die Hoffnung aufgaben, daß die Dinge sich zum Guten wandeln.

Wenn am 21. Dezember 2012 das Ende der Welt kommen sollte, wie die Maya es prophezeiten, werden zumindest die Kameras der orbitalen Raumstation es filmen. Und wenn alles Menschliche von diesem Planeten verschwindet, können alle Filme, die das Fernsehen je in den Äther strahlte, noch Millionen Lichtjahre von der Erde empfangen werden. Da versteht man, warum sich heute jeder drängt, ins Fernsehen zu kommen, egal wie peinlich sein Auftritt ist. Wer sagte, wenn die Welt morgen unterginge, würde er heute noch einen Baum pflanzen? Er war gewiß ein Dramatiker – jemand, der an die vergebliche Kraft des Erzählens glaubte.

Als J. W. Goethe in seinem Bett am Frauenplan im Sterben lag, waren seine letzten Worte »Mehr Licht!«. DDR-Germanisten schrieben Berge von Doktorarbeiten über den Sinn dieser Worte und sahen darin die Vision des Dichters von der lichten Zukunft des Sozialismus. Daß Goethe, in Hessen gebürtig, mitten in dem Satz »Mer liecht hier schlecht« verstummte, fiel den linkselbischen Deutschlehrern nicht ein. Oder sollte er die Erfindung der Lichtspielkunst phantasiert haben? Geben wir ihm also das letzte Wort, da es eine wichtige erste Erkenntnis für Drehbuchautoren enthält.

»Es gibt drei echte Naturformen der Poesie: die klar erzählende, die enthusiastisch aufgeregte und die persönlich handelnde: *Epos, Lyrik, Drama*. Diese drei Dichtweisen können zusammen oder abgesondert wirken … obgleich diese Verfahrensart mehr zur eigenen Belehrung, Unterhaltung und Maßregel als zum Unterricht anderer geeignet sein mag, so wäre doch vielleicht ein Schema aufzustellen, welches zugleich die äußeren zufälligen Formen und diese inneren notwendigen Uranfänge in faßliche Ordnung brächte. Der Versuch jedoch wird immer so schwierig sein als in der Naturkunde das Bestreben, den Bezug auszufinden der äußeren Kennzeichen von Mineralien und Pflanzen zu ihren inneren Bestandteilen, um eine naturgemäße Ordnung dem Geiste darzustellen.« (*West-östlicher Diwan*)

NOBODY I KNOW

PAT HOBBYS KADERAKTE

> *»Jeder Einzelne hat die Verantwortung,*
> *seine für ihn gültige Wahrheit zu finden.«*
> *Fritz Lang, Filmregisseur*

Jeder Beruf deformiert den Menschen. Aber mancher bringt eine kindliche Erfahrung mit, die ihn den Beruf wählen läßt, in dem er dann brilliert oder scheitert.

Er wuchs, wie Brecht sagte, in finsterer Zeit auf, die ›Der Kalte Krieg‹ hieß. Auch das Land, in dem das Kind an einem kalten Januartag zur Welt kam, war finster. Es gab viel Arbeit, aber wenig zu essen. Die Regierung machte große Worte, denen unpopuläre Taten folgten. Wer sich beschwerte, wurde als Defätist verhaftet, wer das Maul hielt und fleißig war, wurde Aktivist. Wer Drecksarbeit haßte, ging auf die Parteischule. Als Künstler reichte es nicht, die Konflikte und Leidenschaften des Alltags zu beschreiben, es mußten auch die Lösungen aller Probleme ausgeführt und die Schönheit des Sozialismus gepriesen werden. Keine leichte Aufgabe, wenn dauernd der Strom ausfiel, man bei Kerzenschein in die lichte Zukunft blicken sollte und jedes Wort auf die Goldwaage der Zensur gelegt wurde. So verkam die von Marx und Engels gepriesene Hegelsche Dialektik zu popularisiertem Wissen im Quadrat, die freie Rede zur ›Kunst des inneren Vorbehalts‹, die Erziehung der Gefühle zum Geist kollektiver Anpassung. Der Kindergarten war die erste Form der Mißhandlung, damit der Mensch nicht erwachsen wird, in ewiger Obhut und Gnade von Vater Staat bleibt. Elternhaus und Schule die entscheidende, Armee und Betriebskollektiv die wenn nötige Nachbehandlung des Neuen Menschen, dessen *conditio humana* vom Kopf auf die Füße der Politik gestellt wurde.

Kaum drei Jahre alt, sah er, als russische Panzer auf die BUNA-Ar-

beiter schossen, daß alles um ihn herum Lüge war, und so wurde er ein überzeugter Lügner. Ohne rot zu werden, erzählte er erfundene Geschichten und glaubte sie irgendwann selbst. Zum Beispiel, daß sein Vater im Krieg polnischer Partisan war und Züge in die Luft sprengte. Tatsächlich haßte der Vater als deutscher Ingenieur die Kommunisten, weil sie, wie er sagte, faul waren und nicht in Zusammenhängen dachten. Seine Mutter ertrug das Wort Phantasie nicht, weil sie nie das bekam, wovon sie träumte. Ihre Drohung »Sag lieber gleich die Wahrheit! Ich bekomme es doch heraus« schien ihm lange so wirksam wie die Merseburger Zaubersprüche. Bis er einen Heuschober anzündete, doch weder sie noch die Volkspolizei den Brandstifter überführte. Der Zauber der Wahrheitsfindung hatte seine Macht verloren. Das Lügen wurde ihm zur Wissenschaft, mit der er die verlorene Welt der Gefühle erforschte. Später gegen die Allmacht der Worte. Besondere Fertigkeit errang er im Nacherzählen von Filmen, die er nicht oder nur teilweise gesehen hatte. Jeden Sonntag saß er für 50 Pfennig im Kino ›Flohkiste‹, wo das Licht der Leinwand mehr wärmte als die Augustsonne über den Schloten von LEUNA und BUNA. Erst spät kam er zum Film und lernte das Handwerk von der Pike auf. Zu spät, wie alles in seinem Land. Mit dreiunddreißig war er noch immer Nachwuchstalent und blieb es trotz Fleiß und Klugheit in Fragen der Staatsräson bis zum Ende der DDR. Sein politisches Desinteresse konnte er nur schwer verbergen, weil er gelernt hatte, daß die erzwungene Lüge der Feind der inneren Wahrheit ist. Zum Glück war er chronisch depressiv. Sonst hätte er den Unsinn geglaubt, den er bisweilen von sich gab, um seine Auftraggeber zu beeindrucken. Er liebte die ungereimten Verhältnisse, das Unfertige und die aussichtslosen Unternehmen, die das humane Material des Kinos sind.

Am Ende der DDR war auch er am Ende, weil die Farben der Verstellung seine Unschuldsmiene verschmiert hatten. Er glaubte, daß er im Westen nicht frei sein könne, höchstens frei von Arbeit. Doch er begrüßte die Annehmlichkeiten des Kapitalismus und fand sein Auskommen zwischen Rede- und Schreibfreiheit geteilt durch Mieterhöhung, Spitzensteuersatz, Kopfpauschale, Mieterhöhung. Sein Kapital waren sein Fleiß und seine Unfähigkeit, Dinge zu tun, die andere als ihn selbst schmerzten. Doch die Zeit heilte alle Wunden, die er sich durch Arbeit zufügte, um nicht zu verhungern. Erst mit fünfundfünfzig Jahren fing er an, sich selbst zu beschreiben. Nicht aus Eigenliebe oder mangelnder Einbildungskraft, sondern weil er spät erkannt hatte, daß nur subjektives Erinnern die Erfahrung einer Generation bewahrt. Allein das erzählerische ICH kann die von Mode-, Konsum- und Medienterror entfremdeten Menschen emanzipieren. So wurde aus dem ungeliebten Kind und notorischen Lügner, in dessen Schulzeugnissen steht: »Sein Geltungsdrang und mangelnder Kollektivgeist stehen im Widerspruch zu seinen guten schulischen Leistungen«, zuletzt noch ein Gefühlsmensch, der seine

schreibende Kraft aus Mitleidenschaften und Verzweiflungen extrahiert. Im gesetzten Alter, findet er, ist es nicht nötig, Drehbücher zu schreiben, sondern Bücher. Das Kino ist ein Ort der Jungen, ein Medium der Melancholie und Grandiosität ohne Vergangenheit und Zukunft. Die Alten müssen erklären, wie es war und hätte sein können. Denn es gibt kein Wissen als den phantastischen Algorithmus der Erinnerung. Das Leben jedes einzelnen ist ein Film, dessen Bilder regellos aneinandergereiht sind und keinen Sinn ergeben. Erst die Fähigkeit bewußter Montage (Erzähltechnik) und Gefühlsbetontheit (Dramaturgie) schafft der Selbstbetrachtung die öffentliche Form. Er arbeitet seit dreißig Jahren mit mehr oder weniger Erfolg daran, ohne seinem Vorbild F. Scott Fitzgerald jemals das Wasser reichen zu können.

EIN FILM BRINGT DIE MAUER ZU FALL

Wie immer seit zehn Jahren fuhr ich auch an diesem Tag mit einer Mischung aus Vergeblichkeit und Pflichtgefühl nach Babelsberg. Auf halber Strecke stotterte der Motor meines VW 1300 Baujahr '72 und starb kurz hinter Teltow. Ich stellte den Wagen, den ich vor kurzem für 23.000 DDR-Mark von einem Bekannten gekauft hatte, am Straßenrand ab und hielt Ausschau nach einem Taxi. »Warum kaufst du auch immer antike Westautos«, meinte mein Begleiter, der Regisseur Peter Kahane. »Weil ich erst seit elf Jahren auf einen Lada angemeldet bin und im August 1990 dran. Wer weiß, ob wir dann noch bei der DEFA arbeiten«, lächelte ich gequält. Die Frage war durchaus nicht geschichtspessimistisch, sondern tagesaktuell. Sie würde in einer Stunde beim Studiodirektor beantwortet werden, der uns zu sich bestellt hatte wegen der fraglichen Produktionsfreigabe unseres Filmprojektes *Die Architekten*. Das fertige Drehbuch lag seit Monaten beim Chefdramaturgen, ohne daß es irgendwelche Beanstandungen oder Änderungsvorschläge gab. Keine Reaktion, weder für noch gegen den zugegeben unerhörten Stoff über das Scheitern junger Architekten an der DDR-Baupolitik. Als sei dies noch nicht genug, gab es in dem Drehbuch zwei Ausreiseanträge, einen Stasispitzel und eine dubiose Figur, die unschwer als der Erbauer der Stalinallee Hermann Henselmann zu erkennen war. Er hatte mich zum Schreiben des realen Falles ermutigt, sich dann aber aus Zeitmangel absentiert. Von der Ideenskizze bis zum Drehbuch gab es im Studio keine Probleme, was ungewöhnlich war. Etliche meiner Filmideen landeten spätestens als Exposé oder Treatment mit dem Vermerk ›abgebrochen‹ im Archiv des Lektorats.

Die Arbeit an *Die Architekten* begann Anfang 1988, doch der Stoff verfolgte mich seit Mitte der siebziger Jahre. Er basierte auf realen Ereignissen und passierte einer Gruppe junger Architekten in Berlin, dessen Leiter Michael Kny war. Sie sollten im Auftrag der Jugendorganisation FDJ die kulturellen und gastronomischen Bauten für die fertige ›Schlafstadt‹ Marzahn entwerfen. Das Projekt

WEST

AUF

ZU

ZU

AUF

Produktionsfremden
und Besuchern
ist das Betreten des Ateliers
verboten !

Studio Babelsberg, Tonkreuz 1992

wurde als zu kühn und ökonomisch untragbar erst verstümmelt,
dann ganz beerdigt. Kny blieb in der Berliner Ingenieurhochbau
GmbH, die anderen glorreichen Siebzehn stiegen größtenteils aus
dem Architektenberuf aus, der sie durch eine auf Quantität orien-
tierte Politik zu Bauingenieuren degradierte.

Ich war ebenfalls Opfer des finsteren Umgangs der SED-Politiker
mit jungen, engagierten Kadern, deren Studium den Staat viel Geld
kostete. Nach fünf Jahren vergeblicher Mühe als Szenarist der
DEFA debütierte ich sechsunddreißigjährig mit dem Film *Rabenvater* über einen Bauskandal in Halle. Der brisante Stoff wurde vom
Generalstaatsanwalt der DDR untersagt, weshalb ich das Drehbuch

Peter Kahane und Thomas Knauf 1987. Foto: Helga Paris

auf eine rein private Geschichte reduzierte. Der Film wurde von der Kritik verrissen, obwohl das Hallenser Publikum ihn mochte, denn der eigentliche Held war die ›Diva in Grau‹ im Chemiedreieck zwischen Leuna, Buna und Bitterfeld.

Danach hatte ich gelernt, daß man solche Kompromisse nicht ungestraft macht, und plante nach dem erfolgreichen Jugendfilm *Vorspiel* des Regisseurs Peter Kahane einen Streifen über die verlorene Generation der 1950er DDR-Kinder. Ihnen mißtraute man politisch auf allen Leitungsebenen, weil sie als Kinder den Westen noch kennengelernt hatten.

Der Film war gedacht als ›Autobiografie einer Generation‹, wie der ungarische Regisseur István Szabó seine frühen Werke nannte. Ich hatte meine Diplomarbeit an der HFF über sie geschrieben und war 1980 sein Regieassistent bei *Mephisto* für die Dreharbeiten in Babelsberg. Von Szabó István (wie es ungarisch heißt) habe ich gelernt, daß man keine Kompromisse beim Erzählen der eigenen Geschichte machen darf. Aber man muß auch eine Form finden, um gesellschaftliche Prozesse zu subjektivieren. Denn Film ist nicht sachliche Geschichtswissenschaft, sondern Drama handelnder Figuren. Szabós formale Originalität war das Lyrische im Drama, die Innenwelt seiner Helden im Konflikt mit der Außenwelt. Seine in der DDR nur in Filmklubs gezeigten Werke *Alter der Träumereien*, *Liebesfilm*, *Feuerwehrgasse 25* und *Budapester Legende* waren meine kinematografischen Universitäten. Trotzdem konnte ich beim Drehbuchschreiben seine poetische Methode nicht einfach übernehmen. Der ungarische ›Gulaschkommunismus‹ von János Kádár war dem »real existierenden« Sozialismus Erich Honeckers ungefähr so ähnlich wie die Nibelungen den Hunnen. Ich wählte für *Die Architekten* die lyrische Form des Kinderreims »Zehn kleine Negerlein« und erzählte, wie ein Architekt nach dem anderen aus dem Marzahner Jugendprojekt aussteigt, bis zuletzt noch einer übrigbleibt – der Gruppenleiter Daniel Brenner, Abbild meines Freundes Michael »Jimmi« Kny. Über ihn allein könnte ich ein Kapitel schreiben. Nur soviel: 1948 in Meißen geboren, studierte er an der Bauakademie Weimar, sah mit seinem langen schwarzen Haar aus wie ein Indianer, redete wenig, malte surreale Bilder und las am liebsten Science-Fiction-Romane. Jeden Morgen im Büro trug er seinen Mitarbeitern ein Gedicht von Brecht vor und fragte sie, wie Ideal und Wirklichkeit in der Bautätigkeit zusammengehen. Wenn er auf »Feten« nach den *Stones* oder *Roxy Music* tanzte, schüttelte er sein offenes Haar und alle Frauen waren am Rand des Nervenzusammenbruchs. Doch Jimmi war mit dem Mannequin Petra verheiratet, die wie die Zwillingsschwester von Jane Birkin aussah, ist es noch heute. Wer, wenn nicht ich, hätte sich bei der auf typische DDR-Helden fixierten DEFA einen Film über so ein exotisches Mannsbild ausgedacht?

Peter Kahane gefiel mein Treatment nicht. Er fand die parabel-haft-poetisch erzählte Story zu pessimistisch und wollte sie gerade-heraus als Drama des Scheiterns an objektiven Problemen verfilmen. Ich hatte meine Lektion von *Rabenvater* nicht vergessen, sah aber ein, daß der Drehbuchautor den Regisseur bedienen muß. Bei der Bucharbeit zu *Vorspiel* hatten wir uns heftig gefetzt, das Ergebnis aber war mehr als befriedigend. Film ist Teamwork, und wer Streit nicht aushalten kann, ist falsch in dem Beruf.

Im Sommer 1988 schrieben wir das Drehbuch zu *Die Architekten*. Kahane behauptet heute, wir hätten uns nur gestritten, doch ich habe eine Erinnerung von höchst intensiver, einhelliger Arbeit. Wußten wir, daß wir an etwas saßen, das größer war als unser Frust mit den DDR-Verhältnissen und das uns ein Leben lang anhängen wird? Ja und nein. Weil wir uns die Freiheit nahmen, die innere Zensur zu ignorieren. Weil wir nicht glaubten, daß daraus je ein Film entstehen würde.

Im Oktober '88 ließ man mich mit einem Visum des Schriftst-lerverbandes für drei Monate nach Großbritannien reisen, nachdem ich bisher weder zu Filmfestivals noch privat in den Westen fahren durfte. Zu Weihnachten rief ich Kahane aus einer roten Telefonzelle auf den Klippen der Antrimküste in Nordirland an und versicherte ihm, im Januar wieder in Ostberlin zu sein. Im Kultusministerium hatte man wohl gehofft, daß ich nicht wiederkommen und der un-geliebte Film deshalb nicht gedreht werden würde. Inzwischen war Februar '89. Kahane und ich wollten nicht länger warten. Wir be-schlossen, unsere relativ erfolgreichen DEFA-Karrieren zu beenden, wenn *Die Architekten* nicht gemacht werden würde. Peter Kahane war als »Lubitsch der DDR« mit melancholischen Komödien hoch gelobt worden, durfte aber seinen ersten nicht komischen Film über seinen Vater im französischen Internierungslager für Spanienkämp-fer 1938 nicht machen und war verbittert. Ich hatte nach neun Jahren mit einem Dutzend vergeblicher Filmstoffe und zwei Kino-premieren genug von Babelsberg und wollte durch ein völlig un-mögliches Drehbuch die Studiotür hinter mir zuknallen. Doch es

Nobody I Know

Szenenfotos aus *Die Architekten*, DEFA 1989. Fotos: Christa Köfer

kam anders. Der DEFA-Direktor, gelernter Friseur und Theater-regisseur, erklärte uns, er werde aus gesundheitlichen Gründen vor-zeitig aus dem Amt scheiden. Die Freigabe für *Die Architekten* liege dann in den Händen seines Stellvertreters. Der Chef lobte uns beide als seine besten jungen Pferde im Stall, ermahnte uns aber, gerecht mit den SED-Genossen im Film umzugehen. Sie hätten es nicht leicht und seien auch nur Menschen.

Der neue DEFA-Direktor Golde erklärte, er könne unserem Film-projekt aus politischen Gründen nicht zustimmen, und verwies die Sache an den Filmminister. Monatelang wurde die längst freige-gebene Produktion mit der Begründung, es gäbe nicht genug dispo-nierbare Fahrzeuge, verzögert. Ende September '89 dann fiel die er-ste Klappe zu *Die Architekten*. Am 10. November kam der halbe Stab trunken vom Mauerfall und »Henkell Trocken« aus Westberlin zum Drehort. Die vorletzte Szene des Films wurde im Drehplan als offe-ner Posten zurückgestellt, weil der Drehort Brandenburger Tor der Genehmigung des Verteidigungsministeriums bedurfte. Was so wahrscheinlich war wie ein Auftritt von Wolf Biermann im *Kessel Buntes*. Vier Tage vor Öffnung des Tores für Fußgänger konnte die wichtigste Szene des Films noch gedreht werden. Allen Beteiligten war jedoch bewußt, daß die erste szenische Darstellung der Berliner Mauer im DEFA-Film Geschichte ist. Als *Die Architekten* im Mai 1990 auf dem letzten Nationalen Spielfilmfestival mit Preisen gefeiert wurde, wollte niemand den Film in DDR-Kinos sehen, wo jetzt die neusten Hollywood-Filme liefen. Im Westen wurde der Streifen wegen seiner verspäteten Premiere als »Wendefilm« gesehen und als postumer Abgesang auf die DDR-Planwirtschaft mißverstanden. Erst zehn Jahre nach der Wiedervereinigung lief der Film erstmals im Deutschen Fernsehen, weitere fünf Jahre später kam er auf DVD heraus. Inzwischen steht er in jeder Videothek, alle Goethe-Institute haben ihn im Regal und das New Yorker Museum of Modern Art er-warb eine Kopie für sein Filmarchiv. Ich sage das nicht aus Angebe-rei, sondern aus später Genugtuung, daß Kompromißlosigkeit und Sturheit manchmal zum Erfolg führen. Allzuoft freilich nicht.

ABSCHIED VON GOLGATHA

»Die DDR ist eine gute Schule.
Aber irgendwann muß jeder aus der Schule raus.«
Angelika Domröse, Schauspielerin

Ich behaupte: Geschichte wiederholt sich doch. Nur die Machtverhältnisse ändern sich mit den Zeiten. Ein Blick in die Zeitung ist wie Kino, alles schon dagewesen. Und der Mensch? Je mehr er versucht ist, sich und seine Welt zum Guten zu ändern, desto mehr Mitmenschen enden in Umerziehungslagern oder im Exil. Wieso, frage ich mich manchmal, macht jede Generation dieselben Fehler der vorhergehenden, wo wir doch einmalig sind?

In der mentalen und horizontalen Enge der DDR war ich mir selbst so fremd, daß ich mich danach sehnte, jemand anderer zu sein. Im Schatten der Berliner Mauer träumend, stellte ich mir vor, der russische Dichter und Drehbuchautor Viktor Schklowski zu sein, der vor der Oktoberrevolution Reißaus nahm und eine Weile im Berlin der zwanziger Jahre lebte. Viktor liebte Elsa Triolet, die später den Franzosen Louis Aragon heiratete. Sie war die Schwester von Lilja Brik, die mit Ossip Brik verheiratet war und Wladimir Majakowski liebte. Beide Schwestern hatten einen Hang zum Literarischen, vor allem dazu, Männer zum Schreiben anzutreiben. Der arme Viktor wohnte 1922 in einer Pension in Marzahn, damals noch ein stilles Dorf, und schrieb traurigkomische Liebesbriefe, in denen das Wort LIEBE nicht vorkam. Elsa hatte ihm dieses bourgeoise Gejammer verboten. Sämtliche Schilderungen seines Daseins in der Fremde wurden somit zur Metapher über die Liebe. Viktor floh aus seiner Heimat wegen einer Frau, die ihn nicht wollte und vor einer Revolution, die darauf aus war, ihn an die Wand zu stellen.

Ich gab 1990 meine deutsche Heimat auf für eine Frau, die mich

Kino des Staatlichen Filmarchivs der DDR, Ostberlin 1975

wollte. Eine Revolution fand bei uns nicht statt, nur eine Revision alter Besitzstände. Immerhin ermöglichte mir die Neue Zeit, wegzugehen und wiederzukommen nach eigenem Gutdünken.

Schklowskis Rückkehr nach Moskau bedurfte der Fürbitte Maxim Gorkis bei Lenin. Mit Glück und etlichen Verrenkungen überstand er die finsteren Jahre des Stalinismus. Obwohl er dem Formalismus, jener neben dem Futurismus radikalsten Kunstbewegung des 20. Jahrhunderts abschwörte, sind seine *Schriften zum Film* noch heute interessant. In den erst 1965 wiedererschienenen Essays aus den zwanziger Jahren liefert der Mitbegründer der ›Gesellschaft zum Studium der poetischen Sprache‹ Grundlegendes über das Verhältnis von Poesie, Prosa, Drama im Film.

In der Bibliothek der Filmhochschule Babelsberg, wo ich von 1976 bis 1980 Filmwissenschaft studierte, standen die Texte der Formalisten zur Ausleihe. Wir lasen Boris Eichenbaum, Jan Mukařovský, Roman Jakobson, Michail Bachtin, auch Walter Benjamin, Roland Barthes, Jean Cocteau und Umberto Eco. Es gab keine verbotenen Bücher, kaum Einschränkungen, solange es um Theorie ging. Sobald wir Filmwissenschaftler anfingen, Filmübungen mit Regiestudenten zu machen, sah die Sache anders aus. Filmmaterial zu belichten, war ein potentieller Angriff auf die Sicherheit des Staates. Deshalb trug der Chefdramaturg der Schule jedes noch so unfertige Exposé, jedes unperfekte Drehbuch zur Zentrale des MfS in Potsdam. Falls es dort abgesegnet wurde und die Filmübung vom künstlerischen Rat als realisierbar in Produktion ging, wachte mindestens ein Dozent als Parteigenosse darüber, daß der Student exakt das drehte, was im Drehbuch stand. Trotzdem gab es oft Ärger bei der Rohschnittabnahme, weil im Film 1+1 nicht gleich 2 ist, sondern 3 und mehr. Gewollt oder ungewollt schlichen sich selbst in harmlose Alltagsbeobachtungen Dinge ins Bild, die geeignet waren, das Ansehen der DDR zu schädigen. Es konnte eine Ratte auf einem Müllkübel sein, ein Frank-Zappa-Poster in einem Zimmer oder ein aus dem vorbeifahrenden Auto gefilmtes Haus, in dem die Stasi konspirative Wohnungen unterhielt. Solche Einstellungen fielen dann der Zensur zum Opfer und der Film war gerettet. Aber es gab auch Fälle, hauptsächlich im Dokumentarischen, wo das gedrehte Material ›tendenziell staatsgefährdend‹ war. Wie der Diplomfilm der Inderin Chetna Vora, die Frauen in Berlin nach ihrem Alltag, ihren Wünschen und Sehnsüchten befragte. Was Maxie Wander, Rainer Kirsch u. a. in der DDR-Literatur und Fotografen wie Helga Paris, Evelyn Richter, Ulrich Wüst, Gundula Schulze durchgesetzt hatten – die ungeschminkte Wirklichkeit der Gesellschaft im privaten und öffentlichen Raum –, galt nicht für den Film als »wichtigste aller Künste« (Lenin). Wir Babelsberger Studenten sollten erst gar nicht in Versuchung kommen, das Medium als kritische Aneignung der Realität zu verstehen, sondern als ideologisches Kampfmittel zur Erhaltung und Ausgestaltung der führenden Rolle der Arbeiterklasse. Wer die politische Lektion gefressen hatte und sich opportun verhielt, konnte Karriere machen. Talent war zweitrangig, wurde aber ständig von Dozenten, zumeist gescheiterte Filmpraktiker, als Schulziel eingefordert. Dabei wußten sie genau, daß kleine Hechte, wenn man sie in einem zu kleinen Bekken züchtet, nur kleine Hechte bleiben.

Ende der siebziger Jahre war die HFF der Hinterhof des osteuropäischen Kinonachwuchses. 1977 durfte ich die Schule beim Internationalen Festival der Filmschulen in Karlovy Vary vertreten. Dort hing ich mit den Studenten aus Łódź und Prag herum, die die besten Filme boten. Als sie das Babelsberger Programm ansahen, meinte der Prager Regiestudent Emir Kusturica herablassend: »*Ten nemeckie filmy, to je jedna wielka katastrofa.*« – »*Die deutschen Filme sind eine einzige Katastrophe.*« Wie wahr! Unsere Filme waren, gemessen am Weltniveau, eine Katastrophe, doch die Auswahl der Schulleitung zeigte nicht die interessanten Arbeiten (z. B. von Lars Barthel, Gabriele Deneke, Jörg Foth, Hannes Schönemann, Chetna Vora), vielmehr das gepflegte Mittelmaß. Was drüber hinauswuchs, wurde mit pädagogischer Macht niedergehalten und, wenn das nicht half, auf Weisung der Staatssicherheit demotiviert.

Einer machte nicht mit bei der kontrollierten Aufzucht von kleinen Fischen in kleinen Behältnissen. Er kannte W. I. Lenins ursprüngliche Devise ›Kontrolle ist gut, Vertrauen ist besser‹ und hielt sich daran. Prof. Wito Eichel, Synchronregisseur der DEFA und nach politischen Querelen als künstlerischer Leiter an die HFF abgeschoben, verstand es, die Studenten zu ermuntern statt zu entmutigen. Ihm verdanke ich die Möglichkeit, als FiWi-Student einen Kurzspielfilm in Eigenregie gedreht zu haben. *Eine Nummer zu klein* erzählt vom Scheitern zweier junger Clowns, die vom Zirkus zum Varieté wechseln, um ins Fernsehen zu kommen. Dort erleben sie, wie die Kunst, komisch zu sein, auf blöde Unterhaltung programmiert wird. Die Parabel auf Größenwahn und kleine Verhältnisse war als ironisches Porträt meiner Generation gemeint und wurde von HFF-Dozenten, vor allem von Regiestudenten, als stili-

Szenenfoto aus *Rabenvater*, DEFA 1987 | Szenenfoto aus *Vorspiel*, DEFA 1988. Fotos: Klaus Goldmann

stisch mißlungene Satire abgetan. Zu Recht, denn der Regieversuch war kein Meisterwerk, obwohl er auf Festivals lief und im Kulturblatt *Sonntag* gelobt wurde.

Das Entscheidende war, ich konnte mir einen zweihunderttausend Mark teuren Traum erfüllen und ohne Fremdbestimmung erfahren, daß ich zum Regisseur nicht tauge, aber zum Autor. Auch das gehört zu einer Filmschule: Man muß lernen dürfen, was man am besten kann. Denn Film ist Kollektivarbeit mittelbarer Kompetenzüberschreitungen. Dem freizügigen Spieltrieb des Einzelnen war durch das betriebsgebundene Delegierungsprinzip in der DDR ein Riegel vorgeschoben. Darum gingen viele Studenten nach dem Diplom zurück in ihre Studios und in den falschen Beruf. Heute glänzen sie mit Abschlußfilmen in Hollywood und bekommen trotzdem nicht leicht Brot und Rosen bis zur Rente. Wir wußten wenigstens, daß man uns, egal wie begabt oder bockig, irgendwo beschäftigen wird. Ich kündigte nach dem Diplom beim Fernsehen, weil ich nicht als Dramaturg für die Programmvorschau versauern wollte. Damit war meine Zukunft in den DDR-Medien obsolet.

Es kam anders. Der Chefdramaturg der DEFA Prof. Jürschik suchte einen jungen Szenaristen und las meine Filmstoffe, die ich aus purer Langeweile – eine Drehbuchausbildung existierte an der HFF noch nicht – im Unterricht schrieb. Bei der Festanstellung als DEFA-Szenarist gab er mir den freundlichen Rat: »Solche elitären Geschichten schreibst du hier nicht!« Heute betreut der dialektische Philosophieprofessor bei einer Westberliner Filmfirma meine populären Fernsehstoffe. Wir reden selten über die Vergangenheit, weil wir keine Zeit haben und uns gegenseitig nichts vorzuwerfen.

Erst Jahre nach der Wiedervereinigung gestand ich, wenn jemand nach meiner beruflichen Vergangenheit fragte: »Ich glaube, ich hänge an der DEFA. Sie hat mich ernährt und vieles gelehrt. Vor allem, daß Kino die schönste Nebensache der Welt ist.« Damals habe ich die Studios nicht gemocht, ihr roter Backstein wirkte auf mich wie preußische Garnisonsbauten. Daß die Fridericus-Rex-Filme hier

Szenefoto aus *Treffen in Travers*, DEFA 1989. Foto: Klaus Goldmann

gedreht wurden, hat seine Logik. Der Geist von Dr. Goebbels spukte in der Chefetage, wohin man nicht ging, wenn man nicht gerufen wurde. Aber wie zur UFA-Zeit war man als Arbeiter der Filmfabrik ein Herr im Lande. Unter uns ›nützlichen Idioten‹ (Lenin) herrschte der Wille zur Kunst. Pure Propaganda war verpönt, dialektische Negation der Negation nur im M.-L.-Unterricht erwünscht. Wer Genosse war, machte keinen Hehl aus seinem inneren Vorbehalt gegenüber den unnützen Idiotien der Partei. Solange er mit seinen Filmen nicht allzu kritisch auf unser Land schaute, brauchte er ideologisch nicht päpstlicher als der Papst zu sein. Wer politisch auf die schiefe Bahn geriet, wurde zur Parteischule delegiert. Der Studioboss liebte jene, die widersprachen, mehr als die ewigen Ja-Sager. Er hatte einen untrüglichen Sinn für Begabte und bog sie zurecht, sofern sie sich biegen ließen. Privilegierte Kinder von Funktionären mochte er nicht. Er war als Mitglied des ZK der SED selbst einer. Wer hochmütig war, hatte keinen Kredit. Man mußte beweisen, ob man zwei Millionen Mark und einen sechzig-köpfigen Drehstab erfolgreich verwalten konnte. Experimente wa-ren den Genossen ein Greuel. Fehlplanung störte sie nicht, solange sie planbar war. DEFA-Filme waren Außenhandelsposten, Devisen-bringer ohne Weltniveau. Hätte man sie im Inland verheimlichen können, wäre uns vielleicht erlaubt worden, antisozialistische Film-kunst für Westgeld zu produzieren.

Mit 950 Spielfilmen ging die DEFA nicht mit leeren Händen in die Wende des DDR-Kinos, dessen Ende jedoch keinen Neuanfang verhieß. Wie der Pianist auf der *Titanic* spielten wir weiter, bis un-ser Narrenschiff auf Grund lief. Die Besatzung (Regisseure, Kame-raleute, Szenaristen, Dramaturgen) ging als erste von Bord. Nur der neue Kapitän und ein paar alte Offiziere blieben an Deck und steu-erten das stolze Schiff mehr recht als schlecht durch die Untiefen der freien Marktwirtschaft.

Jeder, der in all den Jahren auf der Babelsberger Staatsyacht an-heuerte, muß sich heute fragen, warum er sich einspannen ließ in das kulturpolitische Joch des Kleinen Steuermanns Erich, der ein Dachdecker aus dem Saarland war und am liebsten Pornofilme sah.

DEFA-Filmer hatten ja nur die Wahl, Filme zu machen oder keine. Einige konnten rübergehen wie Egon Günther, Jurek Becker, Klaus Poche oder dableiben und drüben arbeiten wie Frank Beyer und Ulrich Plenzdorf. Die anderen konnten nichts anderes tun, als unter restriktiver Verwaltung Ideen in Kompromisse verwandeln, wenn sie bleiben wollten, weil sie hier geboren sind. Daß dabei Filme herauskamen, die sich in Story, Stil und Milieu fatal ähnlich sahen, hat viele Gründe. Einer war der eklatante Mangel an Mut zur Häßlichkeit im DDR-Selbstbild. Ein von Kleinbürgern regiertes Land reproduziert mit Vorliebe Idylle. Fast jeder Absolvent der idyl-lisch gelegenen Babelsberger Filmschule trat mit dem Wunsch in die geheiligten DEFA-Hallen ein, etwas Säure auf das polierte Gruppenporträt des ›real existierenden Sozialismus‹ zu spritzen.

Ich tadle niemanden dafür, daß er vom Bilderstürmer zum -tüncher wurde. Einige Kollegen tauchten freiwillig die salzige Brühe ihrer stalinistischen Jugend in Zuckerguß und wunderten sich, daß ihre Filme ungenießbar waren. Andere machten nie den Mund auf, sahen keinen Sinn in konzertierten Aktionen. Wie der Kampf um ein DEFA-Nachwuchsstudio nach dem Vorbild des Budapester Balázs-Studios. Sie melden sich heute um so lauter zu Wort in Westgazetten als Opfer einer Diktatur. Ein DEFA-Regisseur, der bis 1989 ein Dutzend Dokumentarfilme drehte, behauptet, er durfte in der DDR nicht arbeiten.

Niemand in Deutschland ist mehr gewillt, sich an Anstandsregeln zu halten. Fairness und Solidarität, wenn es sie je gab, wurden aus dem wiedervereinten Sprachschatz gestrichen. Worte wie Treue und Hand verloren ihren semantischen Code. Sie lassen nicht mehr an Schützendes denken, eher an Gegenteiliges: Verrat, Diebstahl. Ich verstehe, daß manche meiner älteren Kollegen Jammertiraden auf das verlorene DEFA-Paradies anstimmen. Sie mußten in den Vorruhestand gehen und ihre kitschigen Babelsberger Villen an Erben abtreten, deren jüdische Vorfahren sie ans ›Reich‹ verschenken mußten, um zu emigrieren. Arische UFA-Größen zogen dort ein, und deren Enkel wollten den Besitz auch zurück von den Kommunisten. Ich studierte in der schmucken Villa von Hans Albers. Ein anderes Schulgebäude gehörte Marika Rökk. Sie übernahm das Haus des jüdischen Filmproduzenten Alfred Zeisler, der die Ungarin fürs Kino entdeckt hatte, 1936 Deutschland verlassen mußte und als armer Mann in den USA starb. Weil sie in Babelsberg »die schönste Zeit ihres Lebens« verbrachte, wollte die Csárdásfürstin ihre Villa zurück, erhielt sie aber trotz einer rührigen *BILD*-Zeitungskampagne nicht.

Ich wohnte nie in Babelsberg, fuhr nur selten raus. Mit der Bahn eine Reise durch die DDR-Provinz über Schönefeld, Rehbrücke, Potsdam Hbf., Babelsberg. Dann mit dem Trolleybus vorbei an der Hochschule für Staat und Recht, wir nannten sie ›Schule für Staatsunrecht‹, zur HFF oder zum DEFA-Studio. Es war ein gemütliches

Golgatha, wo man langsam am Kreuz des Mittelmaßes verdurstete. Aber man wurde gesehen und schaute von oben auf die Dinge herab. Soweit ich ins Land meiner Väter blicken konnte, sahen die Menschen nicht allzu unglücklich aus. Sie aßen zuviel und schliefen zu lang. Sie fürchteten sich vor Krieg und Krankheit und davor, daß der Nachbar ein größeres Auto per Sonderzuteilung bekam. Sie verlernten es, öffentlich für ihre Überzeugung zu streiten und flohen zu Beginn der *Aktuellen Kamera* über die innerdeutsche Grenze. Wir DEFA-Filmemacher mühten uns redlich, das Interesse am eigenen Land wachzuhalten. Wir hatten keine Chance gegen Westfernsehen und Westkino. Auch nicht mit bunten Historienschinken, Alltagskomödien oder gar Problemfilmen. Unsere treue Zuschauergemeinde war stets eine Sekte. Wir enttäuschten sie mehr und mehr mit Gestrigem, weil wir gegen den Ostwind der Perestroika segeln mußten.

Seit ich 1990 in die Neue Welt hinaussegelte, ging ich nur ein paarmal durch die halb verwaisten Studios von Babelsberg. Alles schien wie immer, mehr oder weniger vergammelt. Nur die vertrauten Gesichter fehlten. Nicht alle. Wer noch Arbeit hatte, hielt krampfhaft seinen Schreibtisch in Ordnung. Oder mistete ihn vorsorglich aus. Ich ging ins Lektorat, um ein Drehbuch von mir zu bekommen, das beim Umzug abhanden gekommen war. Alle Bücher von nichtrealisierten Filmen warteten auf den Abtransport ins DEFA-Archiv. Ideengut als Meterware, gebündelt und verschnürt für die Ewigkeit. Wird, wer sich dereinst die Mühe macht, das ganze Zeug zu lesen, den wahren, europäischen DEFA-Film finden?

Zum Jahresende 1990 erhielt ich als festangestellter Drehbuchautor der DEFA die fristlose Kündigung mit den Worten: »Wir danken Ihnen für Ihr langjähriges künstlerisches Wirken in der Filmproduktion.« Da wohnte ich schon ein halbes Jahr in New York, wo es mich wegen der Liebe zu einer Frau hinzog, nicht wegen der ungeliebten Wiedervereinigung Deutschlands. Bei der Einreise in die USA fragte mich der *immigration officer*, als er meinen preußischblauen DDR-Reisepaß entgegennahm: »Dee-Dee-aR. What country is this?« Ich antwortete: »A country, that does not exist anymore, never has.«

NOWHERE MAN on a
MAGICAL MYSTERY TOUR

PAT HOBBY GEHT NACH HOLLYWOOD

»What's the going price on integrity this week?«
Orson Welles

Im Januar 1991 lief *Die Architekten* im Rahmen der ersten gesamtdeutschen Filmreihe im New Yorker Museum of Modern Art und
der American Cinematheque Los Angeles. Weil ich in Manhattan
wohnte und als Autor mit zwei DEFA-Filmen vertreten war, lud
mich die Münchner Exportfilm-Union München ein, obwohl nur
Regisseure auserkoren waren. Ich glaube, Reinhard Hauff hatte die
Idee, abends ins Apollo-Theater in Harlem und die legendäre ›Ama-
teur Night‹ anzusehen, eine Talentshow von schwarzen Sängern, wo
das Publikum durch Applaus einen Gewinner bestimmt. Wer aus-
gebuht wird, den kehrt ein Ansager mit einem großen Besen von der
Bühne. Selbst der schlechteste Kandidat hätte Chancen, *Deutschand
sucht den Superstar* zu gewinnen. Nach der Show verließen die Touristen das Theater in Harlem unter Polizeischutz und fuhren in Bus-
sen davon. Die acht deutschen Regisseure und ein Autor wollten in
einer Bar auf der 125. Straße noch etwas trinken. Wir waren die einzigen Weißen dort und wurden wie Außerirdische angesehen. Im
Fernseher über dem Bartresen lief auf ›CNN live‹ die Bombardie-
rung von Bagdad. Die Dokumentarfilmerin Helga Reidemeister war
überzeugt, dieses Feuerwerk sei der Beginn des Dritten Weltkrieges
und verfluchte die Amerikaner. Deprimiert verließen wir um Mitternacht die Bar und suchten ein Taxi. Ich hielt es für besser, die
Subway zu nehmen, denn selbst schwarze Taxifahrer fuhren nachts
ungern durch Harlem. Die Regiemeute fürchtete sich vor U-Bahn-
Räubern und wollte lieber zu Fuß gehen. Zwei Straßen weiter stellten sich uns drei Männer in den Weg, verlangten mit gezogener
Klinge unser Geld und Michael Gwisdeks Lederjacke. Während
Reinhard Hauff mit den narkotisierten Räubern diskutierte, sagte

Thomas Knauf am Hollywood Blvd. 1991

ich den anderen, sie sollen in verschiedene Richtungen weglaufen, während ich meine Geldbörse hergebe. Doch niemand wich von der Stelle. Im letzten Moment bog eine Polizeistreife um die Ecke und nahm die Männer fest. Danach gingen wir schweigend Richtung Central Park, vorbei an ausgebrannten Häusern und Obdachlosen, die in den Ruinen hausten. Man rief uns zu: »Get out of our neighborhood, you white shit!« Ohne weitere Zwischenfälle erreichten wir die 90. Straße, wo die *yellow cabs* auch nachts fuhren und der Fahrer nicht sagt: »I'm not going there!«

Michael Gwisdek, Regisseur von *Treffen in Travers*, wohnte bei mir und filmte alles, was er sah, mit seiner Videokamera. Am Tag fuhren wir mit einem gelben Jeep Baujahr '65 durch Harlem, ohne daß uns jemand als ›white shit‹ beschimpfte. Am Ende hatte Michael achtzehn Stunden bewegte Bilder von New York aus dem Auto gedreht. Der erste Film im Stil des *cinema direct* eines Babelsberger Regisseurs. In Los Angeles schaffte Gwisdek, was noch niemandem gelungen war – im Büro von Arnold Schwarzenegger zu filmen. ›Arnie‹ sang und tanzte vor laufender Kamera: »In Sachsen, wo die feschen Madeln auf den Bäumen wachsen …« und fuhr mit Micha auf seiner Harley Davidson über den Hollywood Boulevard. Neidisch waren wir alle, als Gwisdek auch noch eine Einladung zur Golden-Globe-Verleihung erhielt und im Fernsehen Arm in Arm mit Elke Sommer posierte. Ich schwamm derweil im Pool des Roosevelt Hotel, den David Hockney ausgemalt hatte. und dachte: Mit Vierzig fängt das Leben endlich an.

Nach der Vorführung von *Treffen in Travers* und *Die Architekten* in der American Cinematheque am Sunset Boulevard scharten sich diverse Agenten, Anwälte und Immobilienmakler um mich. Ich bedauerte, daß ich nicht ins sonnige Kalifornien ziehen wollte, weil ich mich als Osteuropäer im kalten New York heimisch fühle. Ein Makler fragte mich, wieviel Monatsmiete ich in Manhattan zahle. »1.150 Dollar für 35 m².« Er bot mir für 1.500 Dollar ein Haus mit Pool am Mulholland Drive an. Ich sagte ihm nicht, daß ich mit ganzen dreitausend D-Mark nach Amerika auswanderte und mein Geld mit Drehbüchern fürs deutsche Fernsehen verdiene. Beim damaligen Wechselkurs von 1:1,8 und Lebenshaltungskosten von 2:1 ein Minusgeschäft, für das mir keine US-Bank Kredit gab. Doch ich versprach, mir das Haus beim nächsten Mal anzusehen.

Auf der Pressekonferenz im Roosevelt Hotel vermasselte ich die Chance, in Hollywood Karriere zu machen. Neben mir auf dem Podium saßen die Hollywood-Regisseure John Frankenheimer, Robert Altman, Alan Rudolph, Paul Bartel, Sandra Locke und als Moderator Maximilian Schell. Zum Reden kamen wir Gastfilmemacher kaum, weil *Magical Max* vor sechshundert Journalisten in seinen Erinnerungen an das deutsche Kintopp schwelgte. Darum plauderte

Erste deutsch-deutsche Filmwoche in Los Angeles 1991

ich derweil hinter vorgehaltener Hand mit John Frankenheimer, dessen Talent für Genrefilme ich bewundere. Als man uns Kaffee reichte, war ich so ungeschickt, meinen Becher über sein cremefarbenes Tommy-Hilfiger-Cordsakko zu gießen. Einige Hollywood-Reporter kicherten schadenfroh, vermutlich, weil sie Johns frankofone Filme nie leiden konnten. Danach redete der Regisseur von Filmklassikern wie *The Young Savages (Die jungen Wilden)*, *The Manchurian Candidate (Botschafter der Angst)*, *Birdman of Alcatraz (Der Gefangene von Alcatraz)*, *The Train (Der Zug)*, *Grand Prix* kein Wort mehr mit mir. Dafür lud mich Paul Bartel zum Essen ein und schenkte mir, weil ich Marxismus studiert hatte, seinen Film *Scenes from the Class Struggle in Beverly Hills (Luxus, Sex und Lotterleben)* als Video. Der Agent Paul Kohner riet mir, in New York zu bleiben, weil seit Monaten die *Writers Guild* gegen die Studios streikte und sich zahllose osteuropäische Screenwriter als Streikbrecher anböten.

1993 bot mir dann die Hollywood-Künstleragentur TRIAD einen Job als *rewriter* an mit der Bedingung, daß ich auf meine *credits* (Namensnennung) verzichte. Bei der DEFA hatte ich keine Gelegenheit, mich als Doktor Namenlos zu beweisen. Dort galt das Autorenrecht des Schriftstellerverbandes, egal, ob man im Studio fest angestellt oder freischaffend war. Ich lehnte das Angebot ab, weil ich sowieso nicht legal arbeiten durfte. Ich besaß keine *Green Card* und auch nicht die 6.000 Dollar, die ein Anwalt verlangte, um sie unbürokratisch zu bekommen.

Keiner meiner Freunde aus dem Village hatte Geld. Täglich saßen wir im *Time Café* auf der Lafayette Street, wo die Uhr an der Wand rückwärts geht, tranken American Coffee (eine dünne Plörre wie Hallenser ›Muckefuck‹, hochdeutsch: Malzkaffee) und hörten den jungen Wall-Street-Bankern zu, die sich brüsteten, mit Devisenspekulationen bis zu 50.000 Dollar am Tag nebenbei zu machen. Der Screenwriter Michael Almereyda träumte davon, einen Kinofilm mit einer 35-Dollar-Kinderkamera der Firma *Fisher Pixel* zu drehen; die Regisseurin Maggie Greenwald probte, während sie auf die Finanzierung ihres neuen Films wartete, ein Stück im Actors Studio, um irgendwas zu tun; der Musiker Arto Lindsay war in Gedanken meist in Bahia, wo man ohne Geld glücklich sein konnte. Ansonsten fieberten alle das ganze Jahr dem Tag entgegen, an dem Amerikaner ihre Steuern zahlen müssen. Dann hieß es, wieder jemanden anpumpen, der es geschafft hatte. Ich hatte andere Sorgen. Ich war mit einer Performance-Künstlerin liiert, die hart für ihren Erfolg arbeitete. Sie hielt mich für *Superman*, der alle ihre Probleme löst und wie sie achtzehn Stunden am Tag kreativ ist. Am liebsten lag ich aber träumend auf dem Sofa, wie Oblomow aus dem Roman von I. A. Gontscharow, oder ging hinunter zum Battery Park, um Richtung Europa zu schauen. Das Gefühl von Heimweh war mir in der DDR nie in den Sinn gekommen. Jetzt sehnte ich mich nach einem Land, daß es nicht mehr gab – typisch deutsch. In den *Strawberry Fields* im Central Park gibt es einen Findling zu Ehren von John Lennon, auf dem unter einhundertzwanzig Ländernamen bis heute

German Democratic Republic steht. Dort saß ich oft und fragte mich: »What if I cannot make it here?«

Nachdem ich 1990 mit meiner Freundin auf Europa-Tournee war, siebzehn Länder und siebenundfünfzig Städte in drei Monaten, war klar, daß ich in diesem Leben kein Amerikaner werde. »Vielleicht im nächsten«, meinte der Dichter-Guru Allen Ginsberg, der mich jeden zweiten Dienstag im Haus des Komponisten Philip Glass in die Lehre des Buddhismus einführte. Trotzdem ich in der *Cathedral of St. John the Divine* vom Dalai Lama gesegnet wurde, bereitete mir das Meditieren Schwierigkeiten. Als Drehbuchautor hing ich zu sehr am Realitätsprinzip, ließ mich mehr von den Erscheinungen als dem esoterischen Sein der Welt leiten. Was für Filme konnte ich in Amerika schreiben, dessen *way of life* mir so fremd war wie einem Eisbären der Berliner Zoo? Ein befreundeter Journalist vom *Esquire* riet mir, Polizeistreife zu fahren, um auf Ideen zu kommen. Also bewarb ich mich beim Polizeipräsidenten für die South Bronx Precinct 77, *Fort Apache* genannt. Der gleichnamige Film mit Paul Newman lief in den DDR-Kinos und schockierte mich, wie er mich faszinierte. Die Wirklichkeit des ›Bang-Bang-Borough‹ war weniger aufregend als lehrreich. Ich erfuhr, daß samstagabends die meisten Ladenüberfälle passieren; die schlimmsten Gewaltdelikte innerhalb der Familien verübt werden; Dealer, die für die Cops arbeiten, mit einem Schuß ins Knie bestraft werden; das Einschußloch einer 9mm-Kugel im Körper so winzig ist, daß meist kein Blut fließt; New Yorker Cops keine *bad lieutenants* sind, sondern versierte Sozialarbeiter, aber im Einsatz wie Gene Hackman in *The French Connection (French Connection – Brennpunkt Brooklyn)* durch den Gegenverkehr rasen und bisweilen parkende Autos rammen. Einmal fuhr ich Streife mit einem Officer namens McCarthy, der Deutsch sprach. Eine Woche später war er tot, außer Dienst erschossen von zwei Jugendlichen, die *Benny's Drugstore* ausraubten. Eines von achthundert Mordopfern in der Bronx 1993. Nach drei Monaten quittierte ich den Dienst beim NYPD, weil ich fürchtete, zum Adrenalin-Junkie zu werden. Zur selben Zeit lernte ich Jeffrey Lew, Galerist, Maler und Filmproduzent, kennen. Wegen hellseherischer Fähigkeiten (er klärte kraft seiner paranormalen Begabung zwei spektakuläre Mordfälle in der New Yorker Kunstszene auf) engagierte ihn das FBI als *undercover agent* in der Drogenszene. Als ich beim Chef der DEA (Drug Enforcement Administration) um die Erlaubnis bat, über Jeffrey für den *Stern* zu schreiben, erhielt ich als Antwort: »If you want your friend to be dead soon …« Kurz darauf war Jeffrey verschwunden. Auch sein Nachbar, der Maler Anselm Kiefer, wußte nichts über seinen Verbleib. Der Regisseur Godfrey Reggio erzählte mir später auf dem Telluride Film Festival, daß sein Freund und Berater bei *Koyaanisqatsi* angeschossen wurde, aber überlebte.

Ich hatte mich nach Anfangsschwierigkeiten in New York eingelebt und war fast zum *workaholic* mutiert. Ich schrieb ein paar Filme auf Englisch, ließ sie aber von meiner Freundin korrigieren, was ihr kaum Spaß machte. Dafür half ich ihr bei ihren Videoarbeiten, ohne *credits* oder *cash*. Auch für die Moderation der TV-Show *Cinema then, cinema now*, wo neben deutschen Filmklassikern von Lang, Murnau, Pabst antifaschistische DEFA-Streifen unter dem schönen Titel *Before Schindler's List* gezeigt wurden, erhielt ich vom Kabelsender CUNY-TV kein Geld. Dafür grüßten mich auf der Straße alte Emigranten mit den Worten: »Hi, sweetie! I've seen you on TeeVee.«

Nach einem Konzert der Pet Shop Boys in der Radio City Music Hall saß ich mit Freunden bei *Castellano's* in der 46th Street. Dort war 1985 der Mafiaboss Paul Castellano erschossen worden, als das Restaurant noch *Sparks Steak House* hieß. 1992 wurde der Auftraggeber des Mordes an John Gotti zu lebenslänglich verurteilt. Jeden Mittwoch traf sich der Pate der New Yorker Müll-Mafia mit seinen Unterbossen zum Essen in einem Lokal bei uns um die Ecke Canal/Watts Street. Dann sah es dort wie in einem Film von Martin Scorsese aus – Stretch-Limosinen und jede Menge Capos. Als wir bei *Castellano's* aßen, bemerkte ich an der Bar einen schönen Mann im Gespräch mit einer schönen Frau. Wegen des dunklen Teints und dem nicht dazu passenden polnischen Akzent erkannte ich, daß

Werner Herzog, Laurie Anderson, Isabel Jacob auf dem Telluride Film Festival 1993

es Jerzy Kosiński war, der neben Truman Capote und Tom Wolfe schillerndste New Yorker Literat. Ich hatte fast alle Bücher des Polen gelesen, dem in den USA eine glänzende Karriere als Bestsellerautor und Dandy gelang. Seinen Roman *Cockpit* wollte ich seit langem für den Film adaptieren. Also sprach ich ihn an, während er mit der Sängerin Basia turtelte. Kosiński sagte, daß Roman Polanski *Cockpit* 1980 in Hollywood drehen wollte, aber wegen der Sache mit dem minderjährigen Mädchen nach Paris floh. Wir verabredeten uns für nächsten Dienstag bei seinem Anwalt, um den Optionsvertrag aufzusetzen. Übers Wochenende fuhr ich mit meiner Freundin nach Montauk. Dort kaufte ich eine *New York Times* und erfuhr, daß Jerzy Kosiński sich umgebracht hatte. Als Grund für den Freitod des passionierten Skiläufers und Polospielers wurden Herzprobleme vermutet, aber auch die Vorwürfe der *Village Voice*, daß der Autor keinen seiner Romane selbst verfaßt habe, weil sein Englisch so unverständlich war wie John Lennons Nonsensreime. Nach Jerzys Tod bat ich seine Witwe Kiki von Fraunhofer um die Rechte an *Cockpit*, erhielt sie aber nicht.

An Tagen, an denen ich keinerlei Ideen hatte, ungefähr fünfzehn pro Monat, hing ich im MoMA herum, sah mir alte Filme von D. W. Griffith an oder schlenderte durch die Ausstellungsräume. Am letzten Tag einer Rodtschenko-Werkschau stürzte eine korpulente Frau durch die Räume, blieb vor einem Foto von Wladimir Majakowski stehen und rief: »That's my daddy!« Ich hielt die Frau für eine dieser Museums-Irren, die Bilder zerstören und dabei »It's a devil's work!« brüllen. Doch Patricia J. Thompson war alles andere als verrückt, als Psychologin und Buchautorin hatte sie sich einen starken Ruf erworben. Tatsächlich war sie Yelena Vladimirovna Mayakovskya. die uneheliche, bis 1990 in der Sowjetunion verheimlichte Tochter des Dichters der Revolution. Das war der Filmstoff, den ich lange gesucht hatte. In vier Wochen schrieb ich ein Drehbuch über die sechs Monate, die Majakowski in der Metropole des Kapitalismus verbrachte. Er kam 1925 nach New York, um die Stadt zu hassen, und ging als Liebender, der sich die Zuneigung nicht eingestehen konnte. Darum wurde *Meine Entdeckung Amerikas* ein schmales Buch voller Auslassungen. Meine Idee war, die heutigen Darsteller in dokumentarisches Archivmaterial vom New York der zwanzigerer Jahre einzukopieren, wie Woody Allen es in *Zelig* getan hatte. Der polnische Videoartist Zbigniew Rybczynski, der mit unglaublichen Tricks berühmt wurde und meine Freundin für eine TV-Show mit sich selbst klonte, fand die Idee toll. Er war aber gerade auf dem Sprung nach Berlin-Adlershof, um dort ein HDV-Studio zu eröffnen.

1992 kam Volker Schlöndorff nach New York, um seine Wohnung aufzulösen. Er war inzwischen Leiter des Studios Babelsberg geworden und lockte mich mit einem lukrativen Vertrag als dramaturgi-

Arthur Miller, New York 1993

scher Mitarbeiter. Ich sagte, ich könne nicht dorthin zurückkehren, wo ich zehn Jahre unglücklich war. Er erwiderte, daß aus mir in Amerika nichts werden könne, weil aus ihm hier auch nichts geworden sei. Zwei Wochen bastelten wir in seiner Suite im Ritz Carlton Hotel an einem Drehbuch über Neonazis in Hoyerswerda. Volker kaufte mir teure Kugelschreiber und Notizbücher bei *Spalding's* am Broadway und lud mich ins Kinderrestaurant *Rumplemeyer's* ein, wo ich mir vorkam wie Oskar Matzerath unter Zwergen, derweil der *Blechtrommel-director* mit Fellinis Ausstatter Danilo Donati ein anderes Filmprojekt diskutierte. Daß ich mit Arthur Miller und Inge Morath (dem glücklichsten Ehepaar, das ich je traf) verkehrte, imponierte dem Kinoadapteur von *Death of a Salesman (Tod eines Handlungsreisenden)*. Trotzdem realisierte er mein Drehbuch nicht, bezahlte es aber mit Geld aus Babelsberg. Folgenlos blieben auch meine Begegnungen mit Wim Wenders. Wenn er in New York war, saß er stundenlang mit Solveig Dommartin auf unserer Couch mit Blick auf den Hudson. Er bewunderte meine Freundin, redete mit mir aber kaum ein Wort, vor allem nicht über Drehbücher.

Nach drei Jahren Ehe ohne Trauschein sprachen meine Liebste und ich auch kaum noch miteinander, weil wir uns nur beim Einschlafen und Aufwachen sahen. Ich gab mein Apartment im Village auf, wo ich tagsüber arbeitete, und zog in unser Landhaus im Rockland County, fünfundvierzig Minuten *upstate* von Manhattan. Hier wohnte ich die nächsten zwei Jahre allein in einem malerischen Fünf-Zimmer-Haus mit Garten und Badeteich. Meine Nachbarn waren die Witwe des Hollywood-Regisseurs Anthony Mann, eine ehemalige Miss Germany; die Tierärztin Regina Schwabe aus Jena, bei der ich auf einem Appaloosa reiten lernte; John Cage und sein Freund Merce Cunningham. Beide hausten in zwei himmelblauen Beton-Iglus am Rande des Harriman State Parks. Im Nachbarort Nyack wohnte früher Dennis Hopper. Ab und zu besuchte ich im Hopper-Haus einen Zeichenkurs, weil es außer Billardsalon, Supermarkt-Kino und Tabledance-Bar auf dem Land keine Ablenkung vom Schreiben gab. Da mein Maltalent mich nicht ernähren konnte, schrieb ich pro Jahr zwei Drehbücher fürs deutsche Buntfernsehen, die bezahlt, aber nicht verfilmt wurden, oder wenn verfilmt, dann nicht zu meiner Freude. Wie der opulente Zweiteiler *Brennendes Herz* (Regie: Peter Patzak), in dem ein paar Dialogsätze von mir übrigblieben, weshalb ich als 4. Dramaturg auf dem Abspann stand.

New York City ging mir, als ich noch mittendrin wohnte, manchmal auf die Nerven. Fürs einsame Landleben war ich aber auch nicht geschaffen. So fuhr ich immer öfter nach Manhattan, setzte

Albert Maysles in Fisher Island 1992

mich in ein Café im Village und ließ die Stadt an mir vorbeiziehen. Man muß nur lange genug sitzen bleiben, irgendwann kommt jeder vorbei. Wenn ich zu müde war vom Menschenschauen oder ein Glas zuviel getrunken hatte, übernachtete ich im Dakota House am Central Park. Die vornehme Adresse 1 West 72nd Street, wo 1993 weit weniger *celebrities* wohnten als im Trump Tower, war tagsüber umlagert von Filmfreunden(wegen Polanskis *Rosemary's Baby*) und Beatles-Fans (wegen John Lennons Ermordung vorm Haus). Nachts umhüllt das älteste Gebäude am Central Park die unheimliche Atmosphäre einer *gothic novel*. Doch im Apartment des Filmemachers Albert Maysles im zweiten Stock herrschte stets fröhliches Treiben wie in einer russischen Kommunalwohnung. Al, Kind jüdischer Emigranten aus Weißrußland, lernte ich kennen, als ich nebenbei für die Leipziger Dokumentarfilmwoche neue amerikanische Filme auswählte. In den 1960er Jahren gehörten er und sein Bruder David zu den Begründern des *cinema direct*. Mit selbstgebauten, handlichen 16mm-Kameras drehten sie das Leben, wie es war, mit O-Ton und ohne Kommentar. Maysles Film *Salesmen* über hausierende Bibelverkäufer gehört zum Nationalerbe der USA, *Gimme Shelter* über das Altamont-Konzert der Rolling Stones (mit der Ermordung eines Schwarzen durch Mitglieder der Hell's Angels vor laufender Kamera) zu den filmischen Meisterwerken des Pop. Seit dem frühen Tod von David führt Al die Firma Maysles Bros. gemeinsam mit Filmstudenten der NYU. Einen liebenswerteren, uneitleren, vor Geschichten und Ideen sprudelnden Filmemacher habe ich nirgends getroffen.

Wenn ich bei seiner Familie in einem in die Wand eingelassenen Bett übernachtete, träumte ich jedes Mal von John Lennon. Wir liefen immer Rollschuh im runden Keller unter dem Innenhof des Dakota. Einmal sagte John zu mir: »I knew I was gonna die, but I found it okay, since my reunion with Yoko did not work.« Manchmal traf ich Yoko Ono im Fahrstuhl, sie grüßte nie. Einmal fuhr Lauren Bacall mit mir abwärts. Ich erkannte sie erst, als sie mit ihrer unverwechselbaren Stimme »Hi, Sweetie!« rief. Danach ging ich hinüber in die *Strawberry Fields*, setzte mich an die Gedenktafel für den Beatle, wo auch nach der Wiedervereinigung die beiden deutschen Staaten eingraviert sind, und dachte: New York ist das Paradies.

Mitte September 2001 drehte ich in Manhattan mit dem Regisseur Hannes Schönemann einen Dokumentarfilm über meine Freunde und Nachbarn nach dem Schock von 9/11. Ich besuchte auch Albert Maysles in seinem Büro am Broadway. Er war alt geworden und vergeßlich. So erinnerte er sich nicht mehr, dass ich am Vortag schon einmal bei ihm war. Die Ärzte hatten bei ihm Alzheimer attestiert. Was für eine Katastrophe! Wie in dem Song von Laurie Anderson: *When my father died, it was like a whole library burned down.*

1994 hatte ich kaum genug Geld, um die Miete für mein Haus zu zahlen. Das deutsche Fernsehen mochte meine Filmideen nicht, oder mochte sie erst und dann doch nicht.

Als ich mal wieder frustriert den Broadway hinaufschlenderte, entdeckte ich im *Strand Bookstore* die englische Ausgabe von *Conscientious Objections (Die Verweigerung der Hörigkeit)* des Medientheoretikers Neil Postman. Ich setzte mich zu *Dean & Delucca* und las die neuesten Nachrichten des Briefträgers der Postmoderne. In dem Kapitel ›Zukunftsschrott‹ schildert der Autor, wie er den Produzenten der TV-Serie *Peter der Große* interviewte. Dieser verteidigte sich auf den Einwand gravierender historischer Ungenauigkeiten mit dem Hinweis, daß eine trockene, getreue Schilderung der Historie niemanden interessiert. Genauso argumentierte der deutsche Fernsehproduzent auf einen von mir entwickelten Störtebecker-Stoff. Auch er glaubte nicht an prosaische Wahrheiten, nur an »die surreal-lyrische Vokabel von der notwendigen Zuschauerakzeptanz«, wie der Regisseur Dominik Graf die Quotensprache der Funktionäre treffend benennt. Statt noch deprimierter zu sein über die globale Trivialisierung des filmischen Diskurses, die laut Postman unser Bewußtsein dazu konditioniert, die Welt in Gestalt bruchstückhafter Bilder wahrzunehmen, fühlte ich mich besser. Weil ich begriff, daß ich zwar Teil dieser Medienmaschine war, die meint, der Mensch könne nichts aus der Vergangenheit lernen, weil faktische Wahrheiten keinen Unterhaltungswert besitzen; aber zugleich war ich auch ihr Opfer und nicht unbedingt unfähig, wenn ich als Drehbuchautor versuchte, wie der Dichter Cyrano de Bergerac, ein Bürgermeister im Reich der Konflikte, statt im Reich der Idyllen zu sein. Irgendwann würde ich die Hörigkeit verweigern und nur noch schreiben, was mir gefällt. In Amerika konnte ich diesen Schritt schon auf Kosten meines Bankkontos nicht wagen. Allein die Telefonkosten beliefen sich auf 500 Dollar monatlich, weil ich wegen der Arbeit dauernd mit Deutschland kommunizieren mußte. E-Mail gab es in den USA, nicht aber in Hamburg, Köln und Berlin. Deshalb flog ich im Schnitt alle drei Monate über den Atlantik zu Drehbuchsitzungen.

1993 quartierte mich der Regisseur und einer der neuen Chefs in Babelsberg Peter Fleischmann im Savoy Hotel ein, um für ihn ein Drehbuch zu schreiben. Der Vertrag sah vor: 60 % des Autorenhonorars für den Regisseur, 40 % für mich. Die Idee von vier Seiten stammte vom Macher des Films *Jagdszenen aus Niederbayern* und ging so: Ein schönes Mädchen aus Cottbus wird nach der Wende arbeitslos. Sie will das nicht hinnehmen und schläft sich in die höchsten Gesellschaftskreise hoch. Am Ende scheitert sie beruflich, findet aber die Liebe ihres Lebens. *Das Mädchen Rosemarie* auf neudeutsch mit Happy-End. Die Drehbucharbeit in der Maria-Callas-Suite des Savoy Hotels bestand darin, daß der Regisseur mir seine erotischen Erfahrungen mit Ostfrauen schilderte. Nach zwei Wochen warf ich das Handtuch und sollte 9.000 DM Hotelkosten bezahlen. Volker Schlöndorff rettete mich aus der Bredouille und nahm mich unter Vertrag für die ZDF-Serie *Babelsberg-Story*. Die Familiensaga über fast hundert Jahre deutsches Kino hatte der Regisseur Hans C. Blumenberg erfunden. Ich schrieb in Berlin das Treatment des vierten Teils vom Ende der UFA bis zu den Anfängen der DEFA. Weil Schlöndorff es ohne Einwände abnahm, beklagte sich Hans C. über die Ungleichbehandlung, denn er hatte seine drei Teile mehrmals überarbeiten müssen. Die ganze Aufregung war umsonst, weil das ZDF den Stoff als zu teuer ablehnte. Ich sagte »Das habe ich schon alles bei der DEFA erlebt« und flog nach New York zurück.

Im idyllischen Pomona fragte ich mich wie Bruce Chatwin: »Was mache ich hier?« Obwohl ich täglich schrieb, hatte ich keinen Film im Fernsehen oder Kino, jede Menge Schulden, eine Freundin, die nur am Wochenende aus New York kam, und einen Schäferhund namens Cody, der nachts schnarchte. Als meine neue Flamme, eine Schweizer Filmproduzentin, in Paris eine Firma gründete und mich fragte, ob ich mitkomme, lehnte ich ab. Was sollte ich als *boche* ohne Französischkenntnisse in der teuersten Stadt Europas? Hätte ich geahnt, daß Chantal die erfolgreichste Produzentin von arte wird und ich Paris noch lieben lerne, wäre aus mir vielleicht ein

Thomas Knauf mit Hund Cody in Pomona 1933

zweiter Jean-Claude Carrière geworden. Erst Jahre später lernte ich den ›Weltmeister‹ im Drehbuchschreiben durch Margarethe von Trotta kennen. Doch das ist eine andere Geschichte.

Bevor ich 1995 die Zelte in New York abbrach, traf ich meinen polnischen Freund Lech Majewski wieder. Wir hatten uns im Juni 1977 auf dem 2. Internationalen Studentenfilmfestival in Karlovy Vary kennengelernt. Lech war eines der Aushängeschilder der Filmschule Łódź, ich ein namenloser Babelsberger Student der Filmwissenschaft. Von da an sahen wir uns jeden Sommer in Polen, bergwanderten in Zakopane und erfanden am Lagerfeuer eines masurischen Sees Filme, die noch niemand zu drehen gewagt hatte. 1980 erlaubte mir das DDR-Kulturministerium, für ein Jahr nach Łódź zu gehen. Ich hatte dem Rektor der polnischen Filmschule

Lech Majewski auf dem Filmfestival in Rio 2000

›Wojciech Has‹ meinen Studentenfilm *Eine Nummer zu klein* gezeigt
und durfte mich bei ihm für das Fach Regie einschreiben. Auf der
Abendschule machte ich einen Schnellkurs in Polnisch und konnte
es kaum erwarten, im September an der berühmten Schule von Polanski und Skolimowski anzufangen. Im Juni 1980 verhängte General Jaruzelski das Kriegsrecht, um die Solidarność-Bewegung zu
zerschlagen. Kein normaler DDR-Bürger durfte von da an die
Oder-Neiße-Grenze passieren. Lech verließ noch im selben Jahr Polen und ging nach London, später nach Hollywood, wo er zwei Kinofilme drehte. Als wir uns in New York wiedertrafen, schrieb er gerade ein Drehbuch über den jung verstorbenen Maler Jean-Michel
Basquiat. Majewski machte mich mit seinem Produzenten Peter
Brant bekannt. Er war der Direktor des *Andy Warhol Estates* und ei-

ner der reichsten Männer Amerikas. Beim Essen im *Café des Artistes* am Central Park, wo einst Majakowski mit dem Maler David Burljuk zu speisen pflegte, weihte mich Peter Brant in die Geheimnisse des Verkaufes von Drehbüchern ein. Wie in der Finanzwelt und Diplomatie basierte das Geheimnis auf einem Sprachcode, der erkennen lassen soll, ob der Verhandlungspartner ernst zu nehmen ist, oder ob man nur seine Zeit vergeudet. Im folgenden gebe ich sinngemäß wieder, was mir Peter Brant, wohl aus Mitleid wegen meiner ostdeutschen Ahnungslosigkeit, erklärte:

Regel Nr. 1: *Selling a screenplay is like selling hot air.* – Am besten verkauft man eine Filmidee, die man in wenigen Sätzen erzählt und nicht vorliest oder aufgeschrieben dem Geldgeber zu lesen gibt. Halte das fertige Drehbuch so lange wie möglich zurück, denn wird es erst gelesen, hast du verloren. Niemand versteht es, Drehbücher objektiv zu lesen, jeder wird sich einen anderen Film vorstellen. Erzähle dein Vorhaben so kurz wie möglich, die Story, welches Genre, was ist der Konflikt, wer ist die Hauptfigur. Das kann sich jeder vorstellen. Laß den Geldgeber in der Gewißheit, du machst seinen Film, nicht deinen. Niemand gibt dir einen Cent für deinen Film, nur für den, den er sich vorstellt, den du schreiben sollst oder/und inszenieren.

Regel Nr. 2: *Say very little and then fall into silence.* – Viele Worte sind ein Zeichen von Unsicherheit oder der Unfähigkeit, einen Gedanken auf den Punkt zu bringen.

Regel Nr. 3: *Be prepared like a lawyer in the courtroom.* – Komm nie unvorbereitet zu einem Meeting. Erfahre so viel wie möglich über deine Gesprächspartner, denn sie wissen alles über dich. Konzentriere dich vorher darauf, was du sagen willst, was dein Ziel ist. Höre fünf Minuten vorher auf deinen Atem, dein Herz, deine innere Stärke. Verwirf alle schlechten Gefühle und vertraue der Kraft positiven Denkens. Jeder Tag ist eine Aufgabe, die gemeistert werden will, und das Ziel ist nicht, Fehler zu wiederholen, sondern durch Erfahrung zu wachsen.

Regel Nr. 4: *Listen and learn.* – Sprich zuerst über die Hobbys deines Gegenübers und tue so, als ob sie dich interessieren. Laß sie/ihn reden, Leute reden gern über sich. Wirke nicht unsicher, wirke hilflos, Leute helfen gern.

Regel Nr. 5: *Never talk about money!* – Erwähne nie den wahren Grund deines Hierseins. Das Wort GELD ist in Geldkreisen tabu, denn es stinkt, wenn man es hochriskant ausgeben soll.

Regel Nr. 6: *Throw the porcupine back.* – Peinliche Fragen sind wie Stacheltiere, die man nicht erklären soll, sondern zurückgeben. Wenn du die Antwort auf eine entscheidende Frage nicht weißt oder unsicher bist, stelle eine Gegenfrage. Zum Beispiel: »Wieviel wird Ihr Film kosten?« – »Sie sind der Experte. Sagen Sie, wieviel er kosten wird.«; oder: »Wieviel werde ich mit Ihrem Film verdienen?« – »Wieviel wollen Sie verdienen?« Nenne Filme, die das Vielfache ihres Budgets einspielten, wie *Rocky*, an dem die Geldgeber das Siebenfache ihrer Einlage verdienten. Sei niemals um eine Antwort verlegen. Frage lieber zurück.

Regel Nr. 7: *Never take NO for the definite answer.* – Ein NEIN ist nie endgültig, denn die Dinge ändern sich vielleicht schon morgen.

Regel Nr. 8: *Believe in your idea but don't promise things you cannot achieve.* – Laß dir deine Idee nicht ausreden, aber versprich nichts, was du nicht halten kannst. Mache neugierig auf dein Script, rede dich aber nicht in selbstherrliche Begeisterung, sprich nicht im Superlativ. Zeig dein Script niemandem, bevor du nicht sicher bist, daß es das ist, was du wolltest. Dann verkaufe es teuer, aber nicht so teuer wie möglich, sondern angemessen. Die Geldgeber wollen ein

American Dreams, 1990–95

Geschäft machen und wieder mit dir zu tun haben, wenn du erfolgreich bist.

Lech, der mit seinem polnischen Charme für seine amerikanischen Filme *Flight of the Spruce Goose (Kohlenstaub und Glitzerträume)* und *Prisoner of Rio (Gefangen in Rio)* neun Millionen Dollar bei privaten Geldgebern lockergemacht hatte, aber seinen letzten Film *Gospel According to Harry*, statt in der Wüste von Arizona, in den Wanderdünen von Leba (nahe Danzig) *low budget* drehen mußte, nachdem er in Hollywood fast zum Alkoholiker wurde, sollte mit Peter Brant eine noch größere Niederlage erleiden. Das Drehbuch zu *Basquiat* konnte er dem Produzenten verkaufen, Regie durfte er aber nicht führen. Die übernahm der Maler Julian Schnabel, Star der New Yorker Kunstszene, und machte damit 1996 im Filmgeschäft Furore. Lech kehrte Amerika den Rücken, trank nur noch alkoholfreies Bier und begann mit 40 Jahren eine erstaunliche Karriere als Maler, Theaterregisseur, Videokünstler und Autorenfilmer. Er erhielt internationale Preise, u. a. den Premio Fellini und Don-Quijote-Preis, schrieb Romane und komponierte eine Oper.

Ich hatte meine ›Rhapsody in Blue‹ 1995 ohne *standing ovation* ausgespielt, packte die Sachen, verschiffte sie im Container von New Jersey nach Hamburg und zog in meine alte Wohnung in der Schönhauser Allee vis-à-vis dem ›Colosseum‹, das jetzt ein Multiplex-Kino war. Daß ich in Amerika gescheitert war, wie Volker Schlöndorff prophezeit hatte, nahm ich weniger tragisch als meine Bankberaterin, die ein Fan meiner DEFA-Filme war. Ich sagte ihr, daß von dreißig Millionen Auswanderern zwanzig Millionen nach Europa zurückgekehrt waren, weil sie die Neue Welt nicht als das irdische Paradies erlebten.

HEIMKEHR IN EIN FREMDES LAND

Zu Hause ist, wo die Rechnungen ankommen.

Aus Amerika hatte ich drei fertige Drehbücher, ein halbes Dutzend Exposés und fünfstellige Schulden bei der Berliner Sparkasse mitgebracht. Das Finanzamt erkannte meine letzten Steuererklärungen nicht an, weil ich wegen der New Yorker Lebenshaltungskosten höhere Ausgaben als Einnahmen deklarierte. Als Grund für die Nachzahlung von mehreren tausend Mark schrieb man mir, daß es meine Privatangelegenheit gewesen sei, in New York zu leben, keine berufliche Notwendigkeit. Als ehemaligem DDR-Bürger sprach man mir das Recht ab, meinen Wohnsitz frei zu wählen, was jedem bundesdeutschen Drehbuchautor gestattet war. Manche meiner West-Kollegen besaßen ein Haus in der Toskana oder wohnten in Irland, während etliche meiner DEFA-Kollegen ihr Heim in Kleinmachnow und Babelsberg wegen Rückübertragung verloren. Die DEFA-Szenaristen, die ich wiedertraf, waren entweder im Vorruhestand oder schlugen sich mit Vorabendserien fürs Fernsehen durch. Einige waren bei Otto Meissner, dem Berliner Produzenten für Unterhaltsames, untergekommen. Er schätzte an den Ostlern, daß sie ohne aufzumucken taten, was verlangt wurde. Eine DEFA-Dramaturgin fragte mich, ob ich Lust hätte, für Meissner eine Krankenhausserie zu schreiben. Ich erklärte, daß ich in einem Krankenhaus aufwuchs, wo meine Mutter als Chefsekretärin arbeitete, und kein gutes Verhältnis zu ›Weißkitteln‹ habe.

Nach fünf Jahren Abwesenheit gewöhnte ich mich schnell wieder an Berlin. Das einzige, was mich jetzt störte, war die Ruppigkeit und Unhöflichkeit der Menschen, die erst auftauen, wenn man nett zu ihnen ist. Der Westberliner Autor Peter Schneider formulierte es so: »Sein Bedürfnis nach Freundlichkeit zeigt der Berliner, indem er die Faust ballt.« In Amerika hatte ich gelernt, daß man weniger

Studio Babelsberg 1992
(Hans C. Blumenberg, Volker Schlöndorff, Thomas Knauf, Thomas Bauermeister)

Energie vergeudet, wenn man freundlich ist. Diese Erkenntnis beherzigte ich nun in Berlin, obwohl ich mich oft frage, woher einer soviel positive Energie hernehmen soll, wenn Leute sich darin gefallen, widerlich zu sein. Für meine Arbeit war die amerikanische *kindness* jedenfalls kein Nachteil. Früher ging ich meist mit geschlossenem Visier zu Drehbuchbesprechungen nach Babelsberg und war dann enttäuscht, wenn es ohne Ärger abging. Jetzt verhielt ich mich wie ein galizischer Schneider, der den Kunden nicht tadelt, wenn er nichts von Maßanzügen versteht, seine Wünsche akzeptiert, auch wenn er anderer Meinung ist, und dann seine Arbeit tut, wie er es für richtig hält.

Regel Nr. 9: *Oft gehen Fernsehredakteure vollkommen unvorbereitet in die Drehbuchbesprechung und haben beim nächsten Mal vergessen, was sie zuvor bemängelten. Sie deshalb als unfähig zu bezeichnen, bringt nichts. Ist eine redaktionelle Idee auch noch so dämlich, der Au-*

tor tut gut daran, ihr zuzustimmen, denn er bekommt doch nicht recht. Besser ist es, auf die atomare Halbwertszeit unausgegorener Ideen zu bauen, die sich beim Wiederlesen oft von selbst erledigen.

Trotzdem war ich guter Dinge, als ich auf den freien Markt ging, mich und meine Ideen zu verkaufen. Also suchte ich mir einen Agenten. Der erste brauchte ein Jahr, um hundert Seiten Filmexposés zu lesen, und war beleidigt, als ich das Manuskript zurückforderte. Der zweite nahm mich sofort unter Vertrag, verbreitete aber bei den Sendern, daß ich ein schwieriger Autor ohne Erfolgsgarantie sei. Der dritte vertritt mich noch heute und begnügt sich damit, meine Tantiemen von der VG Wort zu verwalten, gewährt mir Vorschuß und Rechtsbeistand bei Vertragsstreitigkeiten. Außerdem, meine über die Jahre gewechselten Agenten vom Verlag der Autoren hatten und haben immer ein offenes Ohr für unnütze Telefonschwätzchen, was für einsame Drehbuchtüftler auch wichtig ist.

Regel Nr. 10: *Die Aufgabe, einem Arbeit zu verschaffen, kann der Agent nicht leisten, höchstens Anfragen von Produzenten für ein Filmprojekt weiterleiten. Sie verlaufen in der Regel im Sande, weil in der Branche der persönliche Kontakt, nähere Bekanntschaft oder unablässiges Präsentsein entscheidend ist. Weniger die Filme, die man gemacht hat und die errungenen Preise.*

Privat verkehrte ich lieber mit Filmkonsumenten als mit -produzenten, um nicht vierundzwanzig Stunden am Tag im Geschäft zu sein. Wie in der Liebe, vertraute ich auf den Zufall von Arbeitsbeziehungen, auch wenn er ein unzuverlässiger Helfer ist.

Kein Zufall, sondern die Freundschaft mit dem DEFA-Regisseur Roland Gräf verschaffte mir eine Begegnung mit dem Filmproduzenten Otto-Erich Kress. In den fünfziger Jahren gründete er die Tellux Film GmbH, eine Firma der katholischen Kirche, zuletzt betrieb der distinguierte ältere Herr in Hamburg eine kleine Produktionsgesellschaft mit Themenschwerpunkt Osteuropa. Unablässig

Szenenfoto aus *Die Spur des Bernsteinzimmers*, DEFA/WDR 1992. Foto: Wolfgang Ebert.

reiste Kress durch die neuen Bundesländer, Polen und Tschechien auf der Suche nach Themen und Talenten. Ich hatte mit Gräf 1992 das Drehbuch für den Kinofilm *Die Spur des Bernsteinzimmers* gemacht, ein Thriller, an den die DEFA sich aus politischen Gründen nicht herangewagt hatte. Der Stoff basierte auf den Erinnerungen von Paul Enke, dem Leiter der Abteilung im DDR-Ministerium des Innern zur Verfolgung von Naziverbrechern. Sein Leben lang suchte der Oberst nach dem legendären Bernsteinzimmer, buddelte sogar in seinem Urlaub in alten Bergwerksstollen im Vogtland und starb 1988 verbittert darüber, daß er das Achte Weltwunder nicht fand. Gräf machte aus meinem Drehbuch einen unterhaltsamen, mit Ulrich Tukur, Corinna Harfouch, Kurt Böwe, Uwe Kockisch ideal besetzten Film, der im gesamtdeutschen Kino nicht sonderlich auffiel. Im Fernsehen löste er jedoch eine neue Welle von Bernsteinzimmer-Dokumentationen aus, die in einem spektakulären Beitrag des Münchner Regisseurs Maurice Philip Remy gipfelte. In Moskauer Archiven fand er das Tagebuch eines sowjetischen Soldaten, der Zeuge war, wie das Bernsteinzimmer 1945 durch unachtsames Feuer verbrannte. Die Russen wollten den peinlichen Verlust nicht eingestehen und ließen die DDR-Verbündeten vierzig Jahre danach suchen. Weil der angebliche Beweis seitens des Kreml bis heute nicht verifiziert wurde, graben Schatzsucher weiter nach dem Zimmer, das der preußische König Zarin Katharina II. geschenkt und die Wehrmacht für Hitlers Linzer Museum geraubt hat.

Otto-Erich Kress hatte unseren Film gesehen und wollte mit Roland Gräf etwas Ähnliches produzieren. Ich gab ihm ein Drehbuch, das ich in meinem Landhaus nahe New York geschrieben hatte. *Herbst der Spione* war das Ergebnis meiner Liebe für englische *spy stories*. Zu DDR-Zeiten ließ ich mir die Bücher von Eric Ambler, Ted Allbeury, John LeCarré und Brian Freemantle vom Jazzpianisten Ulrich Gumpert besorgen, der lange vor mir in den Westen reisen durfte. Mein Agentenfilm spielte kurz nach der Wende in Potsdam und handelt von zwei alten Kundschaftern, die in ihrer Jugend verheiratet waren, aber durch den Kalten Krieg zu Gegnern wurden. Nach dem Fall der Mauer treffen sie sich wieder und geraten in eine mörderische Jagd nach der Liste aller Westagenten des KGB.

Nicht ganz von ungefähr kam der Stoff zu mir. In der DDR war ich mit der Schriftstellerin Ruth Werner, alias Ruth Kuczynski, alias ›Sonja‹ befreundet. Nach Meinung britischer Historiker war die zierliche Frau die größte Spionin des 20. Jahrhunderts, weil sie den Physiker Klaus Fuchs zum Verrat der US-Atombombe an die Russen anstiftete. Bernhard Stephan hatte 1982 ihr spannendes, wenn auch lückenhaftes Buch *Sonjas Rapport* langweilig verfilmt, ich wollte es neu und besser machen. Die ganze Wahrheit über Sonja war aber bis 1989 unerwünscht und danach nur noch für Briten von

Belang, die wochenlang ihre Wohnung in Berlin-Baumschulenweg mit Fernsehteams umlagerten. In Carvitz neben dem Haus von Hans Fallada besaß Ruth einen kleinen Bungalow am See, den sie für 12.000 DDR-Mark gekauft hatte, nachdem der Besitzer 1984 in den Westen gegangen war. Sein Sohn wollte das Häuschen nach der Wende für sich haben und startete im Ort eine Hetzkampagne gegen die ›Stasi-Hexe‹, die nie Mitarbeiterin des MfS war, sondern hochdekorierter Offizier des KGB. Weil sie fürchtete, tätlich angegriffen zu werden, bat mich Ruth, sie nach Carvitz zu begleiten. Als wir Arm in Arm durchs Dorf gingen, zeigte sich niemand, aber die Gardinen bewegten sich in den Fenstern gespenstisch hin und her. Am 7. Juli 2000 starb Ruth Werner. Mit *Herbst der Spione* wollte ich ihr ein Denkmal von Herzen, aber ohne Pathos setzen, denn sie konnte eine ziemliche jüdische Schreckschraube sein.

In der Regiefrage dachte ich zuerst an den Briten Jack Gold, der mit *Charlie Muffin* 1979 einen der besten Agentenfilme des Kalten Krieges gedreht hatte. Doch dann verliebte sich Roland Gräf in den Stoff. Er war der einzige DEFA-Regisseur der älteren Generation, mit dem ich auch privat verkehrte. Anfangs mochte ich den Thüringer, der auch als Kameramann international erfolgreiche Filme drehte, weniger als seine Frau Christel, die meine bevorzugte Dramaturgin war. Mit den Jahren wurde er mir ein väterlicher Freund, weil er alles, was ich schrieb, mit deutlichen Worten kritisierte. Oft zu Recht. Für *Herbst der Spione* schien er eine gute Wahl, weil er ein Schauspieler-Regisseur war und Potsdam, wo der Film spielte, wie seine Westentasche kannte. Für die Hauptrollen wollte ich Max von Sydow und Jeanne Moreau, um dem Thriller eine Chance auf dem europäischen Markt zu geben. Ich fuhr nach London, wo von Sydow im *Old Vic Theatre* den Prospero in Shakespeares *Tempest (Der Sturm)* spielte, und erhielt einen handgeschriebenen *letter of intent* (Zusage unter Vorbehalt) auf der Rückseite des englischen Drehbuchs, das voller Rechtschreibfehler war. Otto-Erich Kress lud den Regisseur und Autor zur Drehbuchbesprechung in sein Haus in Breganzona oberhalb Luganos ein. Die *Casa Kress,* von Mario

Corinna Harfouch, Christel und Roland Gräf auf dem Montreal Film Festival 1992
mit dem ersten gesamtdeutschen Spielfilm *Die Spur des Bernsteinzimmers*

Campi & Franco Pessina erbaut, ist ein weißer Dampfer mit zwei
Oberdecks, von wo man den Luganer See überblickt. Selbst Roland
Gräf, der Meuselbach/Thüringen für *la plus belle vue* hält, war beeindruckt. Ich trank einen doppelten Wodka im See-Hotel *Herbert*,
Treffpunkt der Spione des Kalten Krieges. Mit dem Aufenthalt in
Lugano endete jedoch das formidable Filmprojekt. Obwohl das Projekt *Herbst der Spione* vom Medienboard Berlin-Brandenburg Drehbuchförderung erhalten hatte, wurde die Produktionsförderung mit
der Begründung abgelehnt: kommerziell nicht erfolgversprechend.
O.-E. Kress verlor daraufhin das Interesse und Gräf ging wegen Ar-
beitsmangels in den Vorruhestand. Jahrelang suchte ich den Stoff zu

vergessen, bis die Kölner Agentur ›Barbarella‹ das Drehbuch für ihre *readings* auswählte. Im alten Wartesaal des Kölner Hauptbahnhofs lasen Rosemarie Fendel, Hans-Martin Stier, Oscar Ortega Sánchez und Elke Heidenreich den Thriller mit verteilten Rollen und das Publikum war begeistert. Ich war zufrieden, denn die im Gutachten des Medienboards als hölzern bezeichneten Dialoge funktionierten auch ohne den schwarzen Zauberkasten. Ein neuer Filmproduzent fand sich trotzdem nicht. Der Stoff war passé, weil niemand an den ruhmlosen Abzug der Roten Armee erinnern wollte und deutsche Agentenfilme im deutschen Kino nicht geliebt werden. 2003 interviewte ich für den *TIP* John LeCarré anläßlich der Premiere des Films *The Tailor of Panama* (*Der Schneider von Panama*, Regie: John Boorman). Ich fragte ihn, ob er einen deutschen Autor von Politthrillern kenne. Er nannte Peter Schmidt, den er hoch schätzte. Im Fernsehen laufen täglich von Drehbuchautoren ausgedachte Krimis, die man schon bei den Spätnachrichten vergessen hat. Von Schmidts süffisant-spannenden Geschichten über Geheimdienstler, Terroristen, gewöhnliche Kriminelle wurde nie eine fürs ›Puschenkino‹ adaptiert. Es scheint so, daß deutsche Fernsehredakteure keine deutschen Krimiautoren lesen, nur skandinavische. Und wenn, dann nur die weniger guten. Was nicht schlimm wäre, wenn die TV-Filme formal mutig wären.

PAT HOBBY TRIFFT MARKUS WOLF

Regel Nr. 11: *Wenn sich ein Geldgeber erneut bei dir meldet, obwohl er bereits mit einem deiner Drehbücher weder Gewinn noch Quote machte, sei nicht gleich geschmeichelt, sondern mißtrauisch. Wenn, wie in diesem Fall, der Redakteur privat mit einer Filmproduzentin liiert ist und deren Firma dich anheuert, geh davon aus, daß es ein zweifelhaftes Angebot ist.*

Auch wenn dergleichen nicht häufig vorkommt, ich habe es erlebt und kann nur warnen: In Köln ist alles möglich. Dort hat man ein entspannt-karnevalistisches Verhältnis zu Interessenkonflikten. Das hier geschilderte Angebot war viel zu verlockend, um es abzulehnen. Der WDR-Redakteur Wolf Brücker, der *Die Spur des Bernsteinzimmers* als Co-Produktion betreut hatte, rief mich eines Tages an und fragte, ob ich Markus Wolf kennenlernen möchte. Ich antwortete: »Sehr gern, wenn ich dem Verfassungsschutz nicht Auskunft über unser Treffen geben muß.«

Wolf Brücker und die Produzentin der Firma Filmpool luden mich zum Essen in ein italienisches Restaurant im Nikolai-Viertel. Markus Wolf wohnte im selben Haus und war Stammgast bei dem Nobel-Italiener. Als er erschien, verbeugten sich die Kellner, als stünde Cesare Borgia vor ihnen. Wolf nahm es gelassen und reichte jedem *cameriere* die Hand. Sein Händedruck hatte nichts von einem preußischen General, seine ganze Erscheinung ebensowenig. Er war der erstgeborene Sohn des Schriftstellers Friedrich Wolf und kommt, wie man sagt, am meisten nach dem Vater. Als der Meisterspion, den John LeCarré in *The Spy Who Came in from the Cold (Der Spion, der aus der Kälte kam)* mit der Figur des DDR-Abwehrchefs Hans-Dieter Mundt sehr frei porträtierte, ein paar nette Belanglosigkeiten von sich gegeben hatte, erläuterte die Filmproduzentin ihr Vorhaben. Sie wollte die deutsch-deutsche Spionage aus der Ära des Kalten Krieges als 13teilige Serie für die ARD dramati-

Markus Wolf bei Dreharbeiten zu *Klaus Kuron – Spion in eigener Sache*, 3sat 2004

sieren. Markus Wolfs Rolle darin war die eines Beraters und Stoff-
lieferanten. Ich sollte aus seinen damals noch unveröffentlichten
Erinnerungen spannende Charaktere und Handlungsstränge entwerfen. Wolf betonte, daß er noch keinen Vertrag unterschrieben
habe und zudem sehr beschäftigt sei mit seinen Memoiren, die bei
Random House New York herauskommen sollten. Trotzdem
machte ich mich an die Arbeit, las alles, was es an Literatur zu dem
Thema gab. 1988, als ich mit einem Reisepaß des Schriftstellerverbandes in den Westen fahren durfte, schmuggelte ich in meiner
Unterhose ein dickes Taschenbuch durch den Grenzübergang Friedrichstraße. Es war die Lebensgeschichte von Werner Stiller, dem ein-

zigen Offizier der HVA (Hauptabteilung Aufklärung), dem die Flucht in den Westen gelang. Ihm ist es zu verdanken, daß Markus Wolf identifiziert wurde, von dem der Verfassungschutz nur ein Jugendfoto besaß. Zufällig hatten die Kölner Agentenjäger in den siebziger Jahren in Stockholm einen DDR-Diplomaten abgelichtet. Als 1980 das Foto von Markus Wolf auf der Titelseite des *Spiegel* erschien, lachten die Babelsberger Filmleute. Denn sie wußten alle, wie der unbekannte Bruder des Regisseurs Konrad Wolf aussieht, da er stets zu dessen DEFA-Premieren mit seiner Frau, einer Maskenbildnerin des Studios, erschien. Wolfs Mitarbeiter Werner Stiller ging mit mir auf die Ernst-Haeckel-Oberschule in Merseburg. Ich kann mich nicht erinnern, ihn wahrgenommen zu haben, doch daran, daß mich 1970 ein netter Herr von der HVA anwerben wollte. Ich redete mich heraus, daß ich ein Angeber sei und kein Geheimnis für mich behalten könne, was stimmte. Somit war ich untauglich für eine konspirative Tätigkeit. Als offizieller Mitarbeiter von Markus Wolf erwies ich mich jedoch als verführbar für die Welt der Geheimdienste. Sobald ich bei ihm zu Hause auf dem weißen Ledersofa saß und er mir von seiner Tätigkeit als HVA-Chef erzählte oder, wenn er sich nicht erinnerte, aus seinen Tagebüchern vorlas, die er aus einem Wandsafe holte, war mir bewußt, daß ich in der DDR für einen solchen Chef womöglich durchs Feuer gegangen wäre. Wolf hatte eine unwiderstehliche Autorität, die ohne Rangabzeichen und bedrohliches Gehabe auskam. Er war höflich, verbindlich, konnte zuhören und akzeptierte Widerspruch. Ich hatte ihm erklärt, daß ich seine politische Einstellung nicht teile, aber respektiere. Privat war Wolf ganz anders als im Fernsehen, wo er stets steif, humorlos und eitel wirkte. In seiner Wohnung am Märkischen Ufer lernte ich einen Mann kennen, der nur zufällig Spionagechef wurde, eigentlich Journalist war; der sich über seinen Mythos lustig machte und am liebsten Geschichten über seine Pleiten und Pannen zum Besten gab. So erzählte er, wie er unter falschen Namen nach Österreich fuhr, um die Agentin Susanne Lüneburg zu treffen. Erst in Wien bemerkte er, daß sein DDR-Führerschein im Jackett steckte. Oder wie er nach

Afrika flog und sich vorher die Haare grau färben ließ. In Athen mußte er die Maschine wechseln und es regnete wie bei der Sintflut. Im Terminal lief die falsche Haarfarbe übers Gesicht. Beinahe verpaßte er den Anschlußflieger, weil er sich in der Toilette einschloß, um im Klobecken die Restfarbe auszuspülen. Am meisten mußte ich lachten bei der Geschichte, als er mit einer Sondermaschine der Aeroflot nach Havanna flog, um dort Fidel Castros Abwehr aufzubauen. Im Flieger saßen auch chinesische Geheimdienstler. In New York mußten sie wegen Spritmangels notlanden. Sofort umstellten Agenten des CIA die Sondermaschine. Alle Vertreter sozialistischer Sicherheitsdienste verbrannten ihre Unterlagen, die Chinesen aßen ihre Papiere Stück für Stück auf. Nach einigem Hin und Her durfte die Aeroflot-Maschine unkontrolliert auftanken und weiterfliegen.

Jemand, der als unfehlbar galt und sich über seine Fehler mehr freute als über seine Erfolge, war mir symphatisch. Ich begriff, warum Markus Wolfs Spionagedienst so erfolgreich im Unterwandern der Bundesrepublik war. Weil der HVA-Chef sich persönlich um seine Agenten sorgte, jedes Risiko so gering wie möglich kalkulierte und für den Fall einer Enttarnung einen sicheren Rückzugsweg in die DDR entwarf. Zu Agententreffen in Wien oder Brüssel schickte er immer drei zusätzliche Leute zur Absicherung ins Ausland. Der Unwichtigste war instruiert, sich im Falle eines polizeilichen Zugriffs verhaften zu lassen. Er war ledig, kinderlos und bezog, wenn er ins Gefängnis mußte, sein Gehalt samt Urlaubsanspruch weiter.

Während eines unserer ›Agententreffs‹ bat mich mein ›Instrukteur‹, weil er Knieprobleme hatte, ihn zu seiner Volvo-Werkstatt am Ostkreuz zu chauffieren. Als ich vor der Werkstatt eine Zigarette rauchte, fragte mich ein Kfz-Mechaniker, womit ich denn jetzt mein Geld verdiene, mit Immobilien oder dem Verkauf von Zeitungen. Ohne es zu wollen, war ich einer von ihnen geworden, weil ich den *grand chef* herumchauffierte.

Schon beim ersten Besuch in Wolfs Wohnung bemerkte ich, daß ich observiert wurde. Zu DDR-Zeiten ging ich jedes Mal zu dem Lada, der vor meinem Haus stand, und sagte den Insassen: »Sie können jetzt Pause machen. Ich gehe ins ›Wiener Café‹ und bin in einer Stunde wieder zu Hause.« Dasselbe tat ich mit den Observierern des Verfassungsschutzes. Einer von ihnen war eine attraktive Frau, mit der ich gern Kaffee getrunken hätte.

Pünktlich lieferte ich die Exposés für die 13teilige Fernsehserie ab. Die Produzentin meinte, das Treatment sei mit fünfundsiebzig Seiten zu lang für die Präsentation in der ARD-Serienkommission. Sie kürzte das ganze an einem Wochenende ein und verlangte die Co-Autorenschaft, also die Hälfte des Autorenhonorars. Ich ging zu Markus Wolf und fragte ihn, was er von dem ganzen Projekt und seinen Initiatoren hält. Doch er hatte andere Sorgen. Er packte seinen Koffer, weil er am nächsten Tag nach Düsseldorf zur Urteilsverkündung seines Prozesses wegen ›Bestechung, Freiheitsberaubung und anderer Vergehen gegen die Bundesrepublik‹ fahren mußte. Er rechnete damit, noch im Gerichtssaal verhaftet zu werden und ins Gefängnis zu kommen. Während ich mit seiner Frau plauderte, kam Wolf mit einem Fax aus seinem Arbeitszimmer im Obergeschoß. »Möchten Sie lesen, was mir die CIA in Langley schreibt?« Ich nickte ungläubig und überflog den Text. Dort stand sinngemäß: »Werter Markus Wolf! Wir bedauern zutiefst, daß die Bundesrepublik gegen Sie diesen Prozeß anstrengte und in Dr. Wagner einen Richter berief, der nicht den nötigen Sachverstand besitzt. Falls man Sie verurteilt und in Haft nimmt, versichern wir Ihnen, daß wir alles daransetzen werden, Sie freizubekommen. Mit freundlichen Grüßen …«

Am nächsten Morgen wurde Wolf zu sechs Jahren Freiheitsstrafe verurteilt, doch man verhaftete ihn nicht. Er mußte die Strafe auch nie absitzen, sich nur wöchentlich bei der Polizei melden. Ich will hier nicht über die Rechtmäßigkeit des Urteils polemisieren. Politik und Justiz interessieren mich nicht, schon gar nicht, wenn sie auf verletzter Eitelkeit und Rache basieren. Für mich war die kurze Zusammenarbeit mit Markus Wolf an einem schleierhaften Kapitel deutscher Geschichte interessant und lehrreich. Daß Spionage ein schmutziges Geschäft dubioser Charaktere ist, wußte ich aus den Büchern von John LeCarré, Graham Greene, Peter Schmidt. Daß es auch ein Metier von feinsinnigen Intellektuellen, moralisch integren Personen sein kann, erfuhr ich durch Markus Wolf. Doch es bleibt ein schmutziges Geschäft. Weil es Menschen manipuliert, ihre Schwächen ausnutzt, sie erpreßt und auch vor Mord nicht zurückschreckt, im Namen der jeweils gerechten Sache.

Die ARD-Serienkommission lehnte das Vorhaben ab, als sie begriffen hatte, daß die Ost-West-Spionagegeschichten eine Erfolgschronik der HVA und eine Ohrfeige für den Verfassungsschutz und die ›Schlapphüte‹ des BND sind. Die Kölner Produzenten hatten übersehen, daß die DDR nur deshalb die BRD so erfolgreich ausspionieren konnte, weil Tausende Bundesbürger aus Geldgier, Haß auf den Staat oder Liebe zu einem HVA-Romeo oder einer Rotlicht-Julia fleißig Verrat von Dienstgeheimnissen begingen. Das paßte nicht recht ins öffentlich-rechtliche Programm, wo Filme über die Greueltaten der Stasi erst noch Konjuktur haben sollten.

Ich wollte von da an zu diesem Thema nichts mehr beitragen, weil ich nicht parteiisch genug war. Doch als Drehbuchautor soll man nie nie sagen. Meine rein berufliche Beziehung zu Markus Wolf sollte Jahre später doch noch zu einem Erfolg führen, als Autor/Regisseur im Genre des Dokumentarfilms. Mitte 2004 produzierte 3sat den Film *Klaus Kuron – Spion in eigener Sache*. Zehn Jahre arbeitete der Verfassungsschützer unerkannt für das MfS, bis sein Ostberliner Führungsoffizier ihn 1990 an das BfV verriet. Der für mich gewiefteste deutsche Doppelagent der Nachkriegszeit war wie eine Figur aus einem Roman von John LeCarré: kaltblütig, unpolitisch und ewig knapp bei Kasse. Aus Frust über schlechte Bezahlung und Inkompetenz seiner Vorgesetzten verkaufte er sein gesamtes Dienstwissen an die, die er als amtlicher Agentenjäger bekämpfte. Der Preis für seinen Verrat – zwölf Jahre Haft und Nachversteuerung seines DDR-Einkommens in Höhe von 692.000 DM Verfallsgeld. Dem BfV war der Fall Kuron mehr als peinlich, weshalb der Film nicht nur keine Unterstützung fand, sondern jede Einsicht von Akten boykottiert wurde. Markus Wolf half mir als einziger, indem er mir die Prozeßakten besorgte. Seine ehemaligen Mitarbeiter tauchten ab, verweigerten die Aussage oder drohten

Klaus Kuron im Gefängnis, 1995

mit gerichtlichen Schritten. Obwohl ich den Film trotzdem drehte, hatte ich danach die Nase endgültig voll von demokratischen Geheimdienstlern und ›Kundschaftern für den Frieden‹.

Regel Nr. 12: *Laß dich nie zu sehr auf das Thema ein, über das du schreiben willst. Meide politische Themen, wenn du nicht völlig von ihnen überzeugt bist. Meide vor allem Geheimdienstler, Kriminelle und Hochstapler als Ideenlieferanten. Sie werden dir nie die Wahrheit erzählen und dich für ihre Zwecke zu manipulieren versuchen. Die Freiheit, mit den Informationen anderer umzugehen, wie du es für richtig hältst, ist wichtiger als alle Bewunderung, Sympathie, Freundschaft. Es sei denn, du willst ein Ghostwriter für andere sein, ein Autor, der sein ICH verkauft. Ein Mann ohne Schatten namens Peter Schlemihl.*

WER SCHREIBT, DER REIST
(NICHT NUR IN DER PHANTASIE)

*»Muß nicht ein Mensch verrückt werden, vor dessen
innerem Auge ständig die Landkarte von Ungarn steht?«*
Jorge Luis Borges

Ich war nie ein Kaffeehaus-Literat. Wo hätte man in Ostberlin auch
hingehen sollen, um in Ruhe zu schreiben? Im Café ›Prag‹ in der
Französischen Straße saßen die Autoren der Verlage Aufbau, Neues
Leben, Volk & Welt. Jene, die gedruckt wurden, waren ab Mittag
betrunken von Nordhäuser Doppelkorn; jene, die nicht gedruckt
wurden, schon ab Morgens von Pfeffi-Likör. Im ›Lindencorso‹ Ecke
Friedrichstraße hingen die Architekten, Grafikdesigner und Models
vom Modeinstitut rum. Ich ging jeden Mittag hin, um sie kennenzulernen oder mich mit Kellnern über den schlechten Kaffee zu
streiten. Im ›Wiener Café‹ auf der Schönhauser Allee saßen die Literaten des Unmuts Anderson, Schedlinski, die fleißig für die Stasi
schrieben. Für DEFA-Szenaristen war das ›W. C.‹ nicht der Ort, wo
die Bilder und Töne direkt in die Finger flossen. Obwohl ich einmal
Zeuge einer Szene wurde wie aus *The Battle of the Century (Die
Schlacht des Jahrhunderts)*, wo Laurel & Hardy in die irrwitzigste
Tortenschlacht der Filmgeschichte geraten. Der Künstler Klaus von
Kiedorff feierte Hochzeit, als eine Verflossene am Tresen eine Cre-
metorte bestellte und ihm ins Gesicht warf. Auf der Empore spielten drei Musiker, zusammen zweihundert Jahre alt, wie jeden Tag
das gesamte Repertoire an Kaffeehauswalzern. Dazu tanzten Damen
im fortgeschrittenen Alter mit ›Mühle‹, dem fröhlichen Architekten
der Zertrümmerung.

Das ›W. C.‹ war wie eine Insel im Meer der Zeit, ein Fluchtpunkt
der Arbeitsscheuen und Ausreisewilligen. Ich erschien schon deshalb

als Eindringling, weil ich eine Festanstellung bei der DEFA hatte und keinen Verleger im Westen. Das erweckte Neid und üble Nachrede bei den Aktivisten der letzten Stunde. Adolf Endler, den ich oft in seiner Hinterhofbude in der Dunckerstraße besuchte, um ihm meine Gedichte zu zeigen, wunderte sich, daß ein schlechter Lyriker Staatsfilme schreiben darf. Ich verteidigte mich, daß in Babelsberg keine Parteilyrik verlangt wird, nur mehr oder weniger wirklichkeitsnahe Drehbücher. Daß ich bei der DEFA jahrelang für die Katz schrieb, aber trotzdem bezahlt wurde, fand der Stasi-Phobiker verdächtig. Trotzdem nahm er mich in sein Undergroundmagazin *Mikado* auf und gratulierte, als ich in den Berliner Schriftstellerverband aufgenommen wurde. Dieser hatte Endler, den besten Lyriker der DDR, wegen der Biermann-Affäre rausgeworfen. Trotz seines harten Urteils wurden meine Gedichte in *NDL* (Ost) und *Aspekte* (West) gedruckt und ich war mächtig stolz. Denn in jedem Drehbuchautor steckt ein verhinderter Dichter.

In meiner Wohnung vis-à-vis des Kinos ›Colosseum‹ konnte ich am besten arbeiten. Nahm die U-Bahn, die vor meinem Fenster auf Stelzen vorbeifuhr, einen Gedanken mit, brachte ihn die Gegenbahn zurück. Trotzdem verließ ich regelmäßig meinen Hochsitz Ecke Schönhauser und fuhr zum Schreiben an idyllischere Orte auf dem Territorium der Deutschen Demokratischen Republik. Im Turmzimmer der Kirche im Wörlitzer Park schrieb ich 1984 das Drehbuch *Hiob, letztes Kapitel* – eine moderne Version des biblischen Hiob als gefeierter DDR-Autor, der als Jude im KZ war und nach dem Tod seiner Frau und der Entfremdung von seinen Kindern ausgerechnet einen Neonazi als Sohn adoptiert. Unnötig zu erwähnen, daß der Stoff vom DEFA-Studio honoriert, aber nicht gedreht wurde.

Auf Hiddensee schrieb ich *Treffen in Travers*, einen Film über Georg Forster, der 1988 zwar gemacht wurde, weil er vor zweihundert Jahren spielte, aber kurz nach der Premiere aus den Kinos verschwand wegen allzu deutlicher Parallelen zur späten DDR. Im Preußen von 1789 mußten politisch Unzufriedene ins Exil gehen, was die Zuschauer an die gegenwärtigen Verhältnisse erinnerte. Im

Thomas Knauf beim Drehbuchschreiben in Formentera 1990

Vogtland schrieb ich *Die Spur des Bernsteinzimmers* und verunglückte mit dem Wagen bei Glatteis, als ich mich selbst auf die Suche nach dem verschwundenen Zimmer begab. Was will ich damit sagen? Man kann über jedes Thema einen Film in seinen vier Wänden schreiben, doch es schadet nichts, sich von den Orten, wo die Handlung spielt, inspirieren zu lassen. Drehbuchschreiben ist Reisen in der Traumrealität des Films. Realistisch schreiben kann nur der, der auch physisch auf Reisen geht. Tonino Guerra, Szenarist der Filme von Michelangelo Antonioni und Theo Angelopoulos, meinte, daß man zuerst einen Ort finden und sich wie ein Archäologe mit dessen Besonderheiten vertraut machen muß. Die Handlung entwickelt sich dann fast von allein, wenn man die Figuren auf dem Schachbrett des Drehbuchs hat. Bei der DEFA mußte ich für den Forster-Stoff den Ort Travers in der Schweiz aus Sekundärquellen beschreiben, weil ich nicht hinfahren durfte. Ich kann auch mit einer theoretischen Weltanschauung, dem Baedecker und dem Westfernsehen einen Kinofilm für den internationalen Markt schreiben, versicherte ich dem Chefdramaturgen. Er zuckte nur mit den Schultern, weil das dienstliche Reiseverbot ins NSW (nichtsozialistisches Währungsgebiet) im Kulturministerium, nicht in der DEFA, verhängt wurde. Um wenigstens einmal vor der Rente in den Westen fahren zu dürfen, trat ich 1988 aus dem Filmverband aus und in den Schriftstellerverband ein. Noch im selben Jahr durfte ich zu privaten ›Studienzwecken‹ nach Großbritannien reisen. Danach stand es mir frei, jeden Tag mit der S-Bahn vom Bahnhof Friedrichstraße nach Westberlin zu fahren, wenn ich keine Lust zum Arbeiten hatte und den Tag nicht zum hundertsten Mal im Pergamonmuseum verbringen wollte. Ohne Westgeld konnte ich es nicht allzuoft tun, da meine rübergemachten Freunde mich nicht andauernd zum Essen oder ins Kino einluden.

Das ist längst Geschichte, Schnee von gestern, wie die SED-Genossen zu sagen pflegten. Doch ich kann nicht vergessen, daß ich mich vorm Ende der DDR, trotz einer Filmpremiere pro Jahr und dreißig roten Rosen vom DEFA-Direktor täglich fragte: Warum lebe ich hier? Wozu mühe ich mich ab für ein DDR-Kino, das die Menschen nicht mehr erreicht? Mit dem Mauerfall schwor ich, mich von niemandem mehr bevormunden zu lassen und bis ans Ende der Welt zu reisen. Deutschland ist schließlich die ›Heimat der Geographielehrer‹, führte als erste Nation Geographieunterricht zur Allgemeinbildung ein, auch wenn es als Kolonialmacht Sitzenbleiber der Geschichte war.

So reiste ich ab 1990 privat den deutschen Meistern des Fernwehs (Schwaben und Sachsen) hinterher, sah außer Australien und der Antarktis alle Kontinente, konnte meine verspätete Weltanschauung aber, bis auf ein paar Filmfestivaleinladungen, nicht als Dienstreisen verbuchen.

1997 lernte ich den Produzenten Frank Scharf vom SWR kennen. Er war mit einer Engländerin liiert, die in Rio de Janeiro eine eigene Filmproduktion betrieb. Das Projekt war sehr verlockend: der Wettkampf der *Aéropostale* mit der Lufthansa um den schnellsten Luftpostweg über den Atlantik in den frühen dreißiger Jahren. Es gab einen französischen Co-Partner, was die Sache von Anfang an schwierig machte. Doch ich flog mit der deutschen Produzentin Phoebe Clarke nach Brasilien, um die noch lebenden Piloten der *Aéropostale* zu treffen und die Orte zu sehen, die von den Luftpostlern angeflogen wurden. In Rio traf ich den Anwalt der Postflieger Jean-Louis Fleury. Mit leuchtenden Augen erzählte er mir, wie er mit Saint-Exupéry die Strecke Paris–Dakar–Rio geflogen ist. Ich sprach auch mit dem Piloten, den sie ›die Nase‹ nannten, weil er sich nach dem Geruchssinn orientieren konnte. Das war alles sehr aufregend, aber noch aufregender war Brasília, die Reißbrettstadt von Lúcio Costa und Oscar Niemeyer. Als Kind hatte ich im Kino Philippe de Brocas *L'Homme de Rio (Abenteuer in Rio)* gesehen, in dem Jean-Paul Belmondo den Oberbösewicht durch Brasilia verfolgt. Die Stadt im Dschungel erschien mir damals wie die Kulisse eines James-Bond-Films – futuristisch, unendlich und menschenleer. Die Realität war ernüchternd. Stadtautobahnen ohne Autos, Häuser wie Bauklötzer, Plätze so groß wie Fußballfelder, ein Mausoleum für Präsident Kubitschek von babylonischen Ausmaßen. Jacques Tati hätte hier seinen letzten Film *Playtime (Tatis herrliche Zeiten)* billiger drehen können als in ›Tativille‹, der Kulissenstadt am Rand von Paris. Weshalb ich trotzdem glücklich war? Weil ich mir einen Kindheitstraum erfüllt hatte. Die eigene Anschauung ist nie enttäuschend, immer lehrreich. Albert Camus schrieb: »Ein Ort, in dem ich mich nicht langweile, kann mich nichts lehren.« Rio war freilich alles andere als langweilig. Ich wohnte in einem Hotel an der Copacabana und zwickte mich jeden Morgen in den Arm, ob ich nicht träume. Gleich am ersten Tag stieg ich auf den *Morro da Babilônia* im Stadtteil Lapa, wo einst die Favela aus dem Film *Orfeu Negro* stand. Längst hatten Bulldozer sie geschleift, und Schlangen nisteten auf dem Berg hoch überm Meer. Rio ist vermutlich die am schönsten gelegene Stadt der Welt, auch die gewalttätigste. Jeden Tag sterben Dutzende Menschen durch Raubüberfälle oder Polizeirazzien. Angst hatte ich trotzdem nicht. In Manaus bin ich mit dem Fotoapparat bewaffnet durch die Elendsviertel gegangen, ohne ausgeraubt zu werden; in New York war ich nie zur falschen Zeit am falschen Ort, und auf dem Bahnhof Termini in Rom wollte mir kein Dieb mein Gepäck abnehmen. Ich weiß, wenn ich auf Reisen bin, kann mir nichts passieren. In Berlin fürchte ich, beim Überqueren der Straße ums Leben zu kommen, und seit bei mir eingebrochen wurde, steht immer eine Dose Reizgas im Flurschrank.

Das Projekt ›Luftpost‹ löste sich nach dem Treatment in Luft auf, die französischen Partner fanden die Rolle der *Aéropostale* nicht genug gewürdigt. Daß die Deutschen das Rennen gewannen, kratzte noch sechzig Jahre später an ihrem Nationalstolz. Arte sendete zwei Jahre später einen Themenabend zur Postfliegerei mit einem langweiligen Spielfilm über den Vater des *Kleinen Prinzen* Saint-Exupéry.

Den Filmproduzenten Phoebe Clarke und Frank Scharf blieb ich verbunden, weil sie nichts dabei fanden, einem Ostdeutschen auf ihre Kosten die Welt zu zeigen und mit Begeisterung Filmideen entwickelten, die wenig Aussicht auf Erfolg hatten. So realisierten sie einen Film mit Mika Kaurismäki, berühmt-berüchtigt für seine Verschwendungssucht, und gingen mit ihrer Firma fast pleite. Solche Verrückten gibt es in Deutschland kaum noch. Deshalb sagte ich sofort ja, als sie mir eine abenteuerliche Fernsehserie anboten.

Deep Sea war die Idee eines Schweizer Autors, der für die TV-Reihe *Eurocops* schrieb. Aus irgendeinem Grund wollte er das Drehbuch für die Tauchserie nicht schreiben. Der Plot war auch ziemlich krude. Vier gescheiterte Existenzen machen sich auf die Suche nach der ›John Barry‹, einem amerikanischen Liberty-Schiff, das mit 1500 Tonnen Silberbarren und 3 Mio. Silbermünzen an Bord 1944 von einem deutschen U-Boot versenkt wurde. Das Schiff gab es wirklich, es wurde 2002 im Golf von Oman geborgen. Danach ging der

Silberpreis an der Börse in den Keller. *Deep Sea* erzählt die Geschichte anders. Der Frachter ›John Barry‹ wurde von den Deutschen gekapert und unter amerikanischer Flagge mit Silber für den Großmufti von Jerusalem ausgestattet, der ein Verbündeter Hitlers war und in Palästina gegen die Briten kämpfte. Da die Aktion streng geheim war, wurde das Schiff versehentlich von einem deutschen U-Boot torpediert. Einer der Protagonisten des Films war ein versoffener Rostocker Marinetaucher, das interessierte mich. Die Hauptheldin betrieb in Lissabon eine marode Werft, das interessierte mich noch mehr. Die Stadt am Tejo gehört neben Timbuktu und Baku zu den Traumorten meiner Kindheit. Von dem kleinen Land im Westen Europas wußte ich nicht viel mehr, als daß es dort bis zum Sturz des Diktators Salazar keine Privatautos gab und daß der größte Dichter der Moderne Fernando Pessoa zeitlebens von dort nicht wegkam.

Meine Produzenten schenkten mir einen zweiwöchigen Aufenthalt in Portugal und führten mich in die entlegensten Orte der *Estremadura* und *Trás-os-Montes*, wo niemand nach Schätzen tauchen würde. Auf allen Reisen durch Westeuropa hatte ich nicht annähernd so ein Déjà-vu-Gefühl wie in Portugal. Die Heimat Heinrichs des Seefahrers schien mir nicht nur wegen des exzessiven Sprachgebrauchs des Diminutivs, der Verkleinerungsform, näher an Rußland als an der Levante. Und ich erfuhr, daß die Deutschen nicht die Europameister in Temperamentlosigkeit und Schwermut sind, sondern jene, die sich einst als größte Kolonialmacht des Globus rühmten. Portugiesen tragen ihre *saudade* (Traurigkeit) wie eine zweite Haut und lieben den *Fado*, diesen Gesang der Niederlagen, wie ihre leicht sauren Douro-Weine. In Lissabon wohnte ich in einem heruntergekommen Hotel am *Chiado*, wo das Herz der Stadt pulsiert. Vorm Café *A Brasileira* saß Fernando Pessoa als Bronzefigur am Tisch und bot seinen leeren Stuhl den Touristen an. Vielleicht wäre aus mir ein Dichter geworden, wäre ich an diesem Ort aufgewachsen. Tagsüber wanderte ich auf den schiefen Gassen des *Bairro Alto*, abends trank ich Portwein in den Fado-Kneipen der *Alfama*.

On the road in der Wüste von Nevada 1997

Vorm Einschlafen las ich Remarques *Die Nacht von Lissabon* und stellte mir vor, 1940 als Flüchtling vor den Nazis hier festzusitzen. Im Stadtteil *Lapa* oberhalb des Hafens in einer Barockvilla wohnte die Gestapo und kontrollierte jeden, der versuchte, eine Schiffspassage nach Amerika zu bekommen. Die leerstehende 80-Zimmer-Villa sollte ein Hauptdrehort für *Deep Sea* werden, doch dann kauften ehemalige CIA-Chefs das Anwesen für ihre Baufirma ›Euroamer‹. Ich hätte auch gern Remarques Buch zum Film umgeschrieben. Doch die Rechte des bereits verfilmten Stoffes waren astronomisch teuer.

Als Berater für die TV-Serie empfahl man mir den deutschen Konsul Nils-Peter Sieger, der seit dreißig Jahren in Portugal lebte und Geschäftsführer der Tauchfirma ›Aquenautas‹ war. Als ich ihn anrief, bat er mich, sofort in sein Haus in Estoril zu kommen und bei ihm zu wohnen. Der gebürtige Hamburger war der quirligste und großzügigste Mensch, den ich in *Lisboa* traf. Durch ihn fand ich in *Seixal* die perfekte Werft, erfuhr alles über Unterwasser-Schatzsuche und lernte die billige, aber exzellente Küche von João Aires (Hans Luft) kennen. In dem Lokal fernab des Touristenrummels speiste unter gewöhnlichen Leuten der europäische Hochadel, der in Estoril sein Sommerquartier hat. Nils-Peters Haus war der Treffpunkt so illustrer Herrschaften wie der Baronin Kulmbach, Otto von Habsburg, Margarita María de Borbón, Schwester des spanischen Königs Juan Carlos. Die seit ihrer Geburt blinde Prinzessin relativierte meine im DDR-Kindergarten mit Milchreis und Graupen eingetrichterte Abscheu gegen Blaublütige. Margot spricht sieben Sprachen fließend, erkennt jeden Popsong nach drei Akkorden und hat den derben Humor einer Madrider Toilettenfrau. Wenn ich überfordert mit den Problemen älterer Adelsdamen und -herren schweigend bei Tisch saß oder mich der portugiesischen Schwermut hingab, bemerkte es die blinde Prinzessin sofort und fragte: »Tommasino, welche Laus ist dir über die kaputte Leber gekrochen?« In jener Zeit hatte ich tatsächlich Probleme mit der Leber, aber nicht vom Alkohol, sondern Hepatitis B, die ich mir in Ägypten zugezogen hatte.

Von Senhor Sieger erfuhr ich viele nützliche Dinge für mein Filmprojekt. Zum Beispiel, daß ein Tauchgang nach versunkenen Schiffen 100.000 Dollar pro Tag kostet; in Portugal noch etliche Altnazis leben; ehemalige DDR-Außenhändler die Geschäfte in den PALOP-Ländern kontrollieren. Nicht alle Gäste in Siegers Haus waren mir sympathisch. Einige schienen windige Geschäftsleute, die in Golfplätze, Luxusyachten und Filme über Unterwasser-Schatzsuche investierten. Um mich der Offerten der Profitmaximierer zu entledigen, sagte ich, daß ich auf Jahre ausgebucht sei. Was gestimmt hätte, wäre die TV-Serie *Deep Sea* nicht schon in der Entwicklungsphase abgesoffen. Noch aber ließ ich mich von den Orten inspirieren, an die mich mein lusitanischer Freund (eine Mischung aus

Hans Albers und Heinz Rühmann) in seinem Diplomaten-Mercedes chauffierte. Einmal fuhren wir nach Tróia, einer Halbinsel bei Setúbal, wo es den einsamsten Sandstrand an der Atlantikküste gibt. In einer Bretterbude am Meer aßen wir geräucherte *sardinhas* und Nils-Peter erzählte, wie er hier das Geschäft seines Lebens gemacht hatte. Ein deutscher Geschäftsmann wollte 45 Mio. DM in den Kauf eines Grundstückes an der Algarve investieren. Er hatte das Geld in einer Sporttasche bar bei sich und bot Nils 10 % Vermittlungsprovision. Bisher glaubte ich, daß Luxusgeschäfte in Luxushotels oder -büros getätigt werden, nicht in windschiefen Fischbuden.

Regel Nr. 13: *Übernimm nie ungeprüft ein Motiv für dein Drehbuch aus anderer Leute Filme. Recherchiere, wenn es möglich ist, vor Ort, ob deine Idee für eine Szene nicht ein Klischee fern der Realität ist. Verlaß dich nie auf die Floskel, daß das Gegenteil von falsch richtig ist. Die Wirklichkeit ist komplizierter und überraschender als deine von Kino und Fernsehen beeinflußte Phantasie. Drehbuchautoren laufen immer Gefahr, nach den gängigen Lösungen und dem allseits Bekannten zu suchen, weil Film ein Massenmedium der Wiedererkennung, der Symbole, der Oberfläche der Welt ist. Sei aber nicht oberflächlich in der Abbildung und Gestaltung wirklicher Dinge. Mach es den Regisseuren schwer, den an sich unvermeidlichen Realismus, den der Film als fotografisches Abbild der Dinge besitzt, mit klischeehaften Elementen auszustatten. Es sei denn, deine Absicht oder Aufgabe ist es, eine Parodie auf gängige filmische Erzählmuster zu schreiben. Aber auch eine gute Komödie oder Satire verlangt ein gewisses Maß an Realismus, wie uns die Filme von Laurel & Hardy, Ernst Lubitsch, Luis Buñuel, Monty Python lehren.*

Deep Sea war mein erster Versuch, eine TV-Serie zu schreiben. Das verlangt eine andere Art des Herangehens und eine Materialfülle, wo man leicht den Überblick verliert. Der Autor muß bei naturgemäß begrenzter Rollenzahl, entwirrbaren Erzählsträngen und engem Budget nach dem Korkenzieherprinzip arbeiten. Was das heißt, habe ich von Alexander Kluge erfahren, für den ich in New York über die Dramaturgie der Gleichzeitigkeit bei Dickens und D. W. Griffith arbeitete. Kluge, der zu einer Idee ständig neue Ideen hat und wie Meyers Lexikon redet, erzählte mir von einem Projekt, daß er in seinen *News & Stories* plane. Er wollte die Filme von Fassbinder, Herzog, Wenders, Kluge über ihre Schlüsse hinaus weiterdrehen. Als wären nach Jahren im Schneideraum Büchsen mit Restmaterial aufgetaucht, die nun an die fertigen Filme angehängt werden und die Geschichten fortführen als *filmisches Fake*. Zum Beispiel: Herrn Raab reißt der Strick, als er sich aufhängt, nachdem er seine Familie ermordete. Er geht ins Zuchthaus und arbeitet in der Werkstatt an garantiert reißfestem Seilzeug *(Warum läuft Herr R. Amok?);* Ferdinand Rieche, Sicherheitschef eines Konzerns, wird nicht wegen Herbeiführens eines Terroranschlags auf die Wirtschaft verhaftet, sondern Berater der Bundesregierung in Fragen der inneren Sicherheit *(Der starke Ferdinand).* Ob die Idee über ihren ausgesprochenen Reiz hinaus von Wert war, läßt sich nicht sagen, weil Kluge sie nie verwirklichte. Mir hat sie geholfen für den Serienstoff *Deep Sea.* Ich schrieb die dreizehn Exposés und zwei Drehbücher nach dem Korkenzieherprinzip, d. h. ich drehte die Handlungsschraube immer um ein paar Windungen weiter, um die erforderliche Länge zu erzielen, ohne dabei die Szenen mit Dialogen oder Action zu überfrachten. Schließlich waren alle zufrieden und der Produzent, ein gestandener Münchner Fernsehmacher, bezahlte die Arbeit vorbehaltlos. Doch die Programmfunktionäre hielten die Serie mit den intelligenten Tauchrobotern für pure Science-fiction und warfen sie aus der Kostenplanung. Dabei erzählte mir in Estoril der Unterwasserarchäologe Patric Lezier (er entdeckte 1.500 versunkene Schiffe und gab den entscheidenden Hinweis zur Entdeckung von Cleopatras Palast im Hafen von Alexandria), daß die sogenannte *Fuzzy-Logic-Technology* seit Jahren bei der NATO-Marine im Einsatz ist, inzwischen auch für private Schatzsuche verfügbar. Vielleicht wäre das Projekt noch zu retten gewesen, hätte der Münchner Fernsehproduzent nicht Konkurs anmelden müssen. Sein Partner und Anwalt hatte ihn um zwei Millionen Mark erleichtert und war abgetaucht. Peinlich, daß ich in meinem Drehbuch einen solchen Betrug unter Geschäftspartnern beschrieben hatte.

Von meinen gescheiterten Projekten war *Deep Sea* das mit Abstand einträglichste. Die nächsten Jahre fuhr ich, wann immer ich Zeit und Geld hatte, nach Portugal, segelte mit der königlichen spanischen Yacht den Tejo auf und ab, badete im Pool eines der reichsten Männer der Welt, dem chilenischen Zinnbaron Simón Patiño, wanderte in Sintra durch den von Lord Byron heißgeliebten botanischen Garten *Monserrate* oder fuhr mit der Lissaboner *Eléctrico Nr. 28* vom Castelo zum *Cemitério dos Prazeres* (Friedhof der Vergnügen).

Portugal wird immer einen Platz in meinen glücklichen Erinnerungen haben, weil dort die Zeit anders tickt, die Bilder rückwärts laufen, die Luft ätherischer riecht, das Essen elementarer schmeckt und die Menschen unaufdringlicher sind als irgendwo in Europa.

Regel Nr. 14: *Lerne, die schönen Dinge des Lebens zu genießen, ohne über deine Verhältnisse zu leben. Nutze jede Gelegenheit, durchs Auftragsschreiben andere Orte kennenzulernen. Reisen bildet und Bildung jeder Art ist nützlich für deine Arbeit. Bibliotheken, Archive und das Internet sind für populärwissenschaftliche Autoren, nicht für Drehbuchschreiber. Sie können nur wahrhaft und phantasievoll von Dingen erzählen, die sie aus eigener Anschauung kennen, die sie mit all ihren Sinnen wahrgenommen haben. Lerne, gut zu essen und zu kochen. Denn wer nicht kochen kann, kann auch keine Filme machen. Kino geht durch den Magen in die Seele, nicht durch den Verstand. Nichts ist zu banal und nebensächlich, als daß du es nicht wie ein Kind erkunden kannst. Auch wenn deine Auftraggeber von dir nur banale Geschichten und nebensächliche Konflikte verlangen. Dein Beruf ist der eines Erforschers bereits entdeckter Gebiete. Du kannst immer etwas Neues finden für den Zuschauer oder wenigstens für dich filmgebildeten Fachidioten, der im Dienstleistungsgewerbe landete, weil er in Mathe, Physik oder Geographie schlechte Noten bekam. Nimm Nachhilfestunden in allen*

Fächern und laß dich dafür bezahlen. Ein guter Autor kann das verlangen vom Produzenten, ein schlechter verlangt höchstens mehr Geld für seine Büroausstattung.

Es gibt freilich Dienstreisen, auf die man lieber verzichten würde. Jedesmal, wenn ich nach Baden-Baden zum SWR oder zum SR nach Saarbrücken gebeten wurde, dachte ich: »Wenn schon Provinz, dann Berlin.« Zu Hause langweile ich mich nie, in deutschen Kleinstädten häufig, aber ohne daß sie mich etwas lehren. München mag ich auch nicht besonders, weil dort jeder dauernd alles vorzeigt, was er besitzt. Hamburg ist eine Hafenstadt und schon deshalb kaum langweilig. Frankfurt/Main hat ein schönes Filmmuseum und das Bahnhofsviertel, wo man alles findet, was man an Rotlichtmilieu für TV-Krimis benötigt. Mich zog es da nie hin, weil ich zu lange an der *Rue de Blamage*, wie die Friedrichstraße einst hieß, wohnte und Nutten und Zuhälter nicht sehr interessant finde. Was immer man Schlechtes über Köln sagen kann, es stimmt. Doch die Unkompliziertheit der ›Jecken‹, ihre italienische Gelassenheit und heitere Unbeschwertheit lassen mich jedesmal die Klüngelei der Film- und Fernsehmeute vergessen. Nach Leipzig zum MDR reise ich wie Heinrich IV. nach Canossa, wegen schlechter Erfahrungen mit dem sächsischen *Polizeiruf 110* und *Tatort*.

Ich kenne deutsche Orte, zu denen fällt mir kein Film ein. Hier nur jene, die mit B anfangen: Bautzen (wegen Erich), Bayreuth, Berchtesgaden, Bergen-Belsen (alle drei wegen Adolf), Bitburg (wegen Helmut), Bochum (wegen Herbert), Braunschweig (wegen des seltsamen Namens), Buchholz (wegen Horst). Und es gibt Orte mit B, zu denen mir etwas einfällt: Badewitz (wegen Heinz), Bad Saarow (wegen John & Wieland), Bitterfeld (wegen des bleibenden Geschmacks von Kohlestaub), Böllberg (wegen Willi und Marie), Buchenwald (wegen Jorge, Fred und den anderen). Was direkt zum nächsten Kapitel *nomen est omen* überleitet.

NOMEN EST OMEN

Ich finde Namen faszinierend und glaube an den Lateinerspruch *nomen est omen* (dt. Der Name deutetet schon darauf hin). Für die Bundeswehr oder das Finanzamt mögen Namen Schall und Rauch sein, für Drehbuchautoren sind sie Wegweiser (oder Stolperstein) zur Charakterisierung von Filmfiguren und Schauplätzen. Wie alles im Film Bedeutung hat und selten zufällig da ist, sollten sie nicht blind aus dem Telefonbuch gefischt oder krampfhaft erfunden werden. Namen im Film sind kein Diskurs für onomatologische Seminare. Wie in der Musik, müssen sie vor allem *klingen*, dann können sie dazu beitragen, positive oder negative Gefühle auf die Filmfiguren zu projizieren. Lautmalerische Namen (wie Timm Thaler, Ted Turner, Tom Tykwer) wirken nur in Filmsatiren und Märchen nicht als übertriebene Erfindungen des Autors. In allen Kulturen gibt es neben den üblichen Verdächtigen (Heilige, Könige, Narren) untypische Namen. In der Frühphase der DDR tauften Leute ihre Töchter Olga, Nina, Tamara, einige gar Kommunistika. In der Beatles-Ära hießen sie dann Julia, Michelle, Lucy *(in the sky)*, *(lovely)* Rita. Mit Namen kann man Kinder stigmatisieren. Eine Nachbarin erklärte meiner Mutter stolz, daß ihre neugeborene Tochter Ophelia heißen soll. »Sie wissen, daß Ophelia in *Hamlet* eine Verrückte ist«, erklärte Frau Knauf. Die Nachbarin, deren Kinder alle geistig unterbelichtet waren, redete danach kein Wort mehr mit ihr. Mit Namen kann man spielen, wie es Kinder gern mit Sprache tun. Namen sind oft ideale Stichwortgeber für Erwachsenenwitze.

Es gibt eine Anekdote über den russischen Schriftsteller Vladimir Nabokov. Er lebte, noch völlig unbekannt, in den zwanziger Jahren in Berlin und verdingte sich als Komparse bei der UFA. Weil Nabokov selten pünktlich in Babelsberg erschien, pflegte ihn ein typischer Berliner Aufnahmeleiter mit den Worten zu begrüßen: »Na, Bokov! Mal wieder nicht aus dem Bett gefunden?« Eine andere über den Autor der Pater-Brown-Krimis Gilbert Keith Chesterton bestätigt den Satz von Karl Kraus »In keiner Sprache kann man sich so schwer verständigen wie in der Sprache«. Als der Brite den deutschen Autor Franz Blei traf, stellte dieser sich als »French Lead« vor. »Pardon me?« entgegnete Chesterton erstaunt. Blei lobte dann in surrealem Englisch, daß Mr. Gilbert in seinen Büchern stets den unverkennbaren Chester-Ton treffe. »Excuse me?« fragte der Verehrte. Am Ende der mißlungenen Konversation verabschiedete sich der Deutsche mit den Worten »Nothing for ungood«.* Aus solchen verbalen Katastrophen, absurden Dramen des Alltags, bezieht das Kino, seit es sprechen kann, Situationskomik. Das Drehbuch zu *A Fish Called Wanda (Ein Fisch namens Wanda)* beruht neben der Bewegungskomik auf den kleinen Mißverständnissen der Amerikaner und Briten, die derselben Sprache unterschiedliche Bedeutungen beimessen. So sagt der Londoner, wenn er mit der U-Bahn fährt: »I take the subway« bzw. »… the ›Tube‹ (Röhre)«. In New York dagegen: »I'm going underground«, was Briten als »Ich gehe in den Untergrund« mißverstehen.

Auf eine Kinokomödie, die uns mit sprachlichen Ungereimtheiten zwischen Ost- und Westdeutschen zum Lachen und Weinen bringt, warten wir womöglich vergebens, weil wir den brutalen, analfixierten, tagespolitischen Humor des Fernsehens mehrheitlich dem literarischen Katastrophenwitz einer Katja Lange-Müller oder eines Adolf Endler vorziehen; unsere Schreibschwächen mit Bestsellern wie *Der Dativ ist dem Genitiv sein Tod* weghüsteln, statt nach deutschen Filmkomödien Ausschau zu halten, die im Ausland kein blankes Entsetzen hervorrufen. Deutscher Humor ist zutiefst provinziell und latent rassistisch. Zwei Dinge, die jüdischer Humor durch Selbstbespiegelung und Weisheit wettmacht.

---

* Die beiden Anekdoten las ich bei dem Humoristen Robert Gernhardt, weshalb ich mich nicht für ihren Wahrheitsgehalt verbürgen möchte.

Regel Nr. 15: *Namen, auch ausgesprochen gängige, sind wichtig im Film. Wähle sie sorgsam aus, von Grabsteinen oder Ortsverzeichnissen. Du glaubst nicht, wie viele Menschen Namen von Orten tragen. Suche im Duden nach der alten Bedeutung von Vornamen, sie charakterisieren oft die Person, die sie trägt.*

Namen sind Echos der Zeit und spiegeln die kulturellen, religiösen und politischen Verhältnisse der Menschen wieder. Warum gaben sich Verbrecher wie Josef W. Dschugaschwili (Stalin) oder David Berkowitz (›Son of Sam‹) Phantasienamen, und weshalb tun Popstars dasselbe? Um wie Gott zu sein – einmalig, unsterblich und unvergleichlich. Die Götter der Leinwand heißen Travis Bickle, Jeff Costello, Jonathan Zimmermann, Bruno Stroszek, Nana S., Annie Hall, Maria Morzeck, Maria Braun. Weil wir Filme lieben, lieben wir ihre Helden und erinnern ihre Namen. Daran sollte man als Drehbuchautor denken, wenn einem nichts weiter einfällt als Peter, Paul und Mary.

Der Einwand, daß Namensbedeutung ein Wesenszug der Komödie ist und somit laut Aristoteles ein minderwertiger Kunstgriff, sei geschenkt. Wir kennen den zweiten Teil seiner Poetik nicht, weil er nicht überliefert ist. In *Il nome della rosa (Der Name der Rose)* von Umberto Eco (verfilmt von J. J. Annaud) existierte das Buch einst, wurde aber von der Vatikanzensur ins Archiv verbannt. Irgendwo las ich, daß es in der Bibliothek des Katharinen-Klosters im Sinai unter Verschluß liegt. Ich war 1999 dort, durfte die Bibliothek auch betreten, aber nicht herumstöbern. Father John, ein freundlicher Mönch aus Australien, fragte mich, während wir über Aristoteles sprachen, unvermittelt: »How did Fassbinder die?« »Mit einem fertigen Drehbuch für Romy Schneider neben dem Bett«, gab ich zur Antwort. Daraufhin erzählte der Mönch, daß er bei Prof. Jerzy Toeplitz an der Filmschule in Melbourne studierte, sich anders besann und nun alte Bücher und Ikonen restauriert. Mit bürgerlichem Namen hieß Father John Anthony Hitchcock.

Regel Nr. 16: *Halte dich beim Filmeschreiben an die Tradition jahrtausendealten Geschichtenerzählens. Es hat sich seither nicht viel geändert. Hast du den richtigen Namen für deine Hauptfiguren gefunden, entwickeln sie sich ihrer eigenen Logik folgend beinahe von selbst, auch wenn du als ihr Vater oder ihre Mutter das Geschehen kritisch aus den Augenwinkeln verfolgst und lenkst.*

Im Film hat alles Bedeutung. Es ist eine synthetische Kunst, die alle Formen tradierter Künste in sich vereint und nichts dem Zufall überläßt. Beim Drehbuchschreiben bist du Ribon Olam (der Herrscher der Welt), danach, wenn der Film ein Erfolg wird, der Geringste unter deinesgleichen; wenn er Mist ist, der Sünder aller Sünden.

Regel Nr. 17: *Darum ist es nicht anmaßend oder gotteslästerlich, wenn du dir ein Pseudonym zulegst, um deinen guten Ruf zu schützen. Vielleicht hat Gott ja im Hebräischen viele Namen, weil er ausgerechnet beim Menschen (der Krone der Schöpfung) ziemlich pfuschte. Aber denke daran: ›nomen est omen‹, und dein guter Name soll für deine gute Arbeit geradestehen.*

OB-LA-DI, OB-LA-DA,
I AM THE WALRUS

IM BETT MIT DER MECHANISCHEN BRAUT

»The TV-screen makes you feel small. No life at all.«
Iggy Pop

Drum prüfe, wer sich ewig bindet

In Fritz Langs visionärem Stummfilm erschafft der Magier Rotwang
für den Herrscher von Metropolis eine Maschinenfrau mit dem
Antlitz der realen Maria, der Schutzheiligen der Armen und Waisen,
um die Menschen zu manipulieren. Die falsche Maria jedoch wie-
gelt die Massen auf, sie zerstören die Maschinen und die Stadt, weil
sie nicht mehr zwischen Realität und Fiktion unterscheiden können. Um den sozialen Frieden wiederherzustellen, wird die mechanische Frau als Hexe gebrandmarkt. Das Realitätsprinzip hat noch
einmal gesiegt. 1951 eröffnete Marshall McLuhan mit seinem Werk
*The Mechanical Bride: Folklore of Industrial Man (Die mechanische
Braut – Volkskultur des industriellen Menschen)* den Diskurs zu einer
Medientheorie des Fernsehzeitalters. Damals hielten ihn viele für einen bösen Magier, heute ist sein Kultbuch *The Medium is the Massage: An Inventory of Effects (Das Medium ist Massage,* auch: *Das
Medium ist die Botschaft* 1967) ein fester Begriff für technische Erfindungen, die sich zum menschlichen Nutzen verhalten wie Gott
zu den Gläubigen – allgegenwärtig, allwissend, allmächtig. McLuhan war überzeugt, daß das Medium Fernsehen das menschliche Bewußtsein verändert, in dem es das sensorische Gleichgewicht des
Zentralnervensystems angreift und manipuliert. Die These ist wis-
senschaftlich umstritten, obwohl die Hirnforschung mittlerweile
noch viel radikaler argumentiert. Der Biologe Edward O. Wilson
wies in seinem spektakulären Werk *Sociobiology: The New Synthesis*
(1975) nach, daß sowohl bei Ameisen wie dem *homo sapiens* alle im

Laufe der Evolution erlernten Verhaltensweisen in Wahrheit verborgene Muster seien, die durch Geschichte, Wirtschaft, Soziologie, Anthropologie nur oberflächlich erklärt werden. Das neugeborene menschliche Gehirn, meint Wilson, sei keine unbeschriebene Festplatte, die mit Erfahrungssoftware ausgestattet werden muß, um zu arbeiten; vielmehr ein belichtetes Negativ, das im Entwicklungsbad des Lebens ein Bild von sich erhält. Das Negativ kann gut oder schlecht entwickelt werden, aber es kann nicht Dinge vorzeigen, die bei der Geburt nicht schon auf dem Negativ imprintiert waren. Da es das Fernsehen erst seit fünfundsiebzig Jahren gibt, die Welt sich jedoch durch *television* zum Global Village wandelte, frage ich mich, welche Prädisposition unser Gehirn besitzt, daß wir alle wie Pawlowsche Hunde auf die Glotze starren und immer abhängiger von Ereignissen werden, die uns nicht direkt betreffen. Man kann es positiv sehen und sagen: Durchs Fernsehen lernt die Menschheit, eine Familie zu sein und sich endlich zu vertragen. Oder negativ: Der Mensch verliert seine Individualität, sein kulturelles Gedächtnis, seinen kritischen Realitätssinn. So glauben heute viele Menschen, daß die Wirklichkeit sich danach verhält, wie das Fernsehen sie abbildet. Ein Arzt im Virchow-Klinikum beklagte sich mir gegenüber bitter, daß sich seit der Krankenhausserie *Für alle Fälle Stefanie* die Patienten beschweren, das Personal wäre nicht halb so nett wie Kathrin Waligura als TV-Stationsschwester. Die Fernsehmacher sind sich ihrer medialen Macht wohl bewußt, lächeln aber über Zuschauer, die meinen, das Leben müßte genau so wie im Fernsehen sein, und fühlen sich nicht verantwortlich.

Wir Deutschen haben seit Schiller und Goethe ein pädagogisches Verhältnis zur darstellenden Kunst. Es soll uns erziehen und bilden. Auch wenn das Fernsehen heute vor allem unterhalten will, weil wir ja alle am Tag schrecklich gefordert sind, hält es in den Spielgenres an seinem politischen Bildungsauftrag fest und unterschlägt nette Nazis, böse Juden, rassistische Ausländer, dumme Polizisten und philantropische Wirtschaftsbosse als untypisch. Die Königin Einschaltquote ist der Zensor des demokratischen Mediums. Ich würde die ›Dame‹ gern kennenlernen, um zu erfahren, ob sie Margot Honecker, der Lottofee oder dem Phantom der Oper ähnlich sieht.

Gegen die Religion der Fernsehquote gibt es kein vernünftiges Argument. Es ist ein Dogma, keine dialektische Formel, für ein Zuschauerverhalten, daß nur statistisch, also quantitativ gemessen werden kann, nicht qualitativ. In der DDR hieß es: Es gibt drei Arten von Lüge. Die Notlüge, die Zwecklüge und die Statistik. Film ist Lüge, 24 Mal in der Sekunde, meinte Rainer Werner Fassbinder. Für Redakteure ist Fernsehen Abbild der Realität. Daß es in Wahrheit die Realität zwar fotografisch abbildet, aber durch die Montage und den Kommentar bzw. die Autorensicht neu erschafft, begreift jedes Kind; Germanisten mit Redakteursstelle oft nur schwer. Für sie ist Fernsehkunst vor allem Handwerk und nicht Dekonstruktion oder Analyse der Wirklichkeit. Den Fernsehautor betrachten sie als Dienstleister, weniger als Künstler. Er hat zu dienen und nicht zu herrschen. Das Problem: Er ist nur ein mehr oder weniger versierter Schreibstift von Redakteuren, wenn er nicht auch souveräner Erzähler, also Schriftsteller sein kann. Als solcher sollte er einen gewissen subjektiven, kritischen, gar subversiven Realitätssinn besitzen und wäre somit im Massenmedium Fernsehen jemand, der kaum Quote bringen kann.

Obwohl Filmemacher immer wieder gegen die Herrschaft der Einschaltquoten polemisieren, sinkt die Qualität des Fernsehens immer weiter, begnügen sich immer mehr GEZ-Zahler mit serieller Billigkost und endlosen Wiederholungen derselben Sendungen. In Ländern mit niedrigem Sozialprodukt ist es noch schlimmer, dort wird die TV-Werbung zwischen den Spielfilmen als Bildungsfernsehen betrachtet.

Sind wir tatsächlich nichts anderes als fernsehende Ameisenvölker, die zu einem einzigen Staat verschmelzen wollen, um die Idee einer besseren, virtuellen Welt zu verwirklichen? Wird die westliche Idee der Konvergenz am Ende über die Vielfalt menschlicher Lebensentwürfe siegen, weil die Soziobiologie recht hat? Wer war übrigens der Fotograf, der das variable Standardnegativ unseres Gehirns belichtete?

Telemachos, Collage von Thomas Knauf

Ich bin kein Wissenschaftler, sondern das genaue Gegenteil. Als Drehbuchautor fische ich im Trüben der äußeren Erscheinungen und psychischen Reaktionen. Mein Labor ist die Welt der letzten sechzig Jahre, mein Wissensgebiet dreißig Jahre Berufspraxis, aus denen ich hier einige allgemeine und persönliche Erkenntnisse an Jüngere weitergeben will. Auch wenn nach Edward O. Wilson der Mensch nichts lernt, lediglich seinen genetisch vorbestimmten Platz ausfüllt. Wie in dem Animationsfilm *Antz* (1998) mit der Stimme von Woody Allen, ist meine Rolle als Arbeits-Ameise der mechanischen Braut *Television* von Unbehagen, Übermut und Ungeschick geprägt. Denn ich wollte nie den Lebensabend von Zuschauern, die meine polnische Verwandtschaft als Untermenschen versklavten und das goldene Mutterverdienstkreuz als Zweck des Frauseins verstanden, mit rührenden Filmen beglücken. Siebzig Prozent der deutschen Fernsehgucker sind nun mal ehemalige BDM-Mädels und HJ-Pimpfe, da hilft kein Wenn und Aber. Ihr Bedürfnis nach Erlösung von schuldhaftem Unglück durch immer gut ausgehende Geschichten ist verständlich, geht mich aber wenig an. Ich wollte nur Filme für Leute schreiben, für die das Kino nicht die Realität und die Realität nicht das Kino ist. Geschichten, die nicht immer gut ausgehen, wie im Leben. So dachte ich jedenfalls, als ich nach Deutschland heimkehrte. In der Film- und Fernsehbranche soll man aber nie NIE sagen, denn es ist ein Gewerbe wie jedes andere im Kapitalismus – ein mehr oder weniger unfreies.

Ein Autor, der bei Redakteuren, Regisseuren und Produzenten keine Gunst genießt, kann den Büchnerpreis erringen, aber nicht den deutschen Filmpreis oder Adolf-Grimme-Preis. Er muß berufliche Beziehungen knüpfen, oder wie man sagt, eine ausreichende Dosis Vitamin B haben. Selbst ein Genialer wie Rainer Werner Fassbinder brauchte sie, um seine Kinofilme beim ZDF zu finanzieren. Als er schon einen Namen hatte, aber keine Bankreferenzen, reichte er dort alle paar Monate ein fertiges Drehbuch ein. Wurde es abgelehnt, legte er sogleich ein neues vor, dann noch eins, bis sie beim fünften nicht mehr nein sagen konnten. Das hält keiner lange durch ohne Aufputschmittel, Alkohol, Alteration. Vielleicht muß man den Geldgebern auf die Nerven gehen wie ein bekannter deutscher Filmemacher, der auch mal mit Selbstmord drohte. Bescheidenheit ist keine Zier im Filmgeschäft, das Volker Schlöndorff mit asiatischen Kampfsportarten verglich.

Regel Nr. 18: *Wenn du einen Drehbuchauftrag wirklich haben willst, gib nicht nach und zeige allen, daß du ihn verdient hast. Drehbuchschreiben ist kein Leistungssport, es existieren keine olympischen Normen, selbst in Fördergremien und Preisjurys herrscht subjektive Selektion. Oft genug das Prinzip des kleinsten gemeinsamen Nenners, auf den sich die Entscheidungsträger einigen können. In der Regel entscheidet nicht die Qualität des Autors, sondern die Kausalität des Stoffes, sein narrativer (Thema, Figurenverständnis, gesellschaftliche Relevanz,) und produktiver Mehrwert (Fernsehformat, Werbepotential, Budgetvolumen).*

Aber ich warne Autoren, die ihr Geld mit Fernsehspielen verdienen wollen oder müssen. TV-Redakteure/innen sind zumeist studierte Germanisten/innen.

Der Sprachwissenschaftler Eberhard Lämmert beklagt, daß bis heute im deutschen Germanistikunterricht literarische Werke von ihrem Inhalt her erschlossen werden, kaum von ihrer poetischen Struktur. Deshalb tun sich Fernsehredakteure/innen oft schwer mit dem Lesen eines Drehbuchs, das filmische *Struktur* eines erzählerischen *Inhalts* ist und nicht umgedreht. Der fertige Film ist nie die Summe beider Bestandteile, sondern etwas Drittes nach der Devise: aus einem guten Drehbuch kann ein guter Film werden, aus einem schlechten nur ein mehr oder weniger schlechter. Manche Redakteure/innen von Fernsehspielen wollen aber schon im Drehbuch *den* Film sehen, den *sie* sich vorstellen. Formfragen treten in den Schatten inhaltlicher Probleme und beide unter die Herrschaft der Quote. Seit Erscheinen des Privatfernsehens stehen sie täglich unter enormem Druck ihrer Programmchefs und fürchten nichts mehr als

Stilleben, Rio 2000 | Leichenhalle mit Videobild des Toten, New Haven 2007

Fehlentscheidungen. Eine Macht, die auf Angst fußt, leistet sich keine Experimente. Deshalb besetzen männliche Chefs den Posten des Fernsehspielleiters ihrer Sender gern mit Frauen. Sie setzen Entscheidungen von oben, auch die unsinnigsten, energisch durch, da sie noch immer beweisen müssen, daß sie es genausogut können wie ihre männlichen Kollegen. Ausnahmen bestätigen auch hier die Regel, wie Susan Schulte, die als Fernsehspielchefin des SWR gegen manche Widerstände jungen Autoren und Regisseuren eine Chance gab.

Ohne Krimi geht die Mimi nie ins Bett

Als trotz mehrerer kursierender Stoffe bei ARD und ZDF kein Drehbuchauftrag in Aussicht schien und ich wieder mal pleite war, rief ich meinen Studienkollegen Wolfgang Voigt beim MDR an. Wir hatten uns seit dem Diplom nicht gesehen. Inzwischen war er Redakteur für den Hallenser *Polizeiruf 110*. Daß er mir von sich aus keine Arbeit anbot, hing mit der Vergangenheit zusammen. Vorm Studium waren wir Freunde, fuhren öfter nach Prag, um die Antiquariate nach deutschen Büchern zu durchstöbern. An der Filmhochschule zerbrach unsere Freundschaft. Wolfgang übernahm den Posten des FDJ-Sekretärs und ging nach dem Studium auf die Parteischule. Fünfzehn Jahre später, als wir uns in Berlin trafen und über meine *Polizeiruf*-Ideen sprachen, redeten wir nicht mehr davon. Es war mir nicht leichtgefallen, für die Kommissare Schmücke und Schneider originelle Fälle zu erfinden. Für mich waren die beiden Darsteller die perfekten Protagonisten sächsischer Spießigkeit, ein Paar wie Dick & Doof ohne Humor. Doch als alter Hallenser kannte ich jeden Winkel dieser Stadt, von der Curt Goetz meinte: »Das Schönste an Halle ist der Bahnhof. Da kann man die Stadt nach allen Seiten verlassen.« Auch hörte ich, daß nach der Wende der Spruch ›Hallenser, Halloren, Halunken‹ brutale Wirklichkeit wurde. Organisiertes Verbrechen, Korruption, Kungelei in Polizei und Stadtrat waren an der Tagesordnung. »Diese drei Dinge sind tabu in unserem *Polizeiruf*«, betonte Voigt gleich zu Beginn. Hatte ich vorsichtshalber auch nicht aufs Korn genommen, sondern die ganz privaten Verbrechen. Zu zwei der drei Exposés sagte der Redakteur: »Damit, mein Lieber, machst du mich nicht glücklich.« Mir blieb die Spucke weg und ich mußte meine Hände unterm Tisch annageln, um ihm nicht das Bierglas ins Gesicht zu schütten. Bemüht heiter erwiderte ich: »Drehbuchautor bin ich nicht geworden, um dich glücklich zu machen, sondern mich.« Wir einigten uns dann auf einen Vertrag für die dritte Idee, von allen die banalste. Ein Kunstprofessor hat ein Verhältnis mit einer Studentin und gerät unter Mordverdacht, als sie tot in der Badewanne liegt. Der Täter ist ein eifersüchtiger Mitstudent. Etwas so Dämliches hatte ich noch nicht geschrieben, aber aus allem kann man etwas machen, dachte ich. 50.000 DM fürs Drehbuch waren ein großes Wärmepflaster, um die psychosomatischen Rückenbeschwerden beim Schreiben zu lindern.

Beim MDR ist es üblich, daß der Autor erst bei Abnahme des Drehbuchs sein Honorar bekommt. Für jede Folge läßt man zwei Autoren jeweils ein Buch schreiben, »um nicht in Qualitätszwang zu geraten«, wie der Redakteur es ausdrückte. Ein Autor schreibt also monatelang ohne Geld auf gut Glück. In diesem Fall war ich der Glückliche, doch das hatte seinen Preis. Die erste Drehbuchfassung wurde abgelehnt, weil ich den von mir geschätzten Wolfgang Winkler, sonst nur Stichwortgeber für Jaecki Schwarz, die Hauptrolle zuschanzte. Ich wußte nicht, daß Schwarz ein Mitspracherecht bei den Drehbüchern besaß und eifersüchtig jeden Satz bemäkelte, der nicht von ihm gesprochen wurde. Bei der Leseprobe des abgenommenen Drehbuchs sagte der Schauspieler auf jeder Seite mindestens einmal: »Den Satz würde ich nie sagen!« Ich fragte, ob er den Satz als Kommissar Schmücke oder als Jaecki Schwarz nie sagen würde. Die Antwort war: »Das ist für mich ein und dasselbe.« Gegen solche Schauspieler hat der Drehbuchautor kein Argument und schweigt lieber.

Regel Nr. 19: *Diskutiere als Autor nie mit Schauspielern dein Drehbuch. Sie sind nicht an deinem Können interessiert, nur an der Profilierung und Anzahl von Szenen für ihre Rolle. Ebensogut kannst du mit dem Finanzamt über das Besondere deiner Arbeit reden. Du bleibst eine Kuh, die man melken will. Natürlich gibt es auch uneitle, intelligente Schauspieler, die darauf achten, ob man einen Dialogsatz pointierter formulieren kann oder gar weglassen. Doch die kannst du dir nicht aussuchen für deinen Film, wenn du nicht selbst Regie führst. Das Problem der Sprechbarkeit von geschriebenen Dialogen kannst du selber lösen, indem du einer Person deines Vertrauens laut vorliest.*

Leider besaß ich nicht das Glück, einen Profi als Produzenten zu bekommen. Wie viele TV-Producer kam Klaus André vom Theater und war als Regisseur nicht in Erinnerung geblieben. Umso mehr suchte er sich bei der ndF, der neuen deutschen Filmgesellschaft, zu profilieren. Er war mächtig stolz, daß er gegen die Saxonia Media, einer MDR-Tochter, den quotensicheren *Polizeiruf* für sich akquirierte. Das Verdienst des Drehbuchautors, ohne dessen Stoff er keinen Film für das Sonntagabendprogramm produzieren würde, schätzte er nicht allzu hoch ein. Für ihn war ein Autor nur ein viel zu teurer Posten in den Produktionskosten, von denen der Produzent am Ende kaum mehr als 10 % Gewinn für sich verbuchen kann. Doch wenn er bei den Ausgaben für Drehorte, Übernachtung, Kleindarstellern etc. spart, kann er einen Überschuß erwirtschaften und als vermeintliche Nebenkosten für sich verbuchen. André reiste, wie jeder deutsche Produzent, der etwas auf sich hält, mindestens einmal im Jahr nach Las Vegas. Dort umweht einen bekanntermaßen das Flair von Hollywood. Auch kann man im legendären *Stardust Hotel* mit wenig Einsatz und etwas Glück ein paar Dollar erspielen. So lieh sich der Produzent 5.000 DM von seinem Autor bzw. stahl sie mit einem billigen Trick von der Abnahmerate. Er sagte, er könne das Drehbuch nicht abnehmen, weil die Dialoge zu holprig seien, und müsse aus Zeitmangel selbst Hand anlegen. An einem Wochenende veränderte er ein paar Sätze, weder zum Besseren noch zum Schlechteren, und ich war froh, daß er nicht die Co-Autorenschaft beanspruchte, bloß 10 % meines Drehbuchhonorars.

Regel Nr. 20: *Sei darauf vorbereitet, daß dein Filmproduzent in deinem Drehbuch herumbessert, vor allem an den unwichtigsten Stellen. Laß dich auf keine Diskussion ein und nimm es hin, sonst riskierst du, die Abnahmerate nicht zu bekommen. Ziel und Zweck solcher Korrekturen ist fast nie die Perfektionierung deines Drehbuchs, sondern Wichtigtuerei und Aufbesserung des Produzentenkontos. Es soll jedoch Produzenten geben, die nicht nur etwas von Budgets, Drehplänen, Filmpartys verstehen und Alltagssprache von Filmsprache unterscheiden können. Hast du das Glück, mit einem echten Profi zu arbeiten, dann höre auf seine Kritik. Film ist Teamwork wie der Überfall auf eine Bank. Der Autor allein kann das Ding nicht schaukeln.*

Der Film wurde, obwohl er in Halle spielte, vorwiegend in Berlin gedreht. Fast alle Außenmotive, die der ortskundige Autor auf optische Attraktivität und Milieutreue hin ausgesucht hatte, wurden aus Kostengründen verworfen. Zum Dank erhielt er vom Produzenten eine Mappe mit allen Pressekritiken, überwiegend positive. Die harschen kreideten dem Drehbuchautor die klischeehafte Zeichnung des Hallenser Kunstmilieus und die launigen, humorresistenten Dialoge der Kommissare an. »Drehbuchautor T. K. badet in allen Banalklischees, die der Kunstwelt zugesprochen werden.« (*Freie Presse*) »So stellt sich Klein-Fritzchen Kunstakademien vor. *Heißkalte Liebe* war zu genießen wie eine Praline, die man beim Lesen eines Lore-Romans vertilgt.« (*Stuttgarter Zeitung*)

Drei Jahre später traf ich den Produzenten auf der Berlinale wieder. Bei der ndF war er nicht mehr, versuchte sich jetzt mit einer eigenen Firma, deren Namen ich in dem Moment vergaß, als ich die Visitenkarte in einen Papierkorb warf. Beim Abschied rief ich Klaus André zu: »Vielleicht sieht man sich mal in Las Vegas. «

Regel Nr. 21: *Nimm eine schlechte Kritik in der Presse nie persönlich. Ein mißlungener Film wird stets dem Drehbuchautor angelastet, ein gelungener adelt nur den Regisseur und die Darsteller, manchmal den Kameramann und den Ausstatter. Wenn du Lob oder mindestens Erwähnung brauchst wie die Luft zum Atmen, dann werde Videokünstler, Schlagersänger oder Kaufhauserpresser. Wenn du darauf verzichten und dich als Dienstleister, Zeitarbeiter oder Callboy/girl sehen kannst, wirst du vielleicht als guter Hirte ins irdische Himmelreich des Filmlexikons eingehen. Doch dazu braucht es ein hohes Maß an Selbstverleugnung und die Erkenntnis, daß sowieso niemand den Abspann eines Films liest.*

Für einen weiteren *Polizeiruf 110* des MDR bewarb ich mich nicht, da ich meinen Studienfreund nicht erneut unglücklich machen wollte. Also versuchte ich es beim ORB, heute rbb. Die Redakteurin für Fernsehfilme ›Cookie‹ Ziesche war ein Fan meiner DEFA-Filme, dachte aber nach der Wende nie daran, mir Arbeit zu geben. Der Potsdamer Produzent Alexander Gehrke hatte für den ORB schon einige *Polizeirufe* hergestellt. Wir kannten uns aus DEFA-Zeiten, wo er Aufnahmeleiter gewesen war. Ich mochte den jungen Filmenthusiasten, weil er clever war, ständig viel zu große Pläne schmiedete und einen Hund hatte. Außerdem versprach er, mich zur Drehbuchbesprechung in sein Haus an der Algarve einzuladen. Es kam nie dazu, aber nach mehreren vergeblichen Stoffvorschlägen schließlich zu einem Treatment-Vertrag mit dem rbb. Besonders motivierte mich, daß die Rolle der Kommissarin Wanda Rosenbaum mit Jutta Hoffmann besetzt war. Beide stammten wir aus Schkopau, waren uns im Babelsberger Filmstudio aber nie begegnet, weil Jutta frühzeitig die DDR verließ und im Westen Karriere machte. Unvergessen neben ihren Filmrollen in *Der Dritte, Junge Frau von 1914* und *Geschlossene Gesellschaft* ist mir bis heute ihr Auftritt als Julie in Strindbergs *Fräulein Julie* in der Regie von Einar Schleef. Nach der Premiere 1975 ging das Gerücht, daß das Stück am Berliner Ensemble verboten werden sollte. Also ging ich hin. Schon in der Kassenhalle begann das Theater. Dutzende Männer in Präsentanzügen versprachen den Zuschauern, ihnen das Geld für die Eintrittskarte zu erstatten, wenn sie wieder nach Hause gingen. Trotzdem war der Abend ausverkauft. Kaum war der Vorhang hochgegangen und Jürgen Holtz als Diener Johann in rotem Clownskostüm mit einer roten Zwirnsrolle vorm Bauch aufgetreten, störten die Männer, alles Genossen der Bezirksparteileitung, die Aufführung mit Pfiffen. Am Ende des Stückes lief Jutta Hoffmann schweigend von der Bühne über die Zuschauerreihen und trat den Genossen auf ihre Polyesteranzüge. Wenig später wurde die Inszenierung abgesetzt und der Regisseur ging samt seiner Hauptdarsteller in den Westen.

Mein *Polizeiruf 110* hatte den Arbeitstitel ›Tödliche Trauer‹ und behandelte ein besorgniserregendes Thema – das Auto als Mordwaffe. Auf Brandenburgs Straßen sterben zwei Autofahrer an verschiedenen Baustellen, an denen jemand die Beleuchtung entfernt hatte. Beide Männer waren in einer Therapiegruppe von Patienten mit Postraumatischem Streß-Syndrom. Ein junger Mann aus der Gruppe hatte bei einem Motorradunfall seine Freundin verloren und haßte jeden Raser, der wegen fahrlässiger Tötung mit einer milden Strafe davonkam. Die Arbeit am Treatment ließ sich gut an. Nach einigen Korrekturen an den Frauenfiguren, die der Redakteurin nicht emanzipiert genug waren, reichte der Produzent den Stoff zur Drehbuchentscheidung ein. Er war sicher, daß er die packende Geschichte mit dem Regisseur Bodo Fürneisen verfilmen würde. Bodo und ich studierten zur selben Zeit in Babelsberg, waren zu verschieden, um uns zu mögen, respektierten aber unsere Filme. Was in dem eitlen Geschäft, wo jeder jedem den Erfolg neidet und Anderssein nicht toleriert, schon viel war. Nach monatelangem Warten kam vom ORB die Nachricht, daß mein Stoff als nicht geeignet für den *Polizeiruf* abgelehnt wurde. Von Cookie Ziesche erfuhr ich, daß die Fernsehspielchefin Ursula Wintgen ›Tödliche Trauer‹ für zu konstruiert hielt. Die Redakteurin war trotz anfänglicher Begeisterung für den Stoff derselben Meinung. Kurze Zeit darauf startete die Polizei eine großangelegte Kampagne gegen Raserei im Straßenverkehr, weil in Brandenburg die Zahl der Verkehrstoten astronomisch anstieg. Besonders dramatisch war das Problem von bewußt herbeigeführten Unfällen durch Selbstmörder und sogenannte Soziopathen, unauffällige Zeitgenossen, die ohne ersichtlichen Grund morden.

Jedenfalls war die redaktionelle Betreuung mit Cookie Ziesche kein *Fortune-Cookie* für mich und den Produzenten. Vielleicht hätte er seine Firma nicht ANTAEUS-Film taufen sollen, sondern Herakles-Film. Der griechische Recke besiegte den Riesen Antäus, der am Boden liegend immer wieder neue Kraft schöpfte, indem er ihn in der Luft zerriß. Aber Herakles starb einen elenden Tod durch ein vergiftes Opferkleid aus Leinwand, das ihm seine eifersüchtige Gemahlin sandte. Also kein gutes Omen für einen Produzenten von Leinwandereignissen.

Mit dem neben dem *Sandmännchen* einzigen DDR-Fernsehformat, das sich in die ARD hinüberrettete, war ich fürs erste fertig und versuchte es mit dem unverwüstlichen *Tatort*. Da der Redakteur, den ich nicht glücklich machen konnte, beim MDR auch den sächsischen *Tatort* betreute, versuchte ich es beim NDR. In der Medienbranche der Hansestadt war ich stets willkommen, seit *Die Architekten* 1990 auf dem Hamburger Filmfestival gefeiert wurden, man mich als ersten Ostdeutschen ins Gremium der Filmförderung berief und ich mit dem damaligen Bürgermeister v. Dohnanyi im Fernsehen über die Defizite des deutschen Einheitsvertrages diskutierte. Doch als Drehbuchautor an der Wasserkante hatte ich, außer einem im Streit abgebrochenen Filmprojekt für den Regisseur Hark Bohm, noch keine Erfahrungen.

Der Produzent Richard Schöps im Studio Hamburg empfing mich, als hätte er sein Leben lang auf mich gewartet. Da alle guten Dinge drei sind, schrieb ich drei Exposés für einen *Tatort*, umsonst. Das heißt auch ohne Geld. Erst fünf Jahre später glückte ein erneuter Anlauf. Der endete jedoch mit einem außergerichtlichen Vergleich um die Frage der Namensnennung. Der unverwüstliche Krimiautor Felix Huby hatte das Drehbuch geschrieben, doch das Studio Hamburg war unzufrieden und engagierte mich, weil ich mit

Huby schon als Co-Autor gearbeitet hatte. Das fertige Drehbuch wurde dann vom Regisseur Thomas Bohn so umgeschrieben, daß kaum mehr als der Plot übrigblieb. Dafür verlangte er die volle Autorenschaft und bekam sie auch von der NDR-Fernsehspielchefin, die nur Regisseure engagierte, die ihr, wie man so sagt, aus der Hand fraßen. Jeder in der Branche wußte, daß Frau Heinze ihr Amt als private Zensurbehörde mißbrauchte und häufig als Co-Autorin auftrat, ohne eine Zeile geschrieben zu haben. Wehrte sich der Drehbuchautor, wurde er gefeuert und nie wieder beschäftigt. Nach einer Enthüllungskampagne der *Süddeutschen Zeitung* wurde die Dame 2009 gefeuert, weil sie bevorzugt die Drehbücher ihres Mannes annahm, der unter dem Pseudonym eines Autors mit fiktiver Vita schrieb. Von Hamburg bis Haiti knallten die Sektkorken, als der Fall publik wurde. Die Schadenfreude über den tiefen Sturz einer der schlimmsten Fernsehdiktatorinnen war blauäugig. Die tödliche Doris konnte ihr Unwesen nur deshalb fünfzehn Jahre unbehelligt treiben, weil das System ›Kellermeier‹ es zuließ und der nämliche Fernsehdirektor die Redakteurin als verlängerten Arm seiner Senderpolitik deckte. In seinem Buch *Mattscheibe – Das Ende der Fernsehkultur* (Fischer TB 2006) zitiert der Fernsehjournalist Jürgen Bertram den NDR-Programmdirektor, der sich nach dem Skandal um Frau Heinze das Leben nahm: »Ich habe den kreativen Sauhaufen von lauter Individualisten mit meiner Knute so zu prügeln, daß er weniger Unsinn anstellt als früher.« Bertram kommentiert den O-Ton des einst von Politikern gefürchteten Bonner Hörfunkkorrespondenten mit dem chinesischen Sprichwort: »Der Nagel, der herausragt, muß eingeschlagen werden.« Wieso wurde dieser Mann zu einem willigen Vollstrecker der Medienpolitik Kohls und Schröders? Vielleicht hatte er ja Nietzsche gelesen und begriffen, daß der Wille der Deutschen zum Schein, zur Illusion, zur Täuschung mehrheitlich tiefer ist als der Wille zur Wahrheit, zur Wirklichkeit, zum Sein. Daß ausgerechnet im NDR, der Wiege des öffentlich-rechtlichen Fernsehen, von britischen Offizieren gegen Untertanengeist, tendenzielle Politikherrschaft und wilden Kommerz ins Leben gerufen, die Privatisierung des Mediums der Gebührenzahler durch Staatsbeamte am weitesten fortgeschritten war, ist der eigentliche Skandal. Die Lokstedter Sendermacher geloben Besserung. Falls sie sich weiter ihrem gesellschaftlichen Bildungsauftrag entziehen, droht Jens Jessen, Feuilletonchef der *Zeit*, mit Straßendemos in dem Glauben, daß Massenproteste von den Massenunterhaltern verstanden werden. Ich habe meine Zweifel, denn wer schaut sich denn diese immer gleichen Inhalte in wechselnder Verpackung an? Arbeitslose, Rentner, Pubertierende, Fernsehsüchtige, die das Leben nur durch die Glotze erfahren und ein unstillbares Verlagen nach Gewalt und Idylle haben.

Hubys und mein Agent handelten nach langem Rechtsstreit eine angemessene Vergütung für unser Drehbuch aus um den Preis, daß wir namentlich nicht im *Tatort ›Exil‹* genannt wurden. Den GEZ-Zahlern sei gesagt, daß dies nicht der einzige Fernsehfilm ist, für den das Drehbuch zweimal bezahlt wurde.

Regel Nr. 22: *Hüte dich vor Regisseuren, die dich dauernd anrufen und dir versichern, wie toll sie dich finden. Wer zu allem, was du geschrieben hast, Ja und Amen sagt, führt Arges im Schilde. Natürlich muß jeder Regisseur, der nicht sein eigener Autor ist, ein Drehbuch in Besitz nehmen, es zu seinem eigenen machen, um das Filmprojekt zu lieben. Wenn er Einwände hat, sei beruhigt, niemand liest dein Drehbuch objektiv, keiner will und kann es wortwörtlich verfilmen. Wenn du die besten Ideen und Absichten retten kannst, sei zufrieden. Aber sorge dafür, daß alles vertraglich geregelt ist, auch das Kleingedruckte. Obwohl dir klar sein muß, daß du mit deinem Honorar so ziemlich alle Rechte an den Produzenten abtrittst. Auf jeden Fall suche dir einen Anwalt deines Vertrauens, der sich in Urheberrecht auskennt. Oder nimm dir einen Agenten, der für dich klagt. Das ist in jedem Fall billiger, wenn es zum Rechtsstreit kommt. Die Chancen zu gewinnen stehen neuerdings nicht so schlecht. Aber auch nicht gut, denn die Filmproduzenten haben einen mächtigeren Berufsverband als die Drehbuchautoren.*

DIE ANGST VOR DER ANGST IM DUNKLEN RAUM

»Der Weltraum ist dunkel und kalt, Genossen!«
Juri Gagarin

Es gibt Produzenten wie Peter Rommel, die ihr eigenes Haus für ein Filmprojekt (*Nachtgestalten* von Andreas Dresen) an die Bank verpfänden. Ich hatte nicht das Glück, mit so jemandem zu arbeiten. Meine Produzenten jammerten meistens, wie schlecht es ihnen geht, fuhren aber zum Drehbuchlesen in ihr Haus in der Toskana, zu den Filmfestspielen nach Cannes und im Winter nach Kitzbühel oder St. Moritz. Wenn ich Zeit und Geld habe, mache ich mich auf in die Sahara, wo es nur schweigsame Beduinen, genügsame Kamel und das ewige Gleichmaß von Wind, Sand und Sternen gibt. Beim Kerzenschein in meinem Zelt an den Wanderdünen von Chegaga oder am Lagerfeuer im baumlosen Garten des Millionen-Sterne-*Hotel du désert* frage ich mich dann jedes Mal, warum ich mein Erzähltalent mit Drehbuchschreiben für TV-Filme, die ich mir höchstens zehn Minuten ansehen kann, vergeude. Wissen verlangt nach Geheimnissen. Doch die gibt es nicht mehr, seit das Fernsehen als totalitärer Apparat alles Unbekannte und jede *terra incognita* ans Licht zerrt und den zur Passivität verurteilten Betrachter ermüdet, statt ihn zu aktivieren. Je mehr Programme er empfängt, desto weniger Auswahl hat er, denn unser Gehirn besitzt nur eine begrenzte Aufnahmefähigkeit von Bildern und Tönen, von Information.

Eines Besseren belehrte mich eine alte Indiofrau aus einem Dorf am Rio Negro, der ich 1992 auf einer Reise im Amazonasgebiet begegnete. Die Frau war in ihrem langen Leben nie aus ihrer Gegend weggekommen, da sie jung erblindete. Da es im entlegensten Dorf Brasiliens Fernsehen gibt, wußte sie, daß die Amerikaner 1969 auf dem Mond landeten, '77 Charlie Chaplin starb, '83 Nelson Piquet Weltmeister in der Formel 1 wurde, '89 die Berliner Mauer fiel.

Ferngesehen hatte sie nie, aber ferngehört, und kannte die Welt, die sie nie erblickte. Die blinde Frau hatte alle wichtigen und unwichtigen Nachrichten des Medium Fernsehens in ihrem Gedächtnis gespeichert, weil sie hinhörte und nicht hinsah. Ihre Wahrnehmung wurde nicht von Bildern strapaziert, die in ihrer Welt nicht vorkommen und deshalb von ihr nur schwer verstanden werden. Die im Grunde ebenso unverständlichen Worte zu den fremden Bildern bewahrte sie trotzdem, weil, wie sie sagte, Worte einen Klang haben und gesungen werden können. Wer, frage ich mich seitdem, ist mehr von der Welt abgeschnitten – der Blinde oder der Taube? Kann, wer der Worte Klang nicht hört, den Inhalt eines Tonfilms, der Fernsehnachrichten oder einer Telenovela verstehen?

Der Wissenschaftsautor Robert Anton Wilson behauptet, in jeder Bildröhre sei ein Niederfrequenz-Pulsator installiert, der unser kritisches Denken neutralisiert, unsere Energie aufsaugt. Ich bin kein Verschwörungstheoretiker, hatte noch keinen Kontakt mit Außerirdischen, aber seit einem Dokumentarfilm von Carl Sagan über das SETI-Projekt (die Suche nach kosmischem Leben mittels Lauschangriff aufs Universum) mache ich mir Sorgen um meinen Beruf. In dem Film wird erzählt, daß SETI-Forscher in Arecibo/Puerto Rico Radiowellen einer fernen Galaxis auffingen. Als sie die akustischen Impulse durch den Computer schickten, spuckte er eine optisch verschwommene, aber deutlich hörbare Rede Hitlers aus. Sie wurde 1938 von den ersten Fernsehkameras der Welt aufgezeichnet und in den Äther gestrahlt. In schwachen Momenten fürchte ich, daß meine mitunter gewalttätigen Fernsehfilme per Satellit ins All gelangen und von empfindsamen Außerirdischen als Kriegserklärung mißverstanden werden. »Die Mondbewohner kommunizieren optisch und akustisch miteinander. Sie lesen Bücher nicht, sondern hören sie mit Hilfe eines Phonographen ab«, schrieb schon Cyrano de Bergerac 1650 in seinem Roman *Les États et Empires de la Lune (Die Reise zum Mond)*.

Spotte, wer die Phantasielosigkeit besitzt, über das Undenkbare zu lachen. Als Realist glaube ich an das Machbare und an das Unmögliche. Denn alles, was von unserer mathematisch-unendlichen Gehirnkapazität gedacht werden kann, kann auch geschehen. Deshalb hege ich ein tiefes Mißtrauen gegen das Medium, das mich ernährt, und überlege mir jetzt jeden Mord, jeden aggressiven Satz, jede mißverständliche Geste zweimal, bevor ich sie in ein Drehbuch schreibe.

Regel Nr. 23: *Denke daran, daß unsere Fernsehfilme per Satellit in den Weltraum hinausstrahlen und möglicherweise von empfindsamen Außerirdischen mißbilligt werden. Auch die schlechtesten Filmdialoge hallen noch in den Kinosälen und Wohnzimmern nach, wenn wir schon lange tot sind. Schreib nie etwas, was du später bereuen kannst. Wisse, daß ausgesprochene Worte, und darum geht es ja bei Drehbüchern, Energie sind, die dem Verstand Ausdruck verleihen oder, wie bei den meisten RTL-Superstars und manchen Politikern, dem Unverstand. Wenn Geist (also Denken und Sprechen) Materie ist, kann sie laut Einstein nicht verschwinden, sich nur in etwas anderes verwandeln. Fühle dich verantwortlich für alles in deinem Drehbuch, das du in deiner Phantasie ausgedacht hast. Vermeide unsinnige Horrorvisionen, prophetische Weltuntergangsszenarien oder völlig abwegige Gewaltorgien, um deinen inneren Dämon mit dem Beelzebub auszutreiben. Die Wirklichkeit ist allemal erfinderischer als der perverseste Drehbuchautor.*

In der DDR galt die Devise: Nicht alles, was gemacht werden kann, muß gemacht werden. Das hatte freilich auch mit ökonomischen Möglichkeiten zu tun. Heute will Film nicht nur Kunst und Kommerz sein, sondern innovative Technik und Wissenschaft. Auch wenn man ferne Planeten mit Kameras in unsere Wohnzimmer holen kann und Atome groß wie Tennisbälle vor unser aller Augen tanzen läßt, Drehbuchautoren für Spielfilme sind keine Naturforscher, sondern Seelenforscher. Ihr Doktorvater ist nicht Frankenstein, sondern Freud, oder wem er zu dogmatisch war, Alice Miller. Natürlich gibt es wie in der Literatur Filmgenres, die aus Phantasie und Wissenschaft Erzählkino machen. Als Kind las ich Jules Verne, H. G. Wells, Stanisław Lem, später H. P Lovecroft, Philip K. Dick, die

Brüder Strugatzki. Tarkowkis *Solaris* und *Stalker* gehören zu meinen Lieblingsfilmen und Stanley Kubricks *2001 – A Space Odyssey (2001: Odyssee im Weltraum)* ist vielleicht der beste Film aller Zeiten. Science-fiction-Streifen aus Hollywood sind mir zu laut, eklig und patriotisch. Meisterwerke wie *Alien* und *Blade Runner* gehören einer anderen Zeit an. Sie setzen weniger auf technische Effekte als auf raffinierte Dramaturgie und erzählen das Drama des *homo sapiens sapiens* im Maschinenzeitalter, nicht die virtuellen Allmachtsphantasien der Software-Entwickler und Waffeningenieure.

Menschen, die im Kino Horrorszenarien brauchen, warum gehen sie nicht nach Gaza, in den Kongo oder als Verkäuferin zu Schlecker, statt sich *splatter movies* reinzuziehen? Die besten Horrorfilme wurden schon zu Zeiten unserer Großeltern gedreht, von Tod Browning *(Freaks)*, F. W. Murnau *(Nosferatu)*, Carl Theodor Dreyer *(Vampyr)*. Das Fatale am Kino ist, daß es sich nicht von selbst entwickelt, jede Generation von Filmemachern immer wieder beweisen muß, daß sie es besser kann. Aber nichts wird besser in dieser Welt, nur schneller, lauter, tabuloser, gleichförmiger. Ich jammere darüber, denn ich bin schon zu alt, um über den Halbsatz ›noch nie dagewesen‹ zu staunen. »… es geschieht nichts Neues unter der Sonne« (Prediger 1,9), höchstens, daß Mickey Rourke wieder aufgetaucht ist, Madonna sich von Guy Ritchie scheiden ließ, Lars von Trier weiter Filme macht, Dieter Wedel wieder einen überflüssigen Zweiteiler drehte. Wie positioniert sich da ein junger Drehbuchautor? Als Wiederkäuer, Mitläufer, Visionär? Oder jemand, der einfach seinen Job tut, wenn man ihn läßt?

Regel Nr. 24: *Schränke dich bewußt ein in deinen Möglichkeiten und versuche, den Menschen ein filmisches Vergnügen zu bieten, bei dem ihnen nicht übel wird. Zeige die Welt wie sie ist, schön und schrecklich, aber übertreibe nur, um etwas zu verdeutlichen, nicht um des schlechten Geschmacks willen, der sich immer gut verkauft. Male den Teufel nicht an die Wand, wenn du zweifelst, daß Gott existiert. Tue nicht so, als seist du ein Engel, denn die Zuschauer sind auch keine. Nimm sie ernst, aber* *nicht zu ernst, denn dein Drehbuch muß zuallererst dir gefallen, auch wenn es ein ungeborenes Kind ist, aus dem ein Bastard werden könnte. Treibe es nicht ab, bloß weil du Probleme mit dem Schluß hast, und trage es in höchstens drei Monaten aus. Wer ein Jahr und länger an hundert Seiten sitzt, ist schreibfaul, unentschieden oder desinteressiert und hat den Beruf verfehlt. Denke daran, daß deine Enkelkinder einmal stolz auf dich sein wollen, wenn sie schon kein Vermögen von dir erben.*

1995 erschien mit fünfundzwanzigjähriger Verspätung der Roman *Americana* von Don DeLillo auf deutsch. In ihm erzählt der Wunderknabe der amerikanischen Literatur die Geschichte des Fernsehproduzenten David Bell. Mit achtundzwanzig Jahren erkennt er, daß in seiner glänzenden Karriere der Bezug zum wirklichen Leben verlorengegangen ist. »Ich falle lautlos durch mich selbst hindurch. Von mir scheint nur wenig übrig zu sein.« Bell fährt mit seiner alten 8 mm-Filmkamera nach Arizona und dreht alles, was er erlebt. »Die Illusion von Bewegung herzustellen war kaum von Belang. Vielleicht war es weniger ein Film, was ich da schaffen wollte, als eine Schriftrolle, ein zerbrechliches Stück Papyrus, das Angst hatte, entdeckt zu werden. Die Veteranen der Filmindustrie würden schwören, daß das Ganze aus der Zeit vor Edisons Kinetoskop stammt. Meine Antwort darauf ist einfach. Es dauert Jahrhunderte, um das Primitive zu erfinden.« Auch die Flucht in die Wahrhaftigkeit scheitert, der Held wird als Filmpoet des ›wahren Amerika‹ bejubelt – er kann dem Erfolg nicht entrinnen in einem Land, wo nur der Erfolg zählt. Ich empfehle jedem fernsehabhängigen Drehbuchautor das Buch zur Erinnerung an seine verlorene Integrität. »Äußerste Einsamkeit wird nur dann unerträglich, wenn es nichts gibt, was man einem anderen sagen möchte«, schreibt Don DeLillo. Doch nicht allein auf das WAS kommt es an in unserem Beruf, sondern auf das WIE. »Film muß einen emotionalen Rückstand hinterlassen. Was und wieviel zurückbehalten wird, ist das einzig wahre Kriterium.«

Derselben Meinung war der amerikanische Filmemacher Robert Kramer. Obwohl er auch schauspielerte, einige Spielfilme drehte

Picknick in Versailles, im Vordergrund Robert Kramer, 1999

und für Wim Wenders *Der Stand der Dinge* (1982) schrieb, wurde er
vor allem mit Dokumentarfilmen bekannt. Sein fünfstündiges Werk
Route One USA (1989) erscheint wie ein filmischer Kommentar zu
DeLillos *Americana*. François Truffaut verachtete Dokumentarfilme
und meinte, sie sollten, wenn überhaupt, nur im Fernsehen gezeigt
werden. Robert Kramers Filme laufen niemals im Fernsehen, weil
sie zu lang sind und zu sehr an Spielfilme erinnern. 1999 lernte ich
den in Paris lebenden Amerikaner bei einem Picknick in Versailles
kennen. Ich vergesse nie, wie er mir sagte: »What ever you write for
the screen, don't think of the living, address it to the dead. Cinema
is a dying artform and the living audience doesn't see that.« Kurz
darauf starb der Amerikaner in Paris an einer Hirnhautentzündung.

JA-JA! NÄ-NÄ!

Zu Hause kann ich am besten schreiben. An keinem anderen Ort finde ich mühelos, was ich gerade brauche. Dort steht alles im Regal, was ich zum Drehbuchschreiben benötige und nicht im Kopf habe: Duden, Fremdwörterbuch, Mathematik-, Physik-, Chemielehrbücher, Nachschlagewerke über Kunst, Philosophie, Geschichte, Psychologie, Filmlexika und andere Kinobücher; Gedichte von Benn, Ceronetti, Rilke; Erzählungen von Bernhard, Cortázar, Orwell; Romane von Cendrars, Malaparte, Gombrowicz und einiges mehr. Nicht zu vergessen meine DVD-Sammlung und Notizbücher voller flüchtiger Ideen und Eindrücke.

Trotzdem ist es, wie ich schon sagte, manchmal unvermeidlich und angenehm, woanders zu arbeiten. Zum Beispiel in Paris, wo mein Freund und Filmproduzent Laurens Straub eine selbst für Berliner luxuriöse Vierzimmerwohnung besaß. Wenigstens einmal im Jahr verlegte ich meinen Arbeitsplatz ins Marais-Viertel, spazierte entlang der Seine oder durch den Louvre, wenn mir nichts einfiel, und trank eine Karaffe Pernod, wenn mir etwas eingefallen war. Mit Laurens, einem gemütlichen Holländer mit fliegenden Ideen und ungesunder Genußfähigkeit, entwickelte ich seit 1990 einige Filmprojekte nach seiner Devise: Filmemachen ist die Fähigkeit, Trostloses (Geld) in Erwartung (Kino) zu verwandeln – die schönste Kapitalvernichtungsmaschine seit dem Heißluftballon der Brüder Montgolfier. Leider lösten sich fast alle unserer Erwartungen im Rauch der Gaulois-Zigaretten auf, die Laurens in Unmengen konsumierte. Als einstiger Geschäftsführer des Filmverlags der Autoren und Verleiher von Fassbinder, Herzog, Wenders kannte er jeden in der Branche. Doch das half ihm als Filmproduzent wenig, er war kein Geschäftemacher, eher ein Kaputtmacher. In seinem Kopf flimmerte vor allem das Kino der sechziger Jahre, nicht die heutigen Fernsehfilme, die im Kino laufen. Bob Dylans Liedverse *»There's no success like failure, and that failure's no success at all«* sang er jedesmal,

Laurens Straub in Paris 2000

wenn wieder eins seiner hochfliegenden Projekte an der Realität deutscher Filmfördergremien gescheitert war. Ich hielt ihm die Treue und bot ihm 1998 etwas noch nie Dagewesenes an.

Die Idee, einen Spielfilm über Joseph Beuys zu drehen, stammte nicht von mir. Mein polnischer Freund Lech Majewski fragte mich eines unschönen Tages in Berlin, was ich von Beuys wüßte. »Nicht viel«, antwortete ich, »aber einmal bin ich ihm begegnet, 1987 in der Ständigen Vertretung der BRD.« Die von ihm persönlich überreichte Filzmatte besaß ich leider nicht mehr, nur ein handsigniertes Katalogblatt seiner Arbeit ›Unschlitt/Tallow‹. Die Nachbildung einer scheußlichen Betondreckecke in Münster bewies, daß Beuys als westdeutscher Künstler auch die DDR mitgedacht hat. Außerdem gefiel mir, daß der Messias aus Kleve nicht nur vor den Folgen des Fernsehkonsums warnte, der »unsere eigene geistige Produktivität ausschaltet und unserem seelischen und körperlichen Gleichgewicht nicht dienlich ist«, sondern praktische Vorschläge machte, wie die flimmernde Mattscheibe durch Überkleben mit Filz oder anderen Materialien zum bleibenden Kunstgenuß werden kann, um unsere permanent abgelenkte Aufmerksamkeit wieder auf Verinnerlichung beim Sehen eines Bildes umzuschalten.

Als Lech mir seine Absicht eröffnete, das Leben von Joseph Beuys zu verfilmen, erinnerte ich mich, wie ich 1973 bei meinen Eltern die Rückkehr von Prof. Beuys in die Düsseldorfer Kunstakademie, aus der er ein Jahr zuvor rausgeflogen war, im Fernsehen erlebte. Vorn in einem Einbaum stand der Schamane im Fellmantel, Schwimmweste, Stock und Hut, hinten ruderten sechs seiner Schüler. Mein Vater meinte: »Künstler sind Idioten, und der da ist der größte Spinner.« Ich fand das nicht und freute mich, daß ein deutscher Künstler nach langem Rechtsstreit die Kulturpolitiker in die Knie zwang. »Das ist schon ein guter Anfang für den Film«, meinte Lech, »ein DDR-Kind erlebt Beuys staunend im Westfernsehen und beschließt, Künstler zu werden.« Ich gab zu Bedenken, daß ich damals zweiundzwanzig war und später Drehbuchautor wurde, nicht Künstler. Derartige Kleinigkeiten kommentierte mein polnischer Freund gewöhnlich mit den Worten »Wszystko jedno!« (»Ganz egal!«). Für den Beuys-Film, den er als ersten einer Trilogie über drei bedeutende Künstler des 20. Jahrhunderts (Duchamp, Klein, Beuys) angehen wollte, hatte er einen perfekten Plan. Das Drehbuch war in seinem Kopf fix und fertig, mußte nur noch aufgeschrieben werden, binnen zwei Wochen in Paris. Laurens schien ihm der ideale Produzent, um den Film als deutsch-polnische Co-Produktion zu drehen. In nur zehn Tagen schrieben wir das Drehbuch ›Beuys‹, d. h ich schrieb, Lech diktierte. Trotzdem war es Teamwork, denn ich las alles über das Leben des Künstlers und feilte

an den Dialogen, während der Regisseur die Beuys-Bildbände und
-Videos im Pariser Museum of Modern Art studierte. Heraus kam
keines der üblichen *bio pictures*, das mehr oder weniger linear Sta-
tionen im Leben des Künstlers beleuchtet, sondern ein lyrisches
Filmalbum in vierundvierzig Bildern. Jedes bestand aus einer Szene
und war in einer Kameraposition aufgelöst. Orts- und Handlungs-
beschreibung folgten der verknappten Form eines Gedichtes, die
Dialoge beschränkten sich wie Zwischentitel im Stummfilm auf
kurze Sätze, die oft unvollständig und rätselhaft waren. »Wunder-
bar! Ein undidaktisches Mysterienspiel über den größten Künstler
der Gegenwart und guten Deutschen Joseph Beuys«, fand Straub
und freute sich diebisch, das Script der Bundesfilmförderung vorzu-
legen. Ich riet, eine weniger extreme Buchvariante zu schreiben, weil
man sonst den Geldgebern den Film erklären muß wie Beuys dem
toten Hasen die Bilder von Dürer. Lech war dagegen, und so
machte ich nur eine genaue deutsche Übersetzung des englischen
Textes.

Auf der Berlinale bat ich Mike Downey, damals Herausgeber von
Screen international, unser Projekt in seinem Fachblatt groß anzu-
kündigen. Er nahm kein Geld dafür, weil er glaubte, mir etwas
schuldig zu sein. Wir hatten uns 1987 in Odessa beim Perestroika-
Filmfestival kennengelernt und flogen zusammen nach Moskau.
Am Abend wollten wir in Stalins Lieblingslokal ›Araqwi‹ essen. Als
Michael nicht erschien, fuhr ich ins Hotel ›Budapest‹ und fand ihn
mehr tot als lebendig in seinem Zimmer. Er hatte sich in Odessa
Salmonellen eingefangen. Daß ich ihn ins nächste Krankenhaus
brachte, vergaß er mir nie. So erschien ein nicht zu übersehener
Pressetext über den geplanten Beuys-Film auf der Berlinale und die
Reaktionen ließen nicht lange auf sich warten. Stefan Arndt, Produktionschef von X-Filme, rief mich an und bat in sein Büro. Er
war ein großer Beuys-Verehrer und wollte den Film machen, wenn
ich ein neues Drehbuch schreibe und einen deutschen Regisseur ak-
zeptiere. Ich erklärte ihm, daß ich nur Co-Autor sei und meinen
Partner nicht ausbooten könne. »Dann machen wir einen anderen

Film über Beuys, mit dir als Autor und Tom Tykwer als Regisseur.«
Ich bedauerte, weil das unseriös wäre und ich mit einem anderen
Producer verabredet sei, Arndt rümpfte die Nase. Laurens sei ein be-
gnadeter Träumer oder, wie die Juden sagen, ein ›Luftmensch‹, gewiß aber kein Produzent. Und ich der unprofessionellste Drehbuchautor Deutschlands, wenn ich das Angebot nicht annähme. Ich
sagte dennoch nein, obwohl ich gern der Professionellste unter mei-
nesgleichen gewesen wäre. Die Bundesfilmförderung lehnte das Projekt ab mit der Begründung »nicht kommmerziell genug und künst-
lerisch fragwürdig«. In London hatte Lech Hans W. Geißendörfer
kennengelernt, der als deutscher Co-Produzent *in residence* das Geld
für britische Filme in Nordrhein-Westfalen besorgte. Ich schickte
ihm das Drehbuch, verschwieg aber, daß ich mit Laurens befreundet war, weil ich wußte, daß beide sich seit der Zeit im Filmverlag
der Autoren, gelinde gesagt, nicht mochten. Geißendörfer, der mit
der *Lindenstraße* der erfolgreichste deutsche Serienproduzent wurde,
als Regisseur aber auf Kinoflops abonniert war, schrieb mir, daß er
nahezu überwältigt sei von der Qualität des Scripts, es weitgehend
produktionsreif finde und gern produzieren möchte. Bei unseren
Treffen war ich optimistisch, daß das Projekt gelingen kann. Hans
W. war entgegen Laurens' Warnung sehr zugänglich, direkt und realistisch. Ein Spielfilm über Beuys würde dem deutschen Kino international Ehre machen, doch wer von den heimischen Mimen sollte
ihn spielen. Ich antwortete, ohne zu überlegen: »Ein Hollywoodstar,
Willem Dafoe. Er sieht Beuys ähnlich und ist einer der intelligente-
sten Schauspieler, die ich kenne.« Tatsächlich kannte ich ihn aus der
Zeit, als er noch mit der *Wooster Group* in New York Theater spielte.
Geißendörfer war angetan von der Besetzungsidee, weil er fürchtete,
daß die deutschen Zuschauer kein großes Interesse an dem Mann
mit Hut und Weste haben, den die Boulevardpresse als Scharlatan
und Aufwiegler bezeichnete. Da der *Lindenstraßen*-Produzent die
Filme meines Partners nicht kannte, wollte er sich schlaumachen.
Nach monatelangem Schweigen kam ein Brief aus Köln. Mit harschen Worten zog er sich von dem Projekt zurück, weil er Majewskis

Arbeiten als »prätentiöse, langweilige, kunsthandwerkliche Filmkunst« einstufte. Erst später erfuhr ich, daß der Mann mit der Pudelmütze eng mit X-Filme verbandelt war. Lech kaute schwer an dem Urteil, das in rein kommerzieller Hinsicht durchaus zutraf, im Koordinatensystem von Avantgarde und Autorenkino aber voll daneben lag. Der mit Polarisierungen vertraute Pole ließ sich nicht so leicht entmutigen und nahm die Finanzierung selbst in die Hand. Weil er kein Deutsch sprach, sollte ich mich an die Witwe von Joseph Beuys heranmachen, ohne die das Projekt wegen der zitierten Werke des Künstlers rechtlich nicht abzusichern war. Urheberrecht ist ein Minenfeld, in dem schon mancher Film steckenblieb und manchem Produzenten die Haut abgezogen wurde. Bei Beuys war die Sache derart unübersichtlich, daß wir Anwälte bezahlen mußten, die jedes Detail des Drehbuchs begutachteten. Die Erben des 1986 verstorbenen Künstlers besaßen nur wenige Rechte am gigantischen Werk und klagten seit Jahren gegen die Brüder van der Grinten, die sich als Entdecker und Mäzene des jungen Joseph rühmten. In der Wasserburg Moyland am Niederrhein betrieben die einstigen Landwirte ein Museum moderner Kunst, das mit viertausend Werken ihres Jugendfreundes die größte Beuys-Sammlung der Welt repräsentiert. In den Wirtschaftsgebäuden befindet sich das Beuys-Archiv mit unzähligen Personalien des kommunikativen Fluxus-Künstlers. Lech und ich fanden dort keine Anregungen für unser Filmpoem. Wir waren überzeugt, daß Information dumm macht. Je mehr man von einer Sache weiß, umso weniger kann man über sie sagen, oder wie der Atomphysiker Heisenberg es in seiner Unschärferelation sinngemäß ausdrückt: Je genauer man auf ein Ding schaut, desto unschärfer schaut es zurück. Beuys als biografisches Bilderbuch oder Kunstgeschichte für Volkshochschulen interessierte uns sowenig wie einen Verteidiger die Schuld seines Mandanten. Was kann man über einen Menschen sagen, der sich allen Erklärungsversuchen, jeder Interrogation und Instrumentalisation mit den Worten »Ja-Ja! Nä-Nä!« entzog? Der als universeller Künstler mehr Fragen als Antworten provozierte, als Politiker und Medienstar oft nur Kopfschütteln hervorrief und von Künstlern wie Andy Warhol nicht ernst genommen wurde. Wir strebten keine Deutungshoheit über den facettenreichen Zeitgenossen, keine Zähmung des Widerspenstigen an. Wir wollten uns ein Bild bzw. vierundvierzig Bilder von Beuys machen, die nichts erklären, aber manches in einen Kontext bringen, der eventuell verständlich macht, warum aus dem traumatisierten Sturzkampfflieger der Überflieger der Kunstwelt wurde; wie der verklemmte Anthroposoph aus dem selbstgezimmerten Sarg, in dem der junge Bildhauer ein Jahr verbrachte, weil ein Mädel ihn verlassen hatte, zum *primus inter pares* des messianischen deutschen Weltgefühls aufstieg. Mein katholischer Freund Lech verstand die wundersame Errettung des ›heiligen Joseph‹ als künstlerische Passionsgeschichte. Ich als protestantischer Zweifler hegte den Verdacht, daß Beuys vor allem ein cleveres Markenprodukt des Designers Charles Wilp war, der den aufstrebenden Künstler managte. Als Drehbuchautor galt meine Bewunderung für Beuys mehr seinem schauspielerischen Talent als dem Kunstwerker. Der Mann war als Selbstdarsteller so gut, weil er an seine Ratgeberrolle in allen Dingen glaubte. Zudem interessierte mich der Knacks, den Beuys im Krieg erlitten hatte, als er auf der Krim mit dem Flieger abstürzte und dank schamanischer Tataren überlebte. (Als Kind erlitt ich durch einen Schädelbruch infolge eines Treppensturzes ebenfalls einen Knacks, der mich aber nicht zum Heiligen machte.) Erst nachdem Lech 1999 einen Autounfall mit zwei Toten überlebte, dämmerte ihm, daß Kunst nicht göttliche Eingebung ist, sondern die Beschwörung irdischer Dämonen. Ergebnis *seines* Knackses war ein preisgekrönter Film über seine Installation ›Przypadek‹ (›Unfall‹), in der die persönlichen Dinge seiner toten Geliebten, die chemischen Bestandteile ihres Körpers in exakter Menge ausgestellt waren.

Regel Nr. 25: *Lies alles, was du finden kannst zu dem Thema, das du bearbeitest, schau dir soviel wie möglich an, um dir ein Bild zu machen, und vergiß es wieder. Bilde dir eine eigene Meinung und suche in dem*

Material den Zugang, der dich persönlich angeht. Laß dir keine fremd-
bestimmte Sicht auf das Thema aufschwatzen, solange du am Sondie-
ren bist. Wenn dein besonderer Blick bei den Auftraggebern keinen Ge-
fallen findet, kannst du immer noch entscheiden, ob andere Strategien
überzeugen. Hast du Erfolg mit deiner Sicht, versuche nie, alles, was du
zum Thema weißt, im Drehbuch unterzubringen. Sei klug und stell
dich dümmer als du bist, die Zuschauer wollen nicht durch Informa-
tionen de facto gebildet werden, sondern durch Emotionen de perceptio.
Wahrhaftigkeit ist keine Frage von Allwissenheit. Nichts ist trostloser als
Experten ohne Einbildungskraft. Denke daran, du bist mehr ein homo
ludens als ein homo faber. Ein Lichtspielerfinder für jedermann, kein
Waldorf-Kindergärtner.

Eva Beuys hatte mir geschrieben, sie sei gewillt, das »gefährliche Ri-
siko« eines Spielfilms über Beuys einzugehen. Denn, wer immer
seine Rolle übernimmt, kann niemals Beuys sein, nur ein fauler
Kompromiß. Eva Beuys haßte Kompromisse, es widersprach ihrem
Verständnis von Nibelungentreue als Witwe eines großen Mannes.
Mir war klar, daß ich als Gast der gelernten Kunstpädagogin auf
dem elektrischen Suhl sitzen würde. Bevor ich das weiße Haus am
Drakeplatz in Düsseldorf, Nieder-Kassel, betrat, lief ich etliche
Kilometer am Rheinufer entlang und sortierte jedes Wort, das ich
sagen und nicht sagen wollte. Wider Erwarten empfing Eva mich
herzlich und zeigte mir gleich das Allerheiligste, Beuys' Atelier.
    Als Jessyka Beuys den Raum betrat, strahlten die weißen Wände
von ihrem goldenen Haar, doch die Fensterscheiben beschlugen, als
wäre die Eisjungfrau von Hans Christian Andersen erschienen. Bei
Kaffee und Kuchen erläuterte ich in wohlgesetzten Worten die Besonderheiten des Filmprojektes und sang mit trockener Kehle Lo-
beshymnen auf den Regisseur. Eva liebte die Polen für ihren Kunst-
sinn, außerdem hatten sie unter den schweinischen Faschisten
gelitten, weswegen Beuys ihnen als Wiedergutmachung einen Gü-
terwaggon mit seiner Kunst schenkte. Ich tat so, als wüßte ich das
nicht, um den Eindruck zu erwecken, noch etwas lernen zu wollen.

Das kam bei Jessyka nicht gut an. Wer einen Film über ihren Vater plant, sollte seine Hausaufgaben gemacht haben. Eva stand mir bei, wollte aber genau wissen, welche Quellen wir benutzten. Es gäbe ja »unreflektierte Legenden, in deren Schatten sich viele ›Beuys-Kenner‹ mit ihm vertraut fühlen, als wäre er ihr Eigentum«. Ich schlug vor, die im Film verwendeten Fakten mit Hilfe der Familie auf ihren Wahrheitsgehalt abzuklopfen, aber mit der Freiheit, das Thema Beuys auf eine höhere poetische Wahrheit zu stellen, was ein Privileg der Kunst ist. »Das wird gehen!« entschied Eva, der das Wort KUNST mundete wie ihre selbstgebackenen Nußschnittchen. Jessyka aß wegen der schlanken Linie keine Süßigkeiten und hörte sich meine vollmundige Rede ungerührt an. Als ich meine Bewunderung für die Happenings ihres Vaters ausdrückte, vor allem für die Zähmung eines wilden Coyoten in *I like America and America likes me*, an der ich mich nicht satt sehen kann, seit ich den Film (Regie/Kamera: Helmut Wietz) davon besitze, tadelte sie mich in scharfer Weise. »Happening ist von der künstlerischen Philosophie der präzisen Begriffe der entgegengesetzte Begriff der Arbeit von Beuys, die er A-k-t-i-o-n-e-n nannte.« Da ich offensichtlich nicht voll im Stoff stand, wünschte Eva das Drehbuch zu lesen, das natürlich nur ein Entwurf sein könne ohne ihre bisherige Mitarbeit. Obwohl ich es bei mir hatte, vertröstete ich sie auf unbestimmte Zeit, weil es noch wie ein Rohdiamant des Feinschliffs bedurfte. Gesetzt den Fall, daß sie mit dem Drehbuch einverstanden sind und ein Vertrag ihre Ansprüche am Beuysschen Erbe regelt, erklärten die Beuys-Frauen, würden sie bei den Dreharbeiten unabkömmlich sein, um das »gefährliche Risiko« zu teilen und notfalls korrigierend einzugreifen. Ich nickte apathisch und bedankte mich für die unerwartete Anteilnahme an dem Projekt. Ich versicherte, daß ich ein überzeugter Beuys-Propagandist sei, kein Kunsthändler, der aus dem Werk eines Toten Kapital schlagen will. In einer Zeit, wo keiner antikapitalistische Filme macht und Millionen Menschen arbeitslos sind, sei es notwendig, sie daran zu erinnern, was Beuys sagte: daß jeder Künstler ist. Eva lobte mich, daß ich das Zitat richtig wiedergab und nicht wie meist als »Jeder ist *ein* Künstler«. Als ich später auf der Rheinbrücke die Krähen mit der Nußschnitte fütterte, die Eva mir als Reiseproviant eingepackt hatte, beneidete ich die klugen Vögel. Sie säen nicht, sie ernten nicht, sie schreiben keine Filme und der liebe Gott ernährt sie doch.

Am Telefon sagte ich Lech, der gerade an der Warschauer Oper *Carmen* inszenierte, daß wir den Beuys-Film vergessen können, solange die Witwe am Leben ist. Lech war zu einem Theatertreffen nach Düsseldorf eingeladen und wollte Eva Beuys kennenlernen. Ich hatte nicht die Nerven, noch weitere Prüfungen von Prinzessin Jessyka zu bestehen, und widmete mich anderen Dingen. Nur zur Uraufführung der Oper *Beuys* von Franz Hummel fuhr ich nach Düsseldorf und durfte sogar neben der Familie in der ersten Reihe der Rheinmetall-Halle sitzen. Es war ein traumatisches Erlebnis, montierte Beuys-Texte, durch sieben Sänger, Schauspieler und Chor vorgetragen, zu enträtseln. Die atonale Musik von Franz Hummel half auch nicht dabei, nur die assoziative Ausstattung von Jannis Kounellis brachte etwas Sinn in den ganzen Unsinn. Da waren die Beuys-Familie und ich ganz einer Meinung. Über den geplanten Film noch meiner Meinung zu sein, fiel nach diesem gescheiterten Versuch, dem Publikum den toten Beuys in Bildern zu erklären, schwer. »Wovon man nicht sprechen kann, darüber muß man schweigen«, schrieb Ludwig Wittgenstein in seiner ›Logisch-philosophischen Abhandlung‹ über die Sprache. Über Kunst als System von Zeichen und Symbolen zu reden, ist wie einem Ochsen den Sinn des Verkehrsschildes ›Vorsicht freilaufende Rinder‹ zu vermitteln. Versteht der Ochse die Bedeutung des Zeichens für Autofahrer, muß er es für sich als unsinnig erkennen, weil er das Freilaufen als natürliches Bedürfnis nicht mehr verselbständigen kann. Oder wie Wittgenstein sagt: »Er muß sozusagen die Leiter wegwerfen, nachdem er auf ihr hinaufgestiegen ist.«

Die Welt des Künstlers ist eine andere als die Welt des Kunstbetrachters, deshalb mißlingen Künstlerfilme oft. Über Beuys zu reden heißt, ihn nicht verstehen zu wollen. Hat man ihn verstanden, kann

man nicht objektiv über ihn sprechen, weil er sich jeder unmißver-
ständlichen Interpretation entzieht. Im Film (sofern er nicht didak-
tisch ist) können die Zuschauer aber nur verstehen, was sie bereits
kennen. Ein filmisches Porträt, das nicht erklären will, sondern ver-
stören, indem es die gängigen Erzählmuster eines *Biopic* verwirft,
hat jedoch bei der deutschen Filmförderung soviel Chancen wie ein
Lottospieler auf den Jackpot. Als Lech mich aus Düsseldorf anrief
und sagte, daß er mit Dieter Kosslick im Filmbüro NRW schon mal
die Sektkorken auf das Beuys-Projekt knallen läßt, verflogen meine
Zweifel. Ich kannte Dieter aus Hamburg. Was er für gut befand,
konnte er mit seinem napoleonischen Organisationstalent durchset-
zen. Inzwischen kam ein Anruf von unseren Anwälten. Sie vertraten
auch Klaus-Maria Brandauer und hatten ihm von unserem Projekt
erzählt. Da er gerade Rembrandt in einer deutsch-französischen Co-
Produktion spielte, bot er sich selbst für die Rolle von Beuys an,
wollte sogar eigenes Geld in den Film stecken. Lech war begeistert,
ich nicht. Als Regieassistent bei *Mephisto* hatte ich 1980 den Burg-
schauspieler von nahem erlebt. Privat war er ein netter Kerl, in der
Arbeit aber ein *beautiful beast*, wie man im Englischen sagt. Ständig
eifersüchtig auf Rolf Hoppe, den der Regisseur innig liebte, brachte
der Wiener den ungarischen Drehstab an den Rand des Nervenzusammenbruchs. »Wenn du mit Brandauer drehst, kannst du ihm
auch gleich die Regie überlassen«, schrieb ich meinem polnischen
Partner. Er war dann ernüchtert, als er *Rembrandt* sah, der im Kino
so spektakulär unterging wie die ›Andrea Doria‹ auf See. Kosslick,
dessen Filmbüro NRW den Rembrandt-Schinken mit etlichen
Millionen gefördert hatte, gelang es nicht, das Gremium zu überre-
den, unserem Film auch nur eine Mark Produktionsförderung zu-
zuschanzen. Damit war das Projekt über den Düsseldorfer Ehren-
bürger eine *dead pigeon* (tote Taube), wie der B-Movie-Regisseur
Sam Fuller einen Helden, der absolut keine Chance hat, nannte.
Lech hatte inzwischen eine Oper komponiert, sie uraufgeführt und
drehte sie als Film. Ich war wieder mal pleite und bat ihm, mir für
die Mühe mit ›Beuys‹ etwas Geld von seinem New Yorker Firmen-

konto zu überweisen. Was er dann auch tat. So konnte ich die nächsten drei Monate überleben und mich nach Jobs beim Fernsehen umsehen.

Was ich vor Jahren hochmütig abgelehnt hatte, für Otto Meissners Serienproduktion zu arbeiten, kam mir jetzt wie gerufen. Mein ehemaliger DEFA-Chefdramaturg Rudi Jürschik bot mir die Überarbeitung eines Zweiteilers von Felix Huby an, der nicht die Zustimmung des ARD-Redakteurs fand. Ich schrieb das Drehbuch für ein geringes Honorar in kurzer Zeit fast neu und hatte bei Meissner in allen Fragen ein offenes Ohr. Der Entdecker von Caterina Valente verstand Film immer als Unterhaltung. Mach dir ein paar schöne Stunden, war sein Leitspruch, und langweile die Zuschauer nicht mit Problemen, die sie nicht haben. Als der Thriller *Ein Mann steht auf* trotz seines skandalösen Themas (Waffengeschäfte des Vatikans) und einer ziemlich wirren Handlung gute Kritiken und ausreichende Einschaltquoten erzielte, zahlte der Produzent mir nachträglich ein volles Drehbuchhonorar aus. Zum erstenmal seit meiner Entlassung bei der DEFA hatte ich mehr Geld, als ich zum Leben brauchte, und fuhr zum Karneval nach Rio. Jeden Abend schwang ich in der Sambaschule ›Mangueira‹ die Hüften, fuhr am Tag mit der *Eléctrico* durch Santa Teresa und sang mit dem Papagei von Ronnie Biggs, dem englischen Postzugräuber, »He's a jolly good fellow!«. Irgendwann kam Lech nach Rio, um seinen neuen Film im Kino zu präsentieren. »Carnival is over. Let's write another artistic movie«, befahl er am Pool des Copacabana Hotels. Beuys war gestern, heute war Yves Klein dran. Ich wußte nur, daß der Franzose alles blau malte und den schwarzen Gürtel im Judo besaß. Lech hielt ihn für einen noch größeren Künstler als Joseph Beuys, ich nach intensivem Studium auch. Wieder schrieben wir das Drehbuch in Paris, wieder scheiterten wir mit der Finanzierung des Films. Und das, obwohl Rotraut Klein-Moquay, Witwe von Yves, *le monochrome*, unser Drehbuch *très magnifique* fand und ihren Freund Claude Berri, Filmproduzent und Sammler von Yves-Klein-Werken, einschaltete. Berri reichte den Low-Budget-Film an eine kleine Pariser Firma wei-

Ronnie Biggs in Rio Santa Theresa,
Zeichnung von Thomas Knauf, 2000

ter. Diese verlangte Änderungen, gewann aber Jean-Louis Trintignant für eine Hauptrolle. Das Problem bestand darin, daß die Heldin eine deutsche Kunststudentin war, die eine *amour fou* zu dem toten Yves Klein entwickelt, indem sie einen langen Film über sein kurzes Leben mit einem höchst kontroversen Kunstschaffen dreht. Ein Film im Film über eine nationale Ikone mit einer deutschen Heldin und von einem Polen gedreht war für die französische Filmförderung nicht einsehbar. Dasselbe Argument mit anderen Attributen verhinderte in Deutschland eine Finanzierung, obwohl sich Laurens als Producer mächtig ins Zeug legte. »Ich glaube, du bringst mir Unglück«, sagte ich zu meinem Freund Lech. »Weil du immer so negativ bist und schnell das Interesse verlierst«, gab er mir die Schuld. Das stimmte, ich war verdammt nochmal Autor, kein Hausierer schwer verkäuflicher Waren. Von Geldbeschaffung weiß ich soviel wie die Jungfrau Maria von befleckter Empfängnis, Mißerfolge motivieren mich zu Schreibblockaden, nicht zu neuen Angriffsstrategien. Mein Arbeitszimmer ist mein Alamo: Kommt keine Hilfe von außen, geben sich meine fiktiven Helden selbst die Kugel oder erblicken das Licht der Leinwand unter anderem Namen in anderen Geschichten.

Regel Nr. 26: *Halte dich nie länger als nötig mit einem Projekt auf. Kannst du es nicht verkaufen, vergiß es und fang etwas Neues an. Nur etwa jedes siebte Drehbuch wird in Hollywood und anderswo verfilmt. Wenn du unbedingt willst, daß dein nichtfinanzierbarer Stoff in die Welt kommt, schreib einen Roman, ein Hörspiel oder Theaterstück.*

Der DEFA-Szenarist Ulrich Plenzdorf wurde weltberühmt, nachdem er aus seinem abgelehnten Drehbuch *Die neuen Leiden des jungen W.* ein Stück und eine Erzählung machte. Der Argentinier Osvaldo Soriano schrieb ein aberwitziges Drehbuch über Stan Laurel & Oliver Hardy, Philip Marlowe und eine Mafia-Entführung von Charlie Chaplin bei der Oscar-Verleihung. Als sich kein Produzent fand, machte er daraus den Roman *Triste, solitario y final (Traurig, einsam und endgültig)*, für den man getrost jedes Lehrbuch über Erzählen für den Film zum Trödler bringen kann.

Regel Nr. 27: *Eine gute Filmstory kann mit Fleiß und Talent ein gutes Stück Literatur werden, umgedreht nicht unbedingt. Hier gilt die Formel: mittelmäßige Literatur läßt sich leichter fürs Kino adaptieren als große – Böll und Brussig besser als Bernhard oder Brecht.*

Der amerikanische Romanautor F. Scott Fitzgerald wurde als *screenwriter* von sieben Filmen in Hollywood nicht mal namentlich genannt, schrieb aber das Erlebte in seinen Pat-Hobby-Stories als grandiose Prosa auf. Die grellbunte Verfilmung seines Romans *The Great Gatsby (Der große Gatsby)* mußte er nicht mehr sehen, er starb vorzeitig am Suff. Ohne zu wissen, wie gut er ist, bemerkte Dashiell Hammett. Er war der Beste.

Regel Nr. 28: *Merke dir – auch wenn du kein F. Scott Fitzgerald bist, du kannst all denen, die keine Drehbücher lesen können oder andere Filme im Kopf haben, die Chance geben, deinen Roman zu verfilmen. Ist er große Literatur, steck das Geld ein und geh nicht zur Premiere. Ist er mittelmäßig und soll verfilmt werden, schreib selbst das Drehbuch, steck das Geld zweimal ein und geh zur Premiere.*

P. S. Auf der Berlinale 2010 fragte mich der Filmproduzent Mike Downey nach dem Drehbuch »BEUYS«. Einer der vielversprechendsten jungen Regisseure Englands plant einen Spielfilm über Joseph Beuys und sucht einen Co-Autor. Mein Partner Lech Majewski hat inzwischen zwei neue Filmproduzenten und hofft, mit deutschem Geld unser Drehbuch doch noch zu realisieren. Vielleicht werde ich am Ende mit dem einen oder anderen Beuys-Film doch noch Geld und *credits* verdienen. Oder gar mit beiden. Was diesem Kapitel des Scheiterns als Drehbuchautor eine filmreife Wendung gäbe.

THE FOOL ON THE HILL

KLEINE HAIE, GROSSE HAIE

Warum kann ein Drehbuchautor mit Regisseur, Kameramann und Darstellern keinen Film ohne Produzent drehen? Ganz einfach: weil jemand das nötige Geld verwalten muß. Das Geldbeschaffen ginge notfalls auch ohne Buchhalter, doch wer Geldmittel zur Herstellung von geldwerten Waren umsetzt, muß nicht nur dem Finanzamt darüber Rechenschaft ablegen und sie auf Euro und Cent versteuern, er bedarf auch eines branchenbezogenen Geschäftskontos. In Deutschland kommen die Mittel zur Filmherstellung vorwiegend aus staatlichen Fördertöpfen. Der Filmproduzent muß zwar einen gewissen Eigenanteil deklarieren, nicht aber notgedrungen in Geld, sondern als Produktionsmittel wie Kamera-, Schnitt-, Bürotechnik, Fahrzeuge, sein Haus in der Toskana, sofern es als Drehort genutzt wird. Die gewährten Filmfördermittel sind bedingt rückzahlbar, gesetzt den Fall, sein Werk macht an der Kinokasse Gewinn. Das ist bei kleinen, unabhängigen Filmen selten der Fall. Selbst wenn der Produzent einen Verleiher oder Fernsehsender für sein Werk findet, bleiben ihm unterm Strich, so er alle am Film Beteiligten ordentlich bezahlt, höchstens ein paar tausend Euro plus. Deshalb arbeiten heute zahllose Praktikanten zum Nulltarif beim Film oder Profis auf Rückstellung. Sprich: für fast oder ganz umsonst, solange kein Geld in die Produzentenkasse zurückfließt.

Ich habe mich oft gefragt, wie die vielen kleinen und kleinsten Filmfirmen überleben. Mit purem Idealismus wohl kaum, eher durch Selbstausbeutung, Herumreichung unbezahlter Filmstoffe und Anhäufung offener Rechnungen. Dennoch gelingt manchen der große Durchbruch mit nur einem Film, wie den Produzenten Wiedemann & Berg, die mit *Das Leben der Anderen* einen Oscar einheimsten und inzwischen als Partner des Medienkonzerns ›Endemol‹ ins Fernsehgeschäft eingestiegen sind.

In meinen fast dreißig Jahren als Drehbuchautor habe ich mit allen Sorten von Filmproduzenten zu tun gehabt und kann sagen, daß es für mich meist besser war, mit großen Haien zu schwimmen als mit kleinen. In der maritimen Natur ist das eine Binsenweisheit – an große Haie, stets Einzeljäger, hängen sich sogenannte Putzer- fische und leben mit ihnen, ohne gefressen zu werden, die kleinen Haie hingegen tauchen immer in Scharen auf und verschlingen al- les in ihrer Nähe, was kleiner oder gleich groß ist. Putzerfisch wäre ein treffendes neudeutsches Wort für Drehbuchautor, denn seine Hauptbeschäftigung ist Putzarbeit an den Figuren, Dialogen, szeni- schen Verläufen. Alles zum Wohlgefallen und Wohlstand des Film- produzenten, der wie der Hai den Begleitfisch ernährt. Wenn beide am Hungertuch nagen, ist es eine *liaison mortelle*, weil der Stärkere den Schwächeren frißt, um zu überleben. Der Schwächere ist, ich muß es wohl nicht betonen, immer der Drehbuchautor. Darum mein Rat: *Hängt euch an große Haie oder macht kleine Haie groß, ohne gefressen zu werden.*

Es kommen jedes Jahr hochmotivierte Producer von den Film- schulen, um neue Bernd Eichingers zu werden. Nur wenige schaffen den Sprung in die Oberliga des Kinos, manche wurschteln sich mit Fernsehaufträgen durch, verdienen sogar gutes Geld, wenn sie eine Serie an Land ziehen. Bleiben sie ewig kleine Herstellungsleiter kleiner Filmchen, dann werden sie, wenn sie es nicht schon vorher waren, knausrige, frustrierte Filmfuzzis mit Visitenkarte, Büro, geleastem Firmenwagen, einer Pinnwand voller Festivalpässe und vergoldeten Träumen von Bären, Löwen, Muscheln, Palmen. Für diesen Traum schrecken sie nicht vor Meineid, Betrug, Diebstahl zurück. Die großen Filmproduzenten haben das alles schon hinter sich, weil sie auch mal klein anfingen, und können schon mal zwan- zig Millionen für die Buchrechte hinblättern, wie bei Patrick Süs- kinds *Das Parfüm*. Aber große Fische sind nicht zwangsläufig groß- zügig. Das Filmgeschäft ist ein hochriskantes Spiel und die Verluste tragen gewöhnlich die, die sie nicht verursachten – junge, namen- lose Filmemacher. Trotzdem haben diese bei großen Fischen eine höhere Chance, für ihre Arbeit entlohnt zu werden, als bei den klei- nen.

Um nicht mißverstanden zu werden, ich hege große Sympathie für kleine Filmproduzenten, die sich gegen Massengeschmack und Fernsehverblödung um sinnstiftende Filmkunst bemühen. Aber ästhetische Prinzipien sind eine Sache, etwas anderes, damit auch Erfolg zu haben. Der Regisseur Christian Petzold kann es sich seit Jahren leisten, seine Filme mit der kleinen Produktionsfirma Schramm-Film zu realisieren, weil er mit großem Fleiß und Talent zum Star der ›Berliner Schule‹ avancierte. Obwohl er wahrlich keine *Blockbuster* dreht, eher an einem strengen cineastischen Gesamtwerk arbeitet, kommen die staatlichen Filmgremien nicht umhin, es zu fördern. Dadurch können der Autorenfilmer und sein langjähriger Produzent als Kleinunternehmer auf dem subventionierten deutschen Kinomarkt bestehen. Durchaus kein Einzelfall, aber für freie Autoren ohne feste Regie- oder Produzentenpartner die Ausnahme von der Regel.

Man muß nicht mit dem befreundet sein, der einen bezahlt. Arbeitsbeziehungen sind Zweckbeziehungen, Liebe nicht ausgeschlossen. Freundschaften gehen über Geld und Arbeit leicht in die Brüche. Jeder, der im kollektiven Schaffensprozeß eines Films etwas eigene Musik spielen möchte, statt nur die anderen zu begleiten, provoziert Konflikte. Der Drehbuchautor ist zugleich Solist und Ensemblespieler, muß es aber immer allen recht machen. Ein guter Filmproduzent schützt den Autor vor Machtgelüsten des Regisseurs, eitlen Wünschen der Schauspieler, der Jammermusik des Ausstatters. Darum muß er ein Drehbuch richtig lesen können, d. h. auch das, was nicht drinsteht, bevor er es kalkuliert. Kein Witz, ich habe Produzenten erlebt, die genau das nicht verstanden – daß ein Drehbuch die alles Unnötige weglassende Struktur einer Filmhandlung mit Dialogen ist. Da auffallend viele Filmproduzenten in Deutschland vom Theater kommen, haben sie oft Probleme mit nichtlinearen, atmosphärischen und musikalischen Erzählweisen. Die ›Moral von der Geschicht‹ ist ihnen allemal wichtiger als genrespezifische Grenzverwischungen von Gut und Böse oder die Unwägbarkeit emotional erlebter narrativer Bildkompositionen. Sie wollen alles rational erklären, was sie nicht verstehen, weil sie meinen, der Zuschauer versteht es auch nicht. Ein logisch erklärbares Drehbuch mit einer Botschaft, die man auf eine Serviette schreiben kann, braucht aber erst gar nicht verfilmt zu werden. Es sein denn, man packt es voll mit Sex- und Gewaltszenen, um einen garantierten Kassenerfolg zu landen.

Die schmerzhafteste Erfahrung meiner Karriere als Drehbuchautor machte ich ausgerechnet mit einem meiner engsten Freunde. Nachdem ich zehn Jahre die Staatsbürgerrechte der Deutschen Bundesrepublik genossen hatte, las ich 1999 erstmals das Grundgesetz. Doch nicht die Vermutung, daß die meisten meiner ostelbischen Landsleute ihre verfassungsmäßigen Rechte nicht kennen, bewog mich zu einem filmischen Diskurs über demokratische Freiheiten. Die in den ersten neunzehn Artikeln verbürgten Grundrechte schienen mir die ideale Verpackung für eine Reihe spannender Geschichten über unser Land. Doch das Problem war, den Charakter einer Volkshochschulstunde tunlichst zu vermeiden und die allgemeine Bedeutung der Grundrechte für jeden Bürger in einzelnen Episoden kritisch zu hinterfragen, statt affirmativ zu schematisieren. So, wie es Krzysztof Kieślowski und sein Autor Krzysztof Piesiewicz in *Dekalog* mit den zehn Geboten der Bibel taten. Die Idee, alle Episoden am selben Ort (einer Warschauer Neubausiedlung) anzusiedeln, war ökonomisch und ästhetisch reizvoll, kostete doch der ganze fast zehnstündige *Dekalog* soviel wie ein Kleines Fernsehspiel vom ZDF und gewann zahllose internationale Preise. Aus Anstandsgründen entschied ich mich für ein anderes Konzept. Die Episoden sollten an verschiedenen Orten unseres Landes spielen und verschiedene filmische Genres bedienen. Ich wollte nur eine von dreizehn Episoden selbst schreiben, die anderen sollten deutsche Schriftsteller ausdenken, die noch nie ein Drehbuch verfaßt hatten. Jeder würde einen Regisseur zur Seite haben, mit dem er die fünfundfünfzig Minuten lange Episode realisiert. Als Rahmenhandlung erfand ich die Figur eines Leipziger Mitropa-Kellners, der kreuz und quer durchs Land reist und in der letzten Episode der

Protagonist ist. Jeder Schriftsteller, den ich anschrieb, war begeistert von der Idee, und nach zwei Monaten hatte ich die Hälfte der Geschichten als Ideenskizze. Der Soziologe und Romanautor Urs Jaeggi verfaßte gleich eine druckreife Erzählung* zum Artikel 16 (Staatsangehörigkeit, Auslieferung, Asylrecht) über den Mitropa-Kellner und eine Familie aus dem Kosovo, die sich auf der Flucht vor der Polizei in seiner Gartenlaube einnisten. Katja Lange-Müller lieferte in ihrer unnachahmlichen Art zu Artikel 14 (Eigentum, Erbrecht, Enteignung) eine schreiendkomische Geschichte über einen ostdeutschen Dorftrottel, der illegalen Müllentsorgern auf den Leim geht. Ich suchte mir Artikel 11 (Recht auf Freizügigkeit) aus und schrieb über einen Fall von versuchter Entmündigung eines exzentrischen Millionärs durch seine Kinder. Von einem Psychiater, der Gutachten über Nichtzurechnungsfähigkeit erstellt, erfuhr ich, wie schwer es aufgrund Artikel 11 ist, jemanden amtlich für unzurechnungsfähig zu erklären, um sein Testament anzufechten bzw. zu verhindern, daß er eins schreibt.

Glücklich das Land, daß seinen Bürgern eine ziemlich große Macke zubilligt, solange sie nicht die Grundrechte anderer mißbrauchen.

Einer meiner engsten Freunde, ein Theaterregisseur aus Bonn, las das Konzept *GG 19* und wollte es als erstes Projekt seiner frisch im Handelsregister eingetragenen Firma ›movie members‹ produzieren. Mit den vorhandenen Ideenskizzen und einer Liste namhafter Filmregisseure ging er zu ARD und ZDF. Dort wurde ihm gesagt, daß trotz des bildungspolitisch relevanten Stoffes ein Dreizehnteiler mit dreizehn Regisseuren und dreizehn Autoren unmöglich vom Fernsehen zu realisieren sei. Also wandte sich der Erstproduzent an politische Parteien, Bundestagsabgeordnete, Verfassungsrichter und er-

---

* Immerhin erschien als Ergebnis meines nutzlosen Konzepts einer Fernsehserie zum Grundgesetz die Filmerzählung von Urs Jaeggi *Weder noch etwas* als Buch (Ritter Verlag Klagenfurt 2008) und bestätigte den gebürtigen Schweizer als einen der wichtigsten deutschsprachigen Autoren der Gegenwart.

Urs Jaeggi und Margarethe von Trotta in Berlin 2002

hielt regen Zuspruch, aber kein Geld. Ich hatte meine Zweifel übers Klinkenputzen bei Vater Staat, wollte aber als ehemaliger DEFA-Szenarist mit tiefsitzender Abneigung gegen die Allianz von Film und Politik kein Spielverderber sein. Weil nach drei Jahren vollmundiger Unterstützung seitens der Regierung noch immer kein Geld in die Firmenkasse geflossen war, änderte der Produzent das Konzept. Er gab eine Website in Auftrag und schrieb die neunzehn Geschichten à zehn Minuten für einen Kino-Episodenfilm zum Grundgesetz als Wettbewerb aus. Jeder, der schon immer zum Film wollte, konnte sich nach der Devise ›Deutschland sucht den Super-Drehbuchautor‹ bewerben, und eine Jury aus Schauspielern, Regisseuren und Redakteuren suchte unter rund vierhundertfünfzig Einreichungen die neunzehn besten aus. Weil ich fürchtete, daß eine 190minütige Kurzfilm-Rolle zum Grundgesetz außer in Karlsruhe niemanden ins Kino lockt, war ich inzwischen nicht mehr Initiator und Mitautor von *GG 19*, sondern einer von vier Dramaturgen ohne Stimmrecht. Unter den ersten hundertfünfzig Einsendungen war knapp ein Dutzend brauchbarer Ideen. Daß die Jury dann nur eine Handvoll meiner Favoriten wählte, nebbich! Daß unter den neunzehn prämierten Exposés viele beliebige, bemüht originelle oder schlicht dämliche Geschichten waren, machte mich stutzig. Hatte der nach fünf Jahren Finanzierungsarbeit unter starkem Erfolgsdruck stehende Produzent Einfluß auf die Jury genommen? Ich bewunderte ihn für seine kompromißlosen Theaterinszenierungen, seine Deutschlandpremiere von Terrence McNallys *Corpus Christi* löste einen lachhaften Religionsskandal aus und brachte ihm eine weniger lustige Fatwa ein. Da ihm trotz starkem Medienecho als Regisseur der Sprung aufs Karussell der A-Theater nicht gelang, wollte er wie andere vor ihm als Filmproduzent glänzen. Der Sohn eines Bundeswehrgenerals verlor dabei manchmal seine nette Art und entpuppte sich als gewiefter Mitspieler der Zocker-Branche Film. Nachdem das Projekt schließlich von mehreren Fernsehsendern finanziert wurde, stieg ich aus, ohne einen Cent des verabredeten Honorars für Konzeptidee und dramaturgische Arbeit zu sehen. Nach jahrelangem Rechtsstreit einigten wir uns schließlich auf eine bescheidene Abfindungsumme. Seitdem reden wir kein Wort miteinander. Der Film hatte 2007 Kinopremiere und war ein ziemlicher Flop, die Kritik voller Häme wegen des hochfliegenden patriotischen Anspruchs und bestürzend unscharfen Deutschlandbildes. Seit dem NS-Propagandastreifen *Hitlerjunge Quex* (1933) haben politische Filme im deutschen Kino ein Geschmäckle, vor dem auch dem demokratischen Publikum graust. Der Film zum Grundgesetz machte seinen Weg durch die Volkshochschulen und kam sogar als Buch heraus. Auf DVD verkauft er sich mittlerweile wie warme Semmeln, wenn man der SPD-roten Website Glauben schenken darf.

Vermutlich sieht mein lieber Freund die Dinge ganz anders. Auch ich bin mir längst nicht mehr sicher, ob es richtig war, das Handtuch zu werfen, statt für meine ästhetischen Überzeugungen zu streiten. Aber welche Chance hatte ich als Autor, der von Budget und Buchhaltung nichts versteht, dem die Zwänge eines Filmherstellers so schnuppe sind wie meinem Hund die Verbote des Ordnungsamts? Ein Produzent, der mein Zelluloid-Baby nicht liebt und nicht alles dafür tut, daß es wächst und gedeiht, ist für mich der falsche Partner. Film ist kein basisdemokratisches Mitbestimmungsmodell, sondern ein hierarchisches Unternehmen von Profis und Praktikanten. Der Produzent ist der Padrone und hat die alleinige Macht über seinen Clan. So jedenfalls war es im Radiozeitalter. Mit dem Fernsehen wurden Produzenten Angestellte der Redakteure und Verleiher, sie verloren die Macht, Stars zu kreieren, Regisseure zu entdecken und Autoren zu finden. Männer wie Artur Brauner, Gyula Trebitsch, Horst Wendlandt haben mit Kunst und Kommerz Kasse gemacht. Ihre namenlosen Nachfolger sind nur noch Angestellte der Filmförderung und des Fernsehens. Einen Großteil ihrer Arbeitszeit müssen sie mit Antragsformularen vergeuden, weil deutsche Banken ihr Geld kofferweise nach Hollywood tragen, statt heimische Filme vorzufinanzieren, die unterm Strich wenig Rendite abwerfen. In den USA kann ein Drehbuchautor seinen Stoff bei Banken vergolden und fungiert gleichzeitig als *executive producer* nach dem Grundsatz: wer das meiste Geld gibt, hat am meisten zu sagen.

Das europäische Modell setzt auf staatliche Subventionen und internationale Co-Produzentenschaft. So fließen jährlich Dutzende Millionen deutscher Fördermittel in ausländische Filme, die dafür einige Szenen in NRW oder Brandenburg drehen. Der Däne Lars von Trier nutzt diese Möglichkeit bei jedem seiner Kinoereignisse. Dafür braucht er nur einen kleinen Co-Produzenten vor Ort, der den Förderantrag stellt. *German Film Fund* heißt die Kuh, die alle melken, und seine akkreditierten Geldeintreiber sind glücklich, sich mit großen Namen des europäischen Kinos zu schmücken. Einheimische Drehbuchautoren haben bei dem Euro-Poker schlechte Karten, so sie nicht für ausländische Firmen arbeiten.

Bevor mein Freund und einer der erfolgreichsten *independent producers* Europas Mike Downey sich von mir ein bei deutschen Filmförderungen mehrfach abgelehntes Drehbuch erbat, sagte ich ihm, daß unsere Freundschaft kostbarer sei als ein Film. Wir gaben uns schriftlich das Ehrenwort, in der Zusammenarbeit fair und verläßlich zu sein. Und sei es nur, um zu beweisen, daß Jean-Luc Godards Texte zu seinem Film *Sauve qui peut (la vie) (Rette sich wer kann (das Leben))* mit dem Titel *Liebe, Arbeit, Kino* kein utopischer Entwurf sind. Oder von vorgestern wie die Story des Lyrikers Ted Hughes, die Pete Townshend von der Rockgruppe The Who 1989 zu dem Musical *Iron Man* inspirierte. In einem der Songs heißt es: *A friend is a friend / Nothing can change that / Arguments, squabbles / Can't break the contract / That each of you makes / To the death, to the end / Deliver your future / Into the hands of your friend / Be friendly, befriend me now ...*

Die Liebe zum Kino, diesem Bastard aus Kunst und Kommerz, braucht heute mehr denn je Freunde, die als Vertrauenspartner gegen die Allianz der geizigen Buchhalter und gescheiterten Theaterdompteure antreten. *Let's have fun and make a living out of it!*

VORSICHT, BISSIGER REGISSEUR!

> *»Es ist generell anzunehmen, daß Regie mehr Handwerk*
> *ist als Kunst, während Schreiben mehr Kunst ist als Handwerk.«*
> *Andrew Sarris*

Heiner Müller erzählte, wenn er selbst inszenierte, gern die Geschichte, wie der Beruf des Regisseurs in die Welt kam. Im antiken
griechischen Theater gab es anfangs keinen Aufseher, der die Darsteller auf der Bühne dirigierte. Die Solisten stellten sich vorn auf
und der Chor hinten. Irgendwann sagte ein Mime zu einem anderen, der gerade nichts zu tun hatte: »Geh doch mal ins Auditorium
und schau, ob alle auf dem Proszenium gut zu sehen sind.« Er
kehrte nie zurück.

Metteur en scène, Aufsteller der Szene, nennen die Franzosen ihre
Filmregisseure bisweilen noch heute. In *Cinecittà* redete man zu Fellinis Zeiten die Inszenierenden mit *maestro* an. Bei der UFA hießen
die Regisseure Spielleiter, mancher mit einem ironischen Synonym
wie Wolfgang Liebeneiner, den die Darstellerinnen ›Professor Ver-
gißmeinnicht‹ nannten. Auf russischen Filmabspännen findet man
vor dem Begriff *Reschisjor* das Attribut *chudoschestwenni* (dt. künst-
lerisch), weil als Regisseur ohne Attribut der technische Leiter der
Dreharbeiten bezeichnet wird. In Hollywood ist der Regisseur *director* eines Unternehmens, dem ein *art director* mit der Kontroll-
funktion aller Gewerke zur Seite steht. Auf Baustellen gibt es einen
Koordinator, der über alle Abläufe Regie führt.

Regieführen ist die Königsdisziplin. Doch wer am Drehort auf
dem Regiestuhl sitzt, hat noch längst keine Vollmacht über das
Werk, das er inszeniert, wenn er nicht zugleich Studioboss, Produzent und Verleiher ist. Außer Charlie Chaplin, Michael Powell, Ste-
ven Spielberg, George Lucas, Jean-Pierre Melville und Aki Kauris-

mäki hat das in hundert Jahren Kino kaum jemand geschafft. Rainer Werner Fassbinder werden titanische Fähigkeiten nachgesagt, weil er in seinem kurzen Leben achtundvierzig Filme drehte. Tatsächlich war er ein manischer Drehbuchautor, der immer fünf Projekte gleichzeitig fertig hatte, weil das ZDF vier von fünf ablehnte. Daß Regisseure ihre eigenen Autoren sind, ist eine Erfindung der *Nouvelle Vague* und ein Protest gegen die bevormundende, arbeitsteilige Filmproduktion der fünfziger Jahre. Schon vorher hatten Alexander Dowschenko, Herbert Kline, Luis Buñuel, Luchino Visconti, Roberto Rossellini mit sozialkritischen Dokumentarspielfilmen gezeigt, daß Filmemachen ein Autorenstandpunkt ist. Heute ist jeder, der durch eine Videokamera auf die Welt schaut, ein *auteur de cinéma*. Der Neoliberalismus hat den arbeitsteiligen Prozeß auch im Film wieder eingeführt und Regisseure mehr denn je entmündigt. Ein vertraglich gut abgesicherter Drehbuchautor kann nicht ohne weiteres entlassen werden, ein Regisseur noch während der Dreharbeiten. Im deutschen Kino der Gegenwart hat man nicht viele Versuche, sich als Regisseur einen Namen zu machen. Im Fernsehen nur einen, wenn die Quote nicht stimmt oder man sich stur stellt bei Schnittauflagen.

Bei der DEFA-Studio grüßte mich als jüngstes Mitglied von zweiundzwanzig festangestellten Szenaristen aus der Gruppe der dreiunddreißig Regisseure nur Ulrich Weiß. Er wurde nach zwei pädagogisch fragwürdigen Kinderfilmen und zwei ästhetischen Unverfrorenheiten für Erwachsene vom Studiodirektor als ›unsicherer Kantonist‹ ins Abseits gestellt. Trotzdem versuchte er, die Regie für mein abgelehntes Drehbuch *Rabenvater* zu übernehmen. Weil Ulli immer mal wieder auf Wochen spurlos im Thüringer Wald verschwand und ich mittlerweile aus dem brisanten Stoff einer spektakulären Kindesentführung ein Beziehungsdrama mit französischem Esprit gemacht hatte, übernahm die Regie ein anderer. Wir verstanden uns prima, doch der Film von Karl-Heinz Heymann wurde von der Kritik wegen seiner ironischen Sicht auf die sozialistische Familie und stilistischer Mängel verrissen.

Mit Peter Kahane kam ich zusammen, weil ein anderer Autor die Segel gestrichen hatte. An der Filmhochschule waren wir uns aus dem Weg gegangen, jetzt rasselten wir bei jedem Dialogsatz aneinander. Aber vielleicht weil wir grundverschieden waren in unserer Herkunft, unseren Ansichten über die DDR, unseren pubertären Liebeserfahrungen, wurde *Vorspiel* einer der größten DEFA-Erfolge der späten achtziger Jahre. *Die Architekten* wollte Peter Kahane nur machen, wenn ich die Geschichte linear erzähle und nicht von hinten nach vorn. Ich tat ihm den Gefallen, weil er keine Entschärfung des politischen Sprengstoffes forderte, sondern die Dinge noch stärker auf den Punkt brachte. Dafür bin ich ihm ewig dankbar, auch wenn wir nach der Wiedervereinigung keine gemeinsame Filmsprache mehr fanden und uns jedes Mal widersprechen, wenn wir zu unseren Filmen geladen sind. Sich streiten, wenn es um die Sache geht und nicht ums Prinzip, ist gut. Während der Drehbucharbeit spielten Kahane und ich mit verteilten Rollen. Ich war der gläubige Protestant, der seine Bibel (die Filmidee) verteidigt, er der polyglotte Jude, der immer recht hat. Doch es war nur ein Spiel und am Ende blieben wir beide Sieger, weil wir in den entscheidenden Fragen aufeinander hörten. Ein Regisseur, der zuhören kann, mit Lob nicht spart und viel Zeit mit dem Autor zubringt, ist zu selten, um es mit ihm zu verderben.

Einer der beiden DEFA-Regisseure der älteren Generation, die ich persönlich kannte, ist Roland Gräf. Seine Frau Christel war meine Dramaturgin für die beiden Kahane-Filme. Gräfs Filme gefielen mir, weil er die Schauspieler sensibel führte und als ehemaliger Kameramann bildhaft erzählen konnte. Trotzdem kamen wir erst nach der Wende zusammen. *Die Spur des Bernsteinzimmers* zählt zu meinen glücklichen ›Ehen‹ mit Regisseuren. Wir fuhren zusammen auf Motivsuche, stritten uns kaum um Dialogsätze und zogen in der Rollenbesetzung am selben Strang. Es ist von Vorteil, wenn man sich vorher sympathisch war, dann kann die Arbeitsbeziehung vieles aushalten, auch manches harte Wort.

Der andere war Frank Beyer. Obwohl er nur mit den Autoren

Wolfgang Kohlhaase und Jurek Becker arbeitete, suchte ich ihn regelmäßig in seiner Wohnung am Strausberger Platz auf. Mich interessierte sein kurvenreicher Werdegang im DDR-Film, der ihm ab 1976 gelegentliche Gastarbeit im Westen bescherte.

Beyer galt als der prominenteste Regisseur der DEFA, seine Filme *Spur der Steine* und *Geschlossene Gesellschaft* wurden verboten, *Jakob der Lügner* für den Oscar nominiert. Für mein Drehbuch *Treffen in Travers* zeigte der politisch desillusionierte, an nervösem Augenzukken leidende Regisseur freundliches Interesse. Ich war mir jedoch nicht sicher, ob er der Richtige war. In all seinen Filmen spielten Frauen eine zweitrangige Rolle oder gar keine. Bei meinem Georg-Forster-Film war aber seine Frau Therese Dreh- und Angelpunkt eines Beziehungsdreiecks. Deshalb entschied ich mich für Michael Gwisdek, der mit Corinna Harfouch verheiratet war und als höchst erfolgreicher Theater- und Filmschauspieler unbedingt Regie führen wollte. Da wir uns völlig vertrauten, beschlossen wir, den Film ohne den aufgezwungenen Dramaturgen in Gwisdeks Wohnung nicht nur zu besprechen, sondern mit der Videokamera zu proben. Wir waren uns einig, daß die Geschichte der Vertreibung deutscher Dichter und Denker von 1793 den Exodus von DDR-Künstlern seit 1976 deutlich machen muß. Schnürschuhe und Gehröcke waren nur die Attribute einer Vergangenheit, deren politische Verhältnisse in Deutschland immer nur halb überwunden werden und sich in der Zukunft wiederholen, wie Karl Marx schrieb. Für uns Forster-Adepten war die Diktatur des 3. Standes *(le peuple)* in der DDR ebenso gescheitert wie nach der Französischen Revolution. Und weil wir, Autor, Regisseur und Darsteller, uns einig waren, ging der Film ohne größere Probleme in Produktion, wurde als erster DEFA-Film seit zwanzig Jahren in Cannes angenommen und rettete das 200. Jubiläum der *Grande Révolution*, den das französische Kino glatt vergessen hatte.

Der DEFA-Außenhandel war nicht interessiert, das Werk auf dem größten Filmmarkt der Welt anzubieten, weil das Devisen im vierstelligen Bereich kostete. Gwisdek und ich fuhren die Nullkopie von *Treffen in Travers* heimlich im Auto nach Westberlin und zeig-

Thomas Knauf, Corinna Harfouch, Michael Gwisdek
in Cannes 1989 mit *Treffen in Travers*, dem ersten DEFA-Film in Cannes seit 1974

ten sie dem Berlinale-Chef Wolf Donner. Er zeigte sie Florian Hopf, der die deutschen Filme für Cannes auswählte. Zur Präsentation unseres Films in Cannes durften wir nicht fahren, obwohl der Regisseur, seine Hauptdarstellerin und der Autor offiziell eingeladen waren. Zufällig gab Gwisdek in Paris ein Theatergastspiel und machte einen Abstecher an die Côte d'Azur. Seine Frau und ich hatten seit kurzem einen Westpaß, aber kein Visum für Frankreich. Wir bekamen es erst nach einem Anruf von Gilles Jacob, dem Leiter der Filmfestspiele Cannes. An der *Croisette* stolperten wir drei Babelsberger nach der Chaplin-Familie über den Roten Teppich zum Eröffnungsfilm *Lawrence of Arabia (Lawrence von Arabien)* in rekonstruierter Fassung. Gwisdek und ich gingen dreimal aus der Vorführung raus, um eine zu rauchen und uns gegenseitig in den Arm zu kneifen, daß wir nicht träumen. Ich mußte an den Satz von F. Scott Fitzgerald denken, der den Badeort an der Côte d'Azur kannte, bevor dort die Filmfestspiele etabliert wurden: »Ein Wort wie Cannes gibt es im Englischen nicht.« Im Deutschen auch nicht.

Unser Beitrag lief in der Sektion *Un Certain Regard (Ein gewisser Blick)* und wurde wie alles, was in Cannes nach Zelluloid riecht, gefeiert. Corinna lernte ihr Idol Meryl Streep kennen, Micha trat mit Sam Fuller und Jim Jarmusch im Fernsehen auf, und ich saß jeden Mittag neben Monica Vitti im Restaurant für die Anwärter auf die Goldene Kamera für den besten Erstlingsfilm. Auf dem Filmmarkt suchten wir vergebens die vier Mitarbeiter vom DEFA-Außenhandel. Sie hatten am DEFA-Stand eine Studentin abgestellt, damit die Kollegen Außenhändler Urlaub machen konnten. Auf der Berlinale 1990 zahlte ich es ihnen heim, indem ich eine Protestaktion der Filmemacher gegen die faulen Filmhändler organisierte.

Der erste West-Regisseur, mit dem ich zu tun hatte, war Alexander Kluge. Er kannte keine Berührungsängste mit DDR-Kollegen, er stammte aus Halberstadt am Harz. Einen Autor suchte der kluge Alexander jedoch nicht, nur einen kostenlosen freien Mitarbeiter für seine Sendung *News & Stories*.

Zur gleichen Zeit lernte ich Hark Bohm kennen und wurde gleich Teil seiner multiethnischen Familie. Hark blieb als Schauspieler und Regisseur, was er studiert hatte, Jurist. Er verstand es, einen gefühlvoll um den Finger zu wickeln und über den Tisch zu ziehen. Wegen 3.000 DM für ein Filmexposé, das ich nach einer Vier-Zeilen-Idee von ihm schrieb, endete unsere Freundschaft. In einer TV-Talkshow meinte Laurens Straub, daß Fassbinders Vorbild Adolf Hitler war. Wenn das stimmt, war Hark Bohm Rainer Werners Stellvertreter Martin Bormann. Peter Fleischmann hielt mich, wie alle DEFA-Leute, für einen Sklaven der Honecker-Diktatur, den man für sich schuften lassen kann. Es schmerzte mich zu sehen, wie der Regisseur von *Herbst der Gammler* (1965) als Konkursverwalter auftrat und eine kontinuierliche Filmproduktion im Studio Babelsberg verhinderte. Fast täglich erschienen bei ihm und Schlöndorff Regisseure

István Szabó und Thomas Knauf bei den Dreharbeiten zu *Mephisto*, Berlin 1980

aus Ost- und Westeuropa und hofften, in Babelsberg Filme machen zu können. Sie wußten nicht, daß der französische Konzern *Vivendi* die Studios billig gekauft hatten, um sie als olympisches Dorf zu den Spielen 2000 teuer anzubieten, oder, falls die Berliner Bewerbung scheiterte, Penthäuser auf dem Freigelände zu errichten. Zehn Jahre mußte *Vivendi* laut Kaufvertrag so tun, als würden im Studio Filme oder etwas anderes produziert. Danach konnten sie eine der bestausgerüsteten Filmfabriken Europas abreißen lassen. Der in Hollywood hoch geschätzte Chef-Szenenbildner Alfred Hirschmeier hielt seine auf ein Viertel reduzierte Ausstattungsabteilung jahrlang nur mit diversen Aufträgen für Messen, Ausstellungen und Betriebsfeiern über Wasser.

Regel Nr. 29: *Regisseure sind auch nur Menschen. Man kann mit ihnen befreundet sein, Liebesbeziehungen eingehen, Billard oder Tischfußball spielen. Macht man mit ihnen einen Film, muß man sich unterordnen und alle Kleinlichkeit und Koketterie aus seinem Herzen verbannen. Verraten werden sie einen trotzdem, sie können nicht anders, weil sie die Arbeit des Drehbuchautors zur eigenen machen müssen, um ihren Film zu drehen. Ein sehr guter Regisseur wird mehr aus dem Geschriebenen herausholen, ein guter das Wesentliche erhalten. Ein schlechter Metteur en scène ist eine schlechte Wahl und selten die Schuld des Autors. Seine Aufgabe ist es, Vorschläge zu machen, die wenigstens teilweise angenommen werden. Auf Nachruhm, auch bescheidenen, darf er nicht hoffen.*

Als Filmstudent mit Ende Zwanzig war ich älter als mancher Lehrassistent. Weil ich das Vorrecht der Jugend – konventionell zu sein – nicht in Anspruch nehmen wollte und durch meine frühe Mitarbeit in einem Hallenser Filmklub die Filmgeschichte im Kopf hatte, galt ich als arrogant. Meine Mitstudenten nannten mich scherzhaft ›das wandelnde Filmlexikon‹. Einige Dinosaurier des Kinos kannte ich sogar persönlich. In Prag besuchte ich häufig den 80jährigen Regisseur Elmar Klos, der mit seinem Partner Ján Kadár 1966 einen Oscar für *Obchod na korze (Der Laden auf dem Korso)* erhielt. Kadár/Klos packten schon vor den ›jungen Wilden‹ des Prager Frühlings systemkritische Themen an, legten sich aber formal nicht fest und brillierten, wie das britische Regieteam Powell/Pressburger, in jedem Filmgenre. Als Kadár 1968 nach Kanada emigrierte, erhielt Klos Arbeitsverbot. Seine Studenten von der FAMU (Prager Filmschule) kamen zu ihm nach Hause, obwohl es auf dem Petřin-Berg von Polizei wimmelte. Von Klos lernte ich, wie man Widerstand leistet, ohne ins Gefängnis zu kommen – durch Rückbesinnung auf nicht mehr gefragte, hartnäckige Begriffsstutzigkeit und Schwejksche

Miloš Forman, Dreharbeiten zu *Amadeus*, Prag 1980 | Elmar Klos im Café Slavia in Prag 1978

Schlitzohrigkeit. »Sich sehr geschickt verhalten, auch mal klein bei-
geben und auf bessere Zeiten hoffen«, meinte Klos, der den Kommunismus auch nach dem Einmarsch der Russen in Prag für eine
brauchbare Alternative zum Kapitalismus hielt.

In Warschau saß ich oft mit Tadeusz Konwicki im ›Club der
Literaten‹, wo sich auch die Filmemacher trafen. Der mit dem
Staatspreis ausgezeichnete Schriftsteller war auch ein wichtiger
Drehbuchautor und Regisseur. Mit *Ostatni dzień lata (Der letzte
Sommertag)* stieß er 1958 die polnische ›Neue Welle‹ an und *Salto*
verhalf dem James Dean Polens Zbigniew Cybulski zum endgülti-
gen Durchbruch. Über Konwickis Autorenfilme wollte ich meine
Diplomarbeit schreiben, da aber 1980 das Kriegsrecht verhängt
wurde und sein neuer Roman *Kompleks polski (Der polnische Kom-
plex)* auf den Index kam, mußte ich ein anderes Thema wählen. Die
frühen Filme des Ungarn István Szabó, vor allem das im DDR-Kino
nie gezeigte antistalinistische Epos *Apa (Vater)* (Großer Preis der
Moskauer Filmfestspiele 1967) waren Aha-Erlebnisse für mich. Den
doktrinären HFF-Leitern erschienen sie wie die Verbündeten Satans
Gog und Magog, obwohl sie die Filme von Szabó kaum kannten.
Wann immer ich wegen der Diplomarbeit nach Budapest reiste,
holte mich Szabó vom Nordbahnhof ab und fuhr mich in seinem
VW-Käfer herum. Er hatte die sonnenblumengelbe Farbe der alten
Budapester Straßenbahnen, die in allen frühen Filmen des Regis-
seurs eine Rolle spielen.

Als sein Regieassistent für die Babelsberger Dreharbeit zur
deutsch-ungarischen Co-Produktion *Mephisto* lernte ich in drei Monaten mehr übers Filmemachen als in sechs Jahren Assistenz beim
DDR-Fernsehen und vier Jahren Filmhochschule. Nie wurde ›Pista‹
ungehalten oder laut, wenn ich etwas vermasselte oder wegen der
Sprachbarriere nicht verstand. Wie ein guter Vater fand er auch an
schier endlosen Drehtagen Zeit, mir Ratschläge zu geben, worauf
ich zu achten habe, und mich zu loben, wenn ich Probleme gemeistert hatte. Zum Abschied schenkte er mir eine kleine Budapester
Straßenbahn, die in all seinen Filmen als Symbol der Hoffnung

durchs Bild fährt. Unvergessen ist mir ein Ausflug der ungarischen Crew zum Brandenburger Tor. Jeder wischte sich die Tränen aus dem Gesicht, dachte an Budapest 1956, als zwischen den Stadtteilen Pest und Újpest Barrikaden aufgetürmt waren.

Margarethe von Trotta galt lange als die Frau und Drehbuchautorin von Volker Schlöndorff, bis sie als Regisseurin durchstartete. Weil sie die Nachbarin von Jean-Claude Carrière ist, besuchte ich sie manchmal in Paris. Privat erschien sie mir als reizende, unkapriziöse Frau. Als ich ihr einmal in Babelsberg bei Dreharbeiten zu *Rosenstraße* über die Schulter schaute, war ich froh, nicht ihr Assistent zu sein. Man muß wahrscheinlich furchteinflößend und unnahbar am Set mit vierhundert Kleindarstellern sein. Muß man? Miloš Forman war es bei *Amadeus* nie. Fürs Herumkommandieren hatte er seinen Assistenten Mike Hausman, ein Kerl wie ein italienischer Futurist – Künstler und Faschist. Miloš besuchte ich auch mal in seinem winzigen New Yorker Apartment am Central Park. Aber nicht, um ihm ein Drehbuch aufzuschwatzen, sondern um etwas über seine Zeit im Chelsea Hotel zu erfahren. Miloš lag auf dem Bett und las Zeitung. »You have to lie down or leave. I never get up, when I'm not doing a film«, erklärte er mir. Also machten wir das Interview im Liegen. »I came to New York in 1974, after they had stopped my film *Fireman's Ball (Hoří, má panenko [Der Feuerwehrball])*) for Czech cinemas. I had no money, no friends, no future. But it was the best time of my life in the Chelsea.« Wir sprachen auch über unsere gemeinsame Prager Freundin Běla Suchá, die mich zu den Dreharbeiten von *Amadeus* mitnahm und an Leukämie gestorben ist. Bei meinem letzten Besuch schenkte sie mir ein Gemälde von Vladimír Komarek. Darauf war nichts zu sehen als der Schatten einer Figur im Dunkeln. Das Bild trug den Titel ›Vorwärts mit Angst‹. »I wasn't afraid of America, I just didn't think I could make it there«, meinte der zweifache Oscar-Preisträger. »I thought I could make it there but I didn't«, reagierte der Regisseur Ivan Passer, der unbemerkt ins Zimmer getreten war. In Prag hatte er für Formans frühe Filme die Drehbücher geschrieben und war nach nur einem Film als

Regisseur emigriert. Obwohl er mit *Born to Win (Pforte zur Hölle)* und *Cutter's Way (Bis zum bitteren Ende)* zwei ansehnliche Streifen in Amerika drehte, erreichte er nie mehr die Klasse seines einzigen tschechischen Films *Intimni osvetleni (Intime Beleuchtung)*.

In Prag drehte ich ein Porträt von Věra Chytilová fürs Fernsehen. Sie war außer der Drehbuchautorin Ester Krumbachová die einzige Frau im Kino des Prager Frühlings und erlangte mit *O něčem jiném (Von etwas anderem)*, *Perličky na dně (Perlen auf dem Meeresgrund)*, und *Sedmikrásky (Tausendschönchen)* Weltruhm. Nach dem Sturz Dubčeks durfte sie zehn Jahre das Studio Barrandov nicht betreten und züchtete Rosen. Als sie wieder Filme machen konnte, waren sie so harmlos, daß sie sogar im DDR-Fernsehen liefen. Als ich Věra im Schneideraum nach ihren frühen anarchistischen Filmen fragte, geriet sie in Rage: »Ich habe nie anarchistische Filme gedreht, nur feministische.« Auf tschechisch hört sich »nejsou anarchickie filmy« an wie ein Dada-Lautgedicht, und ich mußte lachen. Das war das Ende der Dreharbeiten. Věra erwies sich als wahre Zicke, obwohl sie ein paar bleibende Filme gedreht hat.

Ohne Regisseure geht die Schose nicht. Da ich selbst keine Spielfilme mehr drehen will, seit ich an der Filmhochschule mit einem Zirkusfilm bewies, daß ich kein Regietalent à la Fellini bin, aber schreiben kann, brauche ich diese eingebildeten Mistkerle zum Existieren wie Angela Merkel Herrn Schäuble zum Panikmachen. Ich behaupte nicht, wie mancher meiner Kollegen, daß ich der Beste wäre, wenn sie mich nur lassen würden. Im Hallenser ›Sargdeckel‹, wo 1970 die stadtbekannten, verkrachten Existenzen rumhingen, gab es einen sinnigen Spruch: »Wenn ich könnte, wie ich wollte, würde ich nicht mehr wollen, wie ich könnte.«

Regel Nr. 30: *Drum prüfe, wer sich ewig bindet, auch wenn es nur eine kurze Liason ist. Sammle so viele Informationen wie möglich über den Regisseur, der dein Drehbuch verfilmen will. Frage andere Autoren über ihre Erfahrungen mit ihm aus und vergiß es dann, wenn du an der Reihe bist. Vieles hängt von der Chemie zwischen Menschen ab und* *den Umständen der Zusammenarbeit. Ein gestandener Regisseur, der mit seinem Leben zufrieden ist, macht weniger Probleme als ein junger Habenichts und Streber. Am Ende geht es immer um Geld und Credits. Zwei Dinge, die dich nicht aus der Ruhe bringen sollten. Weder kann man in Deutschland verhungern, noch landete je ein/e Drehbuchautor/in auf der Titelseite von Gala.*

Regisseure und ihre Filme zu kennen, war seit meiner frühen Jugend ein Hobby von mir. Nach einem kurzen Gastspiel als Requisiteur am Theater wurde ich Werbegestalter im Lichtspielwesen und kam an Plakate, Fotos, Begleittexte aller Filme, die im DDR-Kino liefen, heran. Ich legte für jeden Regisseur, den ich wichtig fand, eine Mappe an und tauschte mit oft skurrilen Kinofans aus dem ganzen Land alles Sammelnswerte, außer Autogrammen und Nacktszenen, die Vorführer aus den Filmkopien herausschnitten. Ganze Filme schon, z. B. die abgespielten 35mm-Kopien von ausländischen Filmen. Mein ganzer Stolz waren zwei englische Klassiker, *The Loneliness of the Long Distance Runner (Die Einsamkeit des Langstreckenläufers)* und *This Sporting Life (Lockender Lorbeer)*, die ich als ehemaliger Hürdenläufer des SC Chemie BUNA wie meine Siegerurkunden hütete. Leider gingen die Filmbüchsen verloren beim Einsturz meines schiefen Fachwerkhauses durch den Bau der Hochstraße nach Halle-Neustadt.

Als ich 1988 drei Monate in Großbritannien weilte, mußte ich an die verlorenen Kino-Schätze denken und wollte sie im *British Film Institut* wieder ansehen. Die Studienreise des DDR-Schriftstellerverbandes war nicht an irgendwelche beruflichen oder repräsentativen Aufgaben geknüpft. Nicht mal an die Pflicht jedes Westreisenden, einen Bericht über seine dortigen Kontakte an die Hauptabteilung I (Stasi) seiner Dienststelle abzuliefern. Ich hätte auf der Insel nur Urlaub machen können, was ich auch tat – Urlaub von der DDR. Aber mit 250 Pfund in der Tasche reichte es nicht mal für das Seebad des britischen Proletariats Blackpool. Außerdem reiste ich im Winter, wo kein Mensch im Meer badet. Um etwas Sinnvolles zu tun, wollte ich ein Buch über das Neue Britische Kino schreiben. Mit einem alten SONY-Kassettenrecorder und einer Monatskarte für die Londoner U-Bahn machte ich mich auf die Spur zu den *British directors*. Mein Freund Mike Downey, Herausgeber von *Screen international*, verschaffte mir jeden gewünschten Kontakt und drängte mich, »you must meet this or that filmmaker«, den ich nicht kannte oder für längst tot hielt. So interviewte ich den 85jährigen Michael Powell im Taxi auf dem Weg zur Paddington Station, nachdem ich die restaurierte Fassung von *Life and Death of Colonel Blimp (Leben und Sterben des Colonel Blimp)* auf dem Londoner Filmfest gesehen hatte. 1943, nachdem die deutsche Luftwaffe England ›coventriert‹ hatte, drehte Powell mit seinem Partner Emeric Pressburger einen Film über die Freundschaft zwischen einem britischen Offizier und einem deutschen. Churchill tobte und riet jedem anständigen Briten, den Film nicht anzuschauen. Nach dem Krieg geriet das antipatriotische Werk in Vergessenheit. Erst Jahrzehnte später zeigte Powells Frau Thelma Schoonmaker es Martin Scorsese, dessen Cutterin sie ist. ›Marty‹ sammelte Geld in Amerika und ließ den von der Zensur verstümmelten Film im Original restaurieren.

Mehrmals besuchte ich Fred Zinnemann. Er hatte 1929 in der Filmstadt als Kameraassistent von Eugen Schüfftan bei *Menschen am Sonntag* angefangen und war dann nach Hollywood gegangen, um einer der bedeutendsten Regisseure des Kinos zu werden. Obwohl schon sehr krank, erzählte der begeisterte Bergsteiger stundenlang vorm Kamin, auf dem seine fünf Oscars standen, aus seinem Leben. Zum Beispiel, daß er seinen letzten Film *Five Days One Summer (Am Rande des Abgrunds*, 1982) gern noch mal drehen würde, weil er mißlungen war. Bis zu seinem Tod 1996 schrieben wir uns Briefe, die zum Kostbarsten gehören, was ich übers Kino aufbewahre.

Derek Jarman allein wäre das Buch übers Neue Britische Kino wert gewesen, das ich nie schrieb. Seine frühen Filme waren mir, wie die von der Zensur gekappte homoerotische Phrase in Kubricks

Derek Jarman auf einer Vernissage, London 1988 |
Das Ehepaar Thelma Schoonmaker und Michael Powell in London 1988

Terence Davies in Hollywood 1991 | John Schlesinger auf dem Londoner Filmfestival 1988

Spartacus, zu sehr Austern, zu wenig Muscheln. Doch Dereks Groß-
zügigkeit und Charme überwältigten mich. Bei unserem ersten Treffen kleidete er mich stillosen Ostler von oben bis unten neu ein und
kaufte mir alle seine Bücher. Als ich *The Last of England* (1988) in
London sah, begriff ich, daß der Regisseur als schwuler Ästhet auch
ein politischer Filmemacher war. Zur Premiere von *War Requiem* im
Dezember '88 durfte ich neben Tilda Swinton in Dereks Familie sitzen. 1993 traf ich Derek bei der New Yorker Premiere von *Blue* wieder. Er erkannte mich nur an der Stimme, weil er fast blind war.
Drei Monate später starb er an Aids.

Bei John Schlesinger wurde ich kurzerhand als Hundesitter engagiert, weil der Regisseur von *Darling, Sunday, Bloody Sunday, Mid-
night Cowboy (Asphalt-Cowboy)* und *Marathon Man (Der Marathon-
Mann)* zu einem Gespräch ins Filmmuseum geladen war. Danach
stand er mir Rede und Antwort, wollte aber vor allem wissen, wie es
in Babelsberg ist. 1993 drehte er dort *The Innocent (...und der Himmel steht still),* einen ziemlich lauen Kalten-Kriegs-Thriller.

Mike Leigh zwang mich, sein Theaterstück *Smelling a Rat* anzusehen, bei dem ich mich fast totlachte. Den Gewinner des Londoner
Filmfestivals 1988 *High Hopes (Hohe Erwartungen),* nach *Bleak Mo-
ments (Freudlose Augenblicke,* 1971) sein zweiter Kinofilm, fand ich
annehmbar, ahnte aber nicht, daß Leigh noch einer der wichtigsten
britischen Regisseure werden würde. Nachdem ich *Drowning by
Numbers (Verschwörung der Frauen)* von Peter Greenaway gesehen
hatte, strich ich ihn von meiner Liste. Er war mir zu genialisch,
außerdem haßte er Derek Jarman und jeden seiner Landsleute, der
im Kino Erfolg hatte. Terence Davies haßte London als die dreckig-
ste, unkultivierteste Stadt der Welt. Trotzdem führte er mich be-
glückt durch die National Portrait Gallery und in ein Dim-Sum-Re-
staurant am Leicester Square, das gemütlich wie eine Bahnhofshalle
war. Der schüchterne Liverpooler Schauspieler war mit *Distant
Voices, Still Lives (Entfernte Stimmen – Stilleben,* 1988) zum Liebling
des *New British Cinema* avanciert, wollte aber nie wieder Filme drehen. Seine Familie distanzierte sich von ihm, weil er sie in seinem

autobiografischen Drama allzu ähnlich porträtiert hatte. Terry ist wie F. W. Murnau ein Meister der sozialen Milieuzeichnung und ebensolcher Perfektionist in der Bildgestaltung. Das Britische Kino war für ihn nur ein provinzieller Fahrkartenschalter nach Hollywood, die proletarischen Filme des *Free Cinema* von Lester, Reisz, Richardson, die mich als DDR-Kind wie Musik der Beatles, Kinks, The Who prägten, hatte er angeblich nie gesehen. Im Filmmuseum an der Themse sahen wir gemeinsam *The Magnificent Ambersons (Der Glanz des Hauses Amberson)* von Orson Welles an und Terrys Augen wurden schon bei der Anfangssequenz feucht, wo die Kamera mit etlichen Menschen auf eine Tür zu in ein Haus eintritt und auf dem Kandelaber endet, durch den der Wind weht. Dazu hört man die Stimme von Welles: »Und das war der letzte Ball, den die Ambersons in ihrem Haus gaben.« »This is so wonderful, so strong, because it has meaning«, schluchzte mein Begleiter und sagte den bemerkenswerten Satz: »Cinema is not – what happens next. Cinema is – what happens next emotionally.«

Den Regisseur von *Charlie Muffin*, meinem liebsten Agententhriller, Jack Gold traf ich in der Rotunde der BBC. Er hatte mein Drehbuch *Die Spur des Bernsteinzimmers* gelesen und fand es *very interesting*, was soviel bedeutet wie ›Bleib mir fern damit‹. Ich schätzte den *director*, der wie ein Dentist aussieht, trotzdem für sein Talent, jedes Filmgenre nicht nur zu beherrschen, sondern es auch mit Witz und Eleganz neu zu definieren.

Sally Potter war ziemlich kühl, zeigte mir aber stolz ihre Kostüm- und Motivfotos zu *Orlando*, den sie erst Jahre später drehen konnte, und verschaffte mir ein *blind date* mit Julie Christie. Lara aus *Doctor Zhivago (Doktor Schiwago)* löffelte ihre Borschtsch-Suppe im polnischen Lokal ›D'Aquis‹ und amüsierte sich *very un-British*, als ich sie auf die berühmte Bettszene mit Donald Sutherland in *Don't look now (Wenn die Gondeln Trauer tragen)* von Nicholas Roeg ansprach.

Bei Stanley Kubrick, der außerhalb Londons lebte und keine Interviews gab, war ich angemeldet, weil ich die Nichte seiner deutschen Frau in Ostberlin kannte. Ich traf das größte Genie des angelsächsischen Kinos trotzdem nicht. Er lag nach den Dreharbeiten zu *Full Metal Jacket* schwerkrank darnieder. Außerdem, was hätte ich ihn fragen sollen, was er in seinen Filmen nicht längst beantwortet hatte. Kubricks Schaffen ist wie das Uhrwerk von Big Ben – präzise, musikalisch, alterslos. Eine Reise ans Ende der Zeit wie in *2001 – A Space Odyssey (2001: Odyssee im Weltraum)* und des Lichts wie in *Barry Lyndon*.

Der erfolgreichste *New British Director* Neil Jordan hatte sich nach der Premiere seiner albernen Geisterkomödie *High Spirits* nach Londonderry zurückgezogen und schrieb das Drehbuch zu seinem späteren Oscar-Preisträger *The Crying Game*. Weil ich sowieso nach Nordirland wollte, hoffte ich, ihn dort zu treffen. Es wurde nichts daraus, statt dessen geriet ich in den schlimmsten *trouble*, den die Nordiren seit Jahren erlebten. In Belfast kreisten nachts die Helikopter über meinem Bed & Breakfast-Zimmer unweit der berüchtigten Kashmir Road, wo es zwischen dem Viertel der Katholiken und dem der Protestanten ›peace walls‹ ähnlich der Berliner Mauer gibt. Eines Morgens las ich in der Zeitung, daß wenige Meter von meinem Hotel unter einer Brücke gerade noch rechtzeitig eine Bombe entschärft wurde. In Londonderry marschierte ich in einer Demonstration von *Sinn-Fein*-Aktivisten gegen die Schließung eines Jugendzentrums mit. Als ich in die angespannten Gesichter der britischen Soldaten schaute, die mit dem Sturmgewehr im Anschlag kniend an Häuserecken nach Heckenschützen Ausschau hielten, sagte ich zu meinem Begleiter, einem Galeristen: »I really don't wanna be here.« »Me neither. But I live here«, antwortete er, als plötzlich Schüsse fielen. Ein Ulster-Polizist hatte aus Wut über ein Plakat mit dem Text ›Protestants are faggots‹ (›Protestanten sind Schwuchteln‹) in die Luft geballert. Ich fuhr nach Belfast zurück und trank Guinness in der ›Crown Bar‹, wohin James Mason in *Odd man out (Ausgestoßen)* von Carol Reed vor der Polizei flüchtet, mit freundlichen Menschen, Katholiken und Protestanten. Irgendwie erinnerte mich Nordirland an die DDR: die Landstraßen unbefahrbar, die Eisenbahnlinie marode, die Fabriken rußschwarz, die

Einkaufsviertel auch tagsüber verwaist und die weihnachtliche Stimmung alles andere als festlich.

In London strahlte die Regency Street wie der Spiegelsaal von Versailles, in den Schaufenstern von ›Liberty‹ und ›Selfridges‹ tanzten mechanische Puppen, auf dem Leicester Square drängten die Menschen in die Premierenkinos der Hollywood-Blockbuster, in Soho standen die jungen Reichen der Thatcher-Ära vor den Clubs und zündeten sich ihre Zigarette an 50-Pfund-Noten an. In dieser dekadenten Atmosphäre traf ich einen Regisseur, der, wie John Schlesinger, nicht zu den *new directors* zählte, weil er in den sechziger Jahren zu filmen anfing. Lindsay Andersons böse Gesellschaftssatiren *If...*, *O Lucky Man! (Der Erfolgreiche)* und *Britannia Hospital* hatte ich erst im British Film Institute sehen können. Ich rief ihn an und er schlug vor, uns bei ›Grouchos‹ zu sehen, dem Club der Filmemacher und Künstler. Lindsay wartete an der Bar auf mich und war trotz seines verschmitzten Gesichtes kein *lucky man*. Niemand wollte ihm noch Geld für seine zornigen Filme geben, deshalb mußte er die Auftragsarbeit *The Whales of August (Wale im August)* annehmen, ein berührendes Drama übers Alter mit den Stars vergangener Zeiten Lillian Gish, Bette Davis und Vincent Price. »Nobody cares about you when you're old. In Maggie Thatcher's capitalism you have to be young and pretty to be a star. Although she looks like a scare crow«, spottete der Regisseur. Der Abend wurde dann doch noch amüsant, als der Maler der Unschärfe Francis Bacon sturzbetrunken vom Barhocker fiel.

Mike Newell, Bill Forsythe und John McKenzie drehten nach ihren heimischen Erfolgen längst in Hollywood; James Ivory wollte ich nicht kennenlernen, seine Filme waren mir zu kultiviert; Ken Russell mochte ich für *Women in Love (Liebende Frauen)* und *Tommy*, zu seinen Kitschorgien *Gothic* und *Salome's Last Dance (Salomés letzter Tanz)* fiel mir nichts ein; John Boorman drehte gerade *Hope And Glory*, Ihn hätte ich gern interviewt wegen seines Krimi-Klassikers *Point Blank* und seinem Mainstream-Kunststück *Excalibur*. Stephen Frears, der im *Free Cinema* der sechziger Jahre anfing und sich mit kleinen, billigen Filmen mühsam hochgearbeitet hatte, filmte in Hollywood den Kassenhit *Dangerous liaisons (Gefährliche Liebschaften)*. Peter Watkins, dessen grimmiges Porträt über das Geschäft mit der Popmusik *Privilege (Privileg)* 1969 in DDR-Kinos zur Abschreckung lief, drehte nur noch im Ausland, nachdem sein schockierendes Dokudrama *The Wargame* zeitweilig von der BBC verboten wurden; Ken Loach, dessen frühe Filme *Poor Cow, Family Life* und *Kes* ich an der Babelsberger Filmhochschule sah, hatte ich 1977 im Leipziger Café ›Corso‹ getroffen, wo er mit stoischer Miene das sächsische Proletariat beim Torteessen studierte.

Von den ganz jungen Filmemachern wurde mir Bernard Rudden ein *brother in arms*. Der Low-Budget-Regisseur aus Edinburgh, der mit seiner Kafka-Adaption des *Hungerkünstlers* auf der Berlinale die Kritiker und Kreuzberger Punks ins Schwärmen brachte, schaffte leider nicht den großen Durchbruch und verkaufte später in Barcelona T-Shirts. Auf einer Privatparty am Rande des Londoner Filmfests lernte ich unter bizarren Umständen Finnlands Wunderkind Aki Kaurismäki kennen. Er hatte sich mit einem Kasten Bier auf der Toilette eingeschlossen und ließ mich erst hinein, nachdem ich mich als Osteuropäer zu erkennen gegeben hatte. »Was treibt einen sozialistischen Filmautor in Thatchers Ausbeuterreich«, wollte er wissen. Ich erklärte, daß ich mich erholte vom Paradies der Werktätigen und bald zurück müßte, weil mein Reisegeld schneller abnahm als der Mond über Soho. Aki fluchte, daß er einen Film in London machen mußte, wo der Alkohol noch teurer war als in Helsinki. Der Finne war stolz, daß er mit seinen Filmen den Tourismus seiner Heimat um Jahrzehnte zurückgeworfen hatte. Obwohl er nie eine Filmschule von innen sah und kaum ins Kino ging, galt er als der neue Bresson des europäischen Films. Jahre später tranken wir in ›Harry's Bar‹ in Lissabon, wo er inzwischen lebte, die Getränkekarte hoch und runter und pinkelten vor der *Cinemateca Portuguesa* an ein Plakat von Wim Wenders *Lisbon Story*.

Warum erzähle ich das alles? Natürlich, um anzugeben, wen ich alles kannte. Wer zum Film geht, will auf sich aufmerksam machen.

Bernard Rudden in Edinburgh 1997

Name dropping gehört zum Geschäft wie *party hopping, English talking* und *red carpet walking*. Ich muß, um Film zu verstehen, da ich kein autonomes Genie bin, Filmemacher kennen, wichtige und weniger wichtige, tote und lebendige. Vor allem aber, weil ich Leute mit unsicheren und ungesunden Berufen mag. Und weil Regisseure, obwohl oft unzuverlässig, unaufrichtig und herrschsüchtig, auch Menschen sind. Ob Drehbuchautoren bessere Menschen sind, lasse ich dahingestellt. Es sind Kollegen. Privat halte ich mich fern von Filmautoren, aus Angst, in einem Drehbuch als Großmaul, komischer Kauz oder Versager zu erscheinen. Von Dennis Potter hatte ich dergleichen nicht zu befürchten. Den produktivsten und innovativsten *screenwriter* des Königreiches sah ich im Fernsehen, wo er über seine Arbeit und das Handicap durch Gelenkrheuma infolge von Schuppenflechte sprach. Als ich im Fernsehen die BBC-Serie *The Singing Detective* sah, wollte ich den Autor kennenlernen. Es klappte erst 1993 beim Edinburgh Film Festival, wo er als Gast der *James MacTaggart Memorial Lectures* eine Vorlesung hielt. Darin berichtete er über seine Erfahrungen als Fernsehautor, wie er gegen alle Widerstände seine völlig eigene, sehr britische Form der TV-Serie entwickelte. Man stelle sich in der ARD politisch-satirisch-erotische Musical-Mehrteiler wie *Pennies from Heaven (Tanz in den Wolken)*, *Lipstick on your Collar (Lippenstift am Kragen)*, *Karaoke* vor – *my goodness!* Potter glaubte nicht an die Erziehbarkeit des Zuschauers durch schwere Fernsehkost. »We are what we eat and we eat what is served on television«, sagte er in seiner Vorlesung. Die BBC nannte er in seinem Vortrag »ein Versandhaus, das alles an alle verkauft; nur die Anbieter haben keine Ahnung, an wen sie verkaufen. Es ist ihnen egal, Hauptsache dranbleiben und bieten, irgendwann werden sie schon herausfinden, wer warum nicht alles kauft oder gar nichts.« Dennis Potter füllte die Pause zwischen den Werbespots nicht mit leichter Kost und hoffte, daß der Zuschauer als souveränes Individuum mal genug hat vom *shopping* und etwas sehen, hören, fühlen will, das keinen monetären Wert hat, nur einen höchst erbaulichen, erstaunlichen oder erschreckenden wie die Gutenachtgeschichten in der Kindheit. Leider sind die für Drehbuchautoren höchst lehrreichen Vorlesungen nur auf englisch publiziert, aber einige seiner Miniserien konnte man im deutschen Fernsehen sehen, kurz vor Mitternacht. 1994 gab Potter für die BBC ein erstaunliches Interview. Er wußte, daß er Krebs hatte und nur noch einige Wochen zu leben. Es war ein bewegendes, kluges und schonungslos offenes Testament eines der kompromißlosesten Autoren der Kino- und Fernsehkunst. Seitdem frage ich jeden, der mir mit einer dusseligen Idee für eine TV-Serie kommt: »Anyone for Dennis?« »Dennis who?« lautet meist die Antwort.

PINGUINE AUF DEM DRAHTSEIL

>*»Mein Fuehrer! I can volk!«*
>*Peter Sellers*

Schauspieler nerven. Sie können nicht zuhören, sehen ständig in den Spiegel, wenn sie reden, und kennen nur ein Gesprächsthema – den neuesten Film, das neueste Stück, in dem sie mitspielen oder nicht mitspielen. Schauspieler sind Lichtgestalten ohne Schatten. Sie haben ihn wie Peter Schlemihl an den Teufel verkauft, der ihnen dafür Erfolg auf der Bühne und ewige Jugend auf Zelluloid versprach. Beides Dinge, für die ein intelligenter, seelisch aufgeräumter Bürger, Politiker, Kritiker und mancher Dichter ausgenommen, kaum seinen Schatten eintauschen würde. Trotzdem ist der Schluß – alle Schauspieler seien dumm oder emotional gestört – unrichtig. Es gibt erfolgreiche intellektuelle Schauspieler, aber auch nicht mehr als intellektuelle Sportler, Barfrauen, Rockstars, Politiker und andere Selbstdarsteller. Angeborener Verstand und Bildung schaden dem Schauspielerberuf ebensowenig wie Unwissenheit oder völlige Blödheit. Nur zwei Dinge sind tödlich für den *homo ludens*, den zum ewigen Spielen verdammten Mitmenschen – Talentlosigkeit und fehlender Erfolg. Mit ersterem kann man noch immer beim Fernsehen unterkommen, notfalls als Talkmaster, Moderator einer Kultursendung oder Frau/Herr Saubermann für Waschmittelwerbung. Ohne Erfolg ist der Schauspieler wie ein Ding ohne Namen, das niemand braucht. Auf der Bühne spielend ohne applaudierendes Publikum, über Kinoleinwand/Bildschirm huschend, ohne die Spur eines Eindrucks zu hinterlassen, ist er wie die Figuren der Erzählung von Osvaldo Soriano über Hollywood *triste, solitario y final* – eine entsetzlich traurige, einsame und endliche Gestalt. In Sorianos irrwitziger Geschichte engagiert der Filmkomiker Stan Laurel den Detektiv Philip Marlowe, um herauszufinden, weshalb er seit dem Tod seines Partners Oliver Hardy keine Rollen mehr bekam und vergessen ist. Der legendäre Detektiv findet alles mögliche heraus, löst aber nicht den Fall seines Mandanten. Weil es nichts zu ermitteln gibt.

Ein von der Welt vergessener Schauspieler ist ein Verbrechen, daß nicht gesühnt werden kann. Weil die Tat zuerst von der Filmindustrie, dann von der Presse und zuletzt vom Zuschauer begangen wird. Nicht selten auch vom Schauspieler, der seinen Erfolg verspielte. Wie im Falle des Hollywoodrebellen Mickey Rourke, dem nach Jahren in schäbigen Boxringen ein furioses Comeback gelang. Kaum wiederzuerkennen, steht sein Name heute wieder auf Filmplakaten. Der Name aber tut eigentlich nichts zur Sache, solange das Gesicht in Erinnerung bleibt. Wer weiß schon noch, wie der junge Held aus *Los Olvidados* (*Die Vergessenen*, 1950) von Luis Buñuel hieß, in dessen brutaler Visage der Filmkritiker André Bazin die Anwesenheit von Schönheit in der Grausamkeit erkennt, die man nie vergißt. Oder wer die Darstellerin der heiligen Johanna in Carl Theodor Dreyers Meisterwerk *La passion de Jeanne D'Arc* (*Die Passion der Jungfrau von Orléans*, 1928) war, deren Name Maria Falconetti wie Musik klingt, deren Gesicht aber zur Ikone menschlichen Martyriums im Kino wurde.

Es gibt die absurde Bemerkung von Alfred Kerr über die Schauspielerin Renate Müller (die kesse Blonde, die Adolf Hitler heiraten wollte): »Den Namen *Müller* wird man sich merken müssen.« An Kristina Söderbaum in Veit Harlans antisemitischem Film *Jud Süß* erinnern sich unsere Eltern aber weniger wegen ihres biederen Gesichts, vielmehr ihres Künstlernamens ›Reichswasserleiche‹, den sie vom Publikum erhielt, weil sie stets am Ende jedes ihrer Filme ins Wasser ging. Der Darsteller des Süß Oppenheimer Ferdinand Marian ist heute zu Unrecht vergessen. Daß er in dem berüchtigsten Film des Dritten Reichs die Hauptrolle spielte, war nicht seine Schuld. Dr. Goebbels hatte ihn ausgesucht und duldete keinen Widerspruch. Nach dem entscheidenden Gespräch im PROMI lief

Marian wie ein Irrer durchs Treppenhaus und brüllte: »Ich mach's, ich mach's!« Zu Hause warf er alle Möbel auf die Straße, zuletzt das Drehbuch von *Jud Süß*. 1945 wurde ihm von den Alliierten bis auf weiteres untersagt, in Filmen aufzutreten. Ein Jahr später kam der hochbegabte UFA-Mime bei einem Autounfall ums Leben. Seine Karriere bleibt für immer mit der Rolle des Juden Süß verbunden, die er nicht spielen wollte. Wie die Verkörperung des Lieblings der deutschen Arbeiterklasse in den beiden DEFA-Filmen *Ernst Thälmann – Sohn seiner Klasse* und *Ernst Thälmann – Führer seiner Klasse* (Regie: Kurt Maetzig 1954/55) dem begabten Charakterdarsteller Günther Simon zeitlebens anhing und er, bis auf wenige Ausnahmen, nur als Parteisekretär, Vorzeigearbeiter und netter Opa ohne Wehrmachtsvergangenheit besetzt wurde. Für Rollen in Propagandafilmen soll man die Schauspieler nicht verantwortlich machen. Sie müssen spielen, was ihnen angeboten wird, und sind erledigt, wenn sie moralische Skrupel hegen. Freilich müssen sie sich nachher nicht als unpolitisch rausreden wie Leni Riefenstahl, die als Schauspielerin anfing und als ›Regisseurin des Führers‹ zu Ruhm und Reichtum kam. Daß Quentin Tarantino sie vergöttert und ehemals linke Filmemacherinnen sie als erste Feministin des Films preisen, gehört zu den verzeihlichen Irrtümern des bürgerlichen Kunstverständnisses, das den Stil und die Form oft höher bewertet als den Inhalt.

Diesem Irrtum unterliegen Schauspieler, wenn sie jung und filmunerfahren sind. Sie suchen für die banalsten Vorgänge nach einem Gestus, der ihre artistischen Fähigkeiten, ihre Persönlichkeit jenseits der Rolle ausstellt. Der Schauspieler und Regisseur Michael Gwisdek zeigte mir einmal selbstgedrehtes 8mm-Material aus seiner Anfangszeit. Er filmte sich in endlosen Varianten, wie er eine Zigarette rauchte. Er wollte so cool rauchen wie James Dean, brauchte aber etliche Zigaretten und Filme, um der smarte Pianist in Roland Gräfs *Der Tangospieler* zu werden, für den er 1991 den Bundesfilmpreis erhielt. Gwisdek hatte begriffen, daß im Film eine Rolle spielen bedeutet, sie physisch und psychisch ganz auszufüllen und nicht, wie auf dem Brechtschen Theater, vorzuspielen mit allen Tricks und Methoden, die man auf der Schauspielschule bei mehr oder weniger guten Pädagogen gelernt hat. Jeder Laie weiß, daß nichts im Film so ist, wie es aussieht. Es ist eine Kunstform, die ihre Mühen und Mängel verdeckt und die Wirklichkeit, die sie fotografisch genau abbildet, erfindet. Dank der Erfindung der Montage agieren Darsteller in einer Szene, die nicht zur selben Zeit am selben Ort waren. Was es bedeutet, wegen Lichtproblemen, fehlender Requisiten, Drehplanänderungen und all dem technischen Drumherum stundenlang auf seinen Auftritt vor der Kamera zu warten und dann bei der Ansage »Ton ab! Kamera läuft!« den Text richtig zu sagen und die entsprechende Situation der Figur an der entsprechenden Stelle des Films ad hoc darzustellen, weiß ich aus meiner Zeit als Regieassistent. Bei *Daniel Druskat* (1976), einem Fünfteiler des DDR-Fernsehen mußte ich am Set darauf achten, daß die Spickzettel, die Manfred Krug überall aufhängte, nicht im Bild waren. Er konnte sich keine Zeile Text merken, machte die anderen Schauspieler verantwortlich, wenn er einen Hänger hatte. Käthe Reichel, die immer ihren Text konnte, weil sie bei Brecht gelernt hatte, veränderte ihre Sätze aus dem Drehbuch häufig, weil sie diese unsprechbar fand. Meistens hatte sie recht. Wenn der Regisseur Lothar Bellag vorzeitig »Aus!« rief, fragte sie: »Bellag, was habe ich falsch gemacht?« »Alles, Käthe, alles!« lautete dann stets die Antwort. Doch das Falsche war oft das Richtige, weil die erfahrene Aktrice nicht nur klug war, sondern ein Gefühl für Figurensprache besaß, daß dem Autor Harald Sakowski fehlte. Die Reichel, die viele für bekloppt hielten, weil sie in den Drehpausen nicht aus ihrer Rolle fiel, sich ›einkitschte‹ und wie die alte Jungfer benahm, die sie in dem Mehrteiler spielte, blieb auch im Film Theaterschauspielerin. Sie verwuchs so sehr mit ihren Rollen, daß sie physisch litt, wenn ihre Figur leiden mußte, man sich über sie lustig machte. Für das Käthchen vom BE war Brecht der *deus ex machina* ihrer Arbeit. Sie begriff sie als Kunst des Daseins im Spiel, wo der Darsteller eins wird mit seiner Rolle, aber nie ganz. Wie in dem Gedicht von Fernando Pessoa: »*Der Poet verstellt sich,*

Käthe Reichel in Pomona, N. Y. 1994

täuscht / so vollkommen, so gewagt, / daß er selbst den Schmerz vortäuscht, / der ihn wirklich plagt.« Obwohl sie wegen ihrer ›Exzentrik‹ im Film nur in Nebenrollen besetzt wurde, verstand die Reichel das Wesentliche beim Spiel vor der Kamera – das *timing.* Wann man eine Pause setzt, wie man auf- und abgeht in der Szene, wie man beim Sprechen das Denken und Fühlen der Figur erfährt, ihren Subtext, der sich oft im Gegenteil der Absicht offenbart oder im Versuch, das Eigentliche zu verschleiern. Daran kranken deutsche Filme, die Figuren tun und sagen immer genau das, was sie beabsichtigen oder denken. Dieser Vorwurf geht an die Drehbuchautoren, aber auch jene Autorenfilmer, die sich der Kunst zuliebe vom Hollywood-Kino absetzen wollen. Im Film kommt Kunst weniger von *Können*, als von *Nichtkönnen*. Im fotografischen Medium ist durch seine komplexen Arbeitsprozesse nicht alles planbar, am wenigsten der Erfolg im Kino. Perfektionismus füllt vielleicht die Kasse, aber selten die Kunstklasse. Der Schwede Ingmar Bergman wurde erst nach einem Dutzend perfekter Filme der größte Regiekünstler Europas, als er aufhörte, fürs Massenpublikum zu drehen. Spätestens mit *Persona* (1966) hatte er begriffen, daß es in Filmerzählungen eine Metaebene gibt, die manchmal erst im fertigen Werk sichtbar wird. Bergmans Mut, Schauspieler vor weißen Wänden bis zur seelischen Selbstzerstörung agieren zu lassen, wurde von der Kritik verhöhnt und vom Publikum nicht geliebt. Heute gilt *Persona* als Meisterwerk der Menschendarstellung im leeren Raum zwischen Innenwelt und Außenwelt. Wirkliche Menschen agieren dort so gut wie nie, weil das Leben nicht künstlich ist, sondern konkret. Deshalb sind deutsche *Daily Soaps* so beliebt. Sie gaukeln uns vor, daß Gut und Böse klar und deutlich auf edle und gemeine Charaktere verteilt sind, die ein Blinder mit dem Krückstock erkennt. Darum werden für diesen naturalistischen Schrott lieber Laien besetzt, oder Profis, die keine Starqualitäten besitzen. Doch das ist der Hurenberuf Schauspielerei. Sie müssen nehmen, was sie kriegen, und auf bessere Zeiten warten. Drehbuchautoren haben immerhin den Vorteil, daß niemand ihr Gesicht kennt, das sie mit Dutzendware verlieren. Allein in Berlin wohnen dreitausend nicht oder wenig beschäftigte Schauspieler. Man trifft sie zuhauf in den Cafés und ist weder amüsiert noch verstimmt über ihr Gequassel, nur betreten über soviel chronischen Darstellungsdrang. Wer diese hilflos zappelnden Marionetten ohne Strippenzieher nicht ertragen kann, sollte ihnen aus dem Weg gehen. Man muß Schauspieler positiv-positiv, d. h. bedingungslos lieben, ihnen alles verzeihen, selbst die schlimmsten Auswüchse von Verlogenheit, Intriganz und Undankbarkeit, wenn man Drehbücher schreibt. Für wen sonst mühen wir uns ab, wenn nicht für jene, die unsere Figuren der Phantasie, unsere geschliffenen Dialoge verlebendigen? Doch ich warne: Schauspieler nerven. Sie können keine Drehbücher lesen, sind nur an *ihrer* Rolle interessiert und daran, wie groß sie ist, belästigen dich mit dem neuesten Klatsch aus der Branche oder ihrem Privatleben und sehen Autoren als Leute, die keine Ahnung von Film haben. Ich verkehre nicht mit vielen Schauspielern privat, weil mir meine Zeit zu schade ist. Die paar, denen ich treu bin, haben meine frühen DEFA-Filme geprägt und sind mit mir älter geworden: Uwe Kokkisch, Hermann Beyer, Michael Gwisdek, Corinna Harfouch. Das verbindet. Ihre Karrieren interessieren mich sowenig wie ihre ungelösten seelischen Probleme. Doch wenn ich mir Filme mit ihnen ansehe, zumeist alte, begeistere ich mich immer wieder über ihre schauspielerische Leistung. Es macht mich glücklich, Rollen für sie erfunden zu haben, die sie zum Leben erweckten.

Regel Nr. 31: *Man muß sich als Drehbuchautor diese kindliche Freude bewahren, Schauspieler dafür zu bewundern, daß sie der eigenen Phantasie Flügel verleihen, auch wenn sie einem auf den Geist gehen und nie zufrieden sind mit dem Drehbuch. Sie haben ja oft recht, müssen schemenhaften Figuren auf dem Papier Kontur und Leben einhauchen. Am besten wäre es, man schreibt eine Rolle für einen bestimmten Schauspieler, den man gut kennt. Doch das ist nur möglich, wenn man eine TV-Serie schreibt oder selbst Regie führt und Produzent ist.*

Schauspieler müssen einen überraschen, indem sie spielen, was man gerade nicht von ihnen erwartet. Uwe Kockisch überraschte mich mit einem komischen Talent, daß an Cary Grant erinnert, als er die Rolle eines vertrottelten Musiklehrers in *Die Spur des Bernsteinzimmers* spielte. In DEFA-Filmen und privat kannte ich ihn nur als smarten, nicht übermäßig amüsanten Schönling, hinter dem die Frauen her waren, da er gern den Schwierigen gab. Doch in *Rabenvater* und *Treffen in Travers* bewies Kockisch, daß er ein gehöriges Maß an Doppelbödigkeit, tragikomischem Pathos und Selbstironie besitzt. Darum sehe ich ihn sogar als Commissario Brunetti in den schlecht geschriebenen und lieblos inszenierten Donna-Leon-Verfilmungen mit anderen Augen – voller Respekt und Nachsicht für je-

Uwe Kockisch am Kollwitzplatz 2001

manden, der, obwohl oft unterfordert, das elende Fernsehgeschäft als das nimmt, was es ist: ein gutbezahlter Job und der nicht nachlassende Versuch, ein leuchtender Diamant in einem mehr oder minder wertlosen Diadem zu sein.

Hermann Beyer erschien mir immer schwierig trotz seiner Freundlichkeit, die er bei Heiner Müller gelernt hatte. Als Georg Forster in *Treffen in Travers* zeigte der Junge vom sächsischen Dorf eine beängstigende Intelligenz, die in ihrer Ernsthaftigkeit bisweilen Momente chaplinesker Komik offenbart. In *Vorspiel*, den ich mit Peter Kahane schrieb, spielt Beyer einen Museumskurator und alleinerziehenden Vater in der Provinz und verblüffte mich mit einer trotzigen Melancholie, die unter intelligenten Menschen in der DDR typisch war.

Herrmann Beyer bei den Dreharbeiten zum Dokumentarfilm *Wir waren so frei*, 2008

Noch stärker verschmolz der Schauspieler mit seinem Auftritt in Roland Gräfs *Märkische Forschungen* (1982), wo zwischen Rolle und Darsteller keine Distanz mehr zu sein scheint. So ließe sich womöglich erklären, weshalb der kleine Bruder des Regisseurs Frank Beyer nach der Wende keine Blitzkarriere im deutschen Film machte. Er ist zu sehr mit der DDR verwachsen und hat vielleicht keine Lust, nur Stasimänner zu spielen. Das ist natürlich rein hypothetisch.

Michael Gwisdek war der geborene Kasper der DEFA, obwohl er dort auch Ernsthaftes brillant spielte. Privat kann man bei ihm nie sicher sein, ob er einen verarscht oder wirklich so bescheuert ist. Er spielt eigentlich immer, hat aber mehr Talent als Harald Juhnke, der sein großes Vorbild ist. Sein größtes Talent ist, keinen Ehrgeiz zu ha-

Michael Gwisdek auf der Berlinale 2005

ben, der ihn auffrißt. Man nennt das bodenständig. In Wahrheit hat er früh begriffen, daß Schauspielerei ein Beruf wie jeder andere ist. Eine Sache, die man so gut wie möglich machen muß, aber nicht vierundzwanzig Stunden am Tag. Darum ging er vom Theater weg und dreht nur noch Filme, um Zeit für anderes zu haben. Eigentlich steckt in ihm ein Filmregisseur. Aber der ist so anarchisch, stillos und plagiativ wie Quentin Tarantino. Eigentlich gehört Gwisdek nach Hollywood, denn im ordentlichen, staatlich subventionierten deutschen Kino hält man ihn für einen Schaumschläger, der er auch ist, aber mit der filmischen Begabung eines John Cassavetes, der sich vor keinen Karren spannen ließ. Das Problem ist, daß er als Legastheniker nicht schreiben kann, es aber gern möchte. Zu seinem

Corinna Harfouch in Berlin, 1990

grandios mißlungenen Film *Das Mambospiel* (1998) schrieb er ein Drehbuch von 200 Seiten, in dem es fast nur Dialoge gab. Ich wollte ihm helfen, das Script mit Handlungstext zu füllen, doch er gab sein Baby nicht aus der Hand. Nach unserem Erfolg mit *Treffen in Travers*, wo Gwisdek sich durch einen Formfehler in Cannes als Autorenfilmer feiern ließ, glaubte er, der John Cassavetes der DEFA zu sein. Unserer Freundschaft tat das trotz beruflicher Kränkung keinen Abbruch. Ich verehre ihn als großen Komödianten mit gelegentlichem Tiefgang.

Zu Corinna Harfouch habe ich ein ambivalentes Verhältnis. Wie alle war ich in sie verknallt, als sie 1979 aus der Ernst-Busch-Schule wie ein heißer Wüstenwind über die Bühnen Ostberlins fegte. Micha Gwisdek bekam sie dann, und ich habe ihn nicht beneidet. Von Anfang an störte mich ihre darstellerische Gefühlskälte, die sie durch beeindruckende Technik zu überspielen versteht. In Gwisdeks Regiedebüt *Treffen in Travers* (1989) verblüffte sie durch ihr extrem emotionales Spiel, von ihren sächsischen Reizen ganz zu schweigen. In Cannes, wo der DEFA-Film 1989 Aufsehen erregte, nannten geographisch unkundige Kritiker sie »die schönste Aktrice östlich der Oder-Neiße-Grenze« und hätten ihr für die Rolle der Gattin des Mainzer Revolutionärs Georg Forsters die Goldene Palme verliehen, wäre *Treffen in Travers* im Wettbewerb gelaufen.

Weil ich die Harfouch für ihre Gala-Auftritte an der Seite von Bernd Eichinger kritisierte, verachtet sie mich seitdem. Trotzdem träume ich manchmal von ihr. Einmal, wie sie im Bad vorm Spiegel steht und sich die Haut in Fetzen von Leib reißt. Das tat sie zuletzt auf der Bühne für den Regisseur Jürgen Gosch, der keine formalen Mätzchen oder russische Einfühlung duldete, nur Darsteller, die bis auf die Knochen ihre Theaterfigur bloßlegen. Die Gnadenlosigkeit gegen sich selbst und die ständige Suche nach Herausforderungen, an denen man scheitern kann, macht Harfouchs Klasse aus. Doch das hinterläßt Spuren im wirklichen Leben oder verdeckt ein Trauma, daß zur zwanghaften Handlung wird. Das gewinnende Spiel soll das Verlorene im Leben verdecken. Das regt mein Mitgefühl, obwohl der Star des deutschen Films und Theaters keine Verwendung dafür hat. Er will bewundert und gelobt werden – zwei Dinge, die ich als Protestant nicht leicht über mich bringe.

Die Gründe, weshalb ein Mensch Schauspieler wird, sind entgegen aller Behauptungen nicht vielfältig. Sie liegen meist in der Kindheit begraben, bzw. können eben nicht begraben werden, wenn das Drama des begabten Kindes zur sich wiederholenden Zwangsvorstellung des Erwachsenseins wird. Egal, ob die Eltern dem Kind dauernd sagten: Laß das! Das kannst du nicht. Oder: Du bist ja sooo begabt! Nichts auf der Welt ist befriedigender und schwerer, als Leute zum Lachen (und Weinen) zu bringen. In meinem ersten Spielfilm *Rabenvater* schrieb ich mir eine kleine Rolle, um meiner

Mutter eine Freude zu machen und mir zu beweisen, daß ich als Schauspieler verzichtbar bin. Wer diesen Beruf erlernt hat oder durch Zufall zum Film kam, kann sich solche Spielchen nicht leisten. Er muß an seinen wachsenden Erfolg glauben und darauf hoffen, daß jemand entdeckt, was in ihm steckt. Es gibt aber keine Gerechtigkeit, denn die besten Rollen in den wichtigen Filmen kriegen immer die anderen. Das Schlimme in Deutschland ist, daß unbekannte Schauspieler nach nur einem Auftritt in einer *Daily Soap* zu Stars hochgejubelt werden. Das ist verantwortungslos, grenzt an Körperverletzung, weil es den meist jungen Akteuren eine Wichtigkeit verleiht, die sie nicht haben. Denn die Deutschen lieben ihre Schauspieler nicht wie die Franzosen oder Italiener. Sie verachten sie sogar und freuen sich, wenn sie abstürzen. Warum das so ist, kann ich nicht sagen. Vielleicht hat es mit dem erzwungenen Mangel an Nationalstolz zu tun, daß das deutsche Kino kein Ort des deutschen Selbstverständnisses und Stolzes ist. Alle filmischen Versuche, diesen Mangel zu beheben, scheiterten jämmerlich oder hochgradig. Ich erinnere nur an *Der Untergang*, der deutsche Landser und Sekretärinnen im Führerbunker als anständige Menschen zeigt. Die Frage, warum sie einem Verbrecher wie Hitler treu bis in den Tod blieben, beantwortet der Film nicht. Die Darstellung des Führers durch Bruno Ganz ist für mich eine der deprimierendsten Erfahrungen des deutschen Kinos. Das Autodafé eines großen Schauspielers, der meinte, eine längst überfällige Mission zu erfüllen, indem er den GröFaZ als verzweifelten Menschen spielt. Wie gesagt, Schauspieler nerven, vor allem, wenn sie denken, daß sie denken. Mein Vater sagte immer zu mir: »Das Denken überlaß den Pferden. Die haben größere Köpfe.«

In Erinnerung bleiben uns andere Momente der Filmkunst. Wenn Anita Ekberg im Trevi-Brunnen badet *(La dolce Vita [Das Süße Leben])*, Marcello Mastroianni tänzelnd über den Flur läuft *(Otto e mezzo [8 ½])*, Monica Vitti sagt »Gibt es einen Ort auf der Welt, wo man glücklich sein kann?« *(Il deserto rosso [Die rote Wüste])* und vieles mehr. Dafür lieben wir Schauspieler.

KADDISH FÜR FILMKRITIKER

Ein Journalist fragte den Drehbuchautor Wolfgang Kohlhaase, was er von Filmkritikern hält. Der Berliner, berühmt für seine pointierten Filmdialoge und seine Schlagfertigkeit, antwortete: »Welches Kind träumt schon davon, Filmkritiker zu werden?« In der DDR war Kohlhaase der Drehbuchautor, den ich am meisten bewunderte. Als Lehrer taugte er sowenig wie als Verbündeter im Kampf gegen die sozialistischen Kulturverwalter. Das lag wohl am Altersunterschied und seinem Desinteresse am DEFA-Nachwuchs. Mit dreiundzwanzig Jahren bekam der Szenarist für Regiegrößen wie Gerhard Klein, Frank Beyer, Konrad Wolf schon einen Nationalpreis. Erst nach der Wende arbeitete er mit jungen Regisseuren wie Andreas Dresen und Andreas Kleinert zusammen, obwohl die Stoffe zumeist aus der sozialistischen Schublade stammten. Einhelliges Kritikerlob wie heute war ihm in der DDR nicht beschieden. Sein Drehbuch zu Gerhard Kleins Dokudrama *Der Fall Gleiwitz* (1961) wurde als formalistisch ›entlarvt‹, der Film verschwand schnell aus den Kinos. *Berlin um die Ecke* (1965), eine Fortsetzung von *Berlin – Ecke Schönhauser* (1957) kam 1987 zur Aufführung, aber nur als Rohschnitt, weil die Endfertigung von der Zensur verboten wurde. Trotz massiver Kritikerschelte im SED-Parteiorgan *Neues Deutschland* verlor Kohlhaase nie seinen Humor und boxte sich mit gewichtigen Werken sozialistischer Filmkunst wie *Ich war neunzehn, Der nackte Mann auf dem Sportplatz, Solo Sunny, Der Aufenthalt* durch, die auch beim Publikum ankamen und heute noch beeindrucken. Um sich für den Kulturkampf fit zu halten, drosch der Autor jeden Donnerstag in einer Berliner Turnhalle mit Boxhandschuhen auf Sandsäcke ein. Ich tat das auch eine Zeitlang, blieb aber trotzdem im Clinch mit den Kritikern. Vor allem der ›Kino-Eule‹ Renate Holland-Moritz, die im Satireblatt *Eulenspiegel* alle meine DEFA-Filme niedermachte. Als Gattin des stellvertretenden Filmministers hatte die humorige Glossenschreiberin mich zum liebsten Feind auserkoren. Warum, kann ich nicht sagen, wir wechselten nie ein Wort unter vier Augen. Für mich disqualifizierte sich die ›Stimme des gesunden Menschenverstandes‹ mit einem Verriß von Antonionis erst 1982 im Kino ›Kosmos‹ zu beobachtenden Ereignis *L'eclisse* (*Sonnenfinsternis/Liebe 1962*, 1962). Die kurze Kritik endete mit den Worten: »Schlicht gelangweilt verließ ich das Kino.« Als ich in einer Autorenrunde sagte, daß ich ihr eine runterhauen würde, wenn sie ein Mann wäre, ermutigten mich viele Kollegen. Im Berliner Schriftstellerverband forderte die Parteigenossin meinen Ausschluß wegen tätlichen Angriffs gegen ihre Person. Die Forderung wurde nicht ins Protokoll aufgenommen, doch seitdem gelte ich unter Filmkritikern als Schläger, ohne je aktiv geworden zu sein. Trotzdem finde ich, daß manche Filmkritiker Prügel verdienen, weil sie sich auf Kosten von Filmemachern ins rechte Licht setzen. Nicht gemeint sind selbstlos liebende Kinokommunikatoren wie Frieda Grafe, Michael Althen, Andreas Kilb, besonders Fred Gehler, den unermüdlichen Sinnstifter der DDR-Filmkritik, oder Hannes Schmidt, der nach der Biermann-Affäre Publikationsverbot erhielt und sich 1989 vom Hochhaus am Leninplatz stürzte. Aber gewisse unterbelichtete Filmbewerter beim *Tip* und Kulturradio, die Filme offenbar nach ihrem persönlichen Tageshoroskop als ›sehenswert‹ oder ›ärgerlich‹ bewerten.

Ich frage mich, wer braucht Filmkritiken von Leuten, die keine Filme machen? Das kritische Publikum braucht sie nicht, denn es will sich eine eigene Meinung bilden. Diejenigen, die ins Kino gehen, um Popcorn und Cola zu konsumieren, entscheiden sich an der Abendkasse oder durch Mundpropaganda. Die Filmemacher brauchen mediale Aufmerksamkeit und auch eine vernichtende Kritik ist Werbung. Zum Beispiel für Kinogänger, die Regisseure schätzen, die vom Feuilleton nicht geliebt werden (Til Schweiger) oder nicht mehr (Wim Wenders). Ein schlechter Film soll von denen für schlecht befunden werden, die dafür 8,50 EUR bezahlt haben. Denn wie viele miserable Filme werden von der Presse nur wegen ihres kommerziellen Erfolges oder politisch korrekten Themas gutgeheißen?

So oder so ist das Lesen von Filmrezensionen vertane Zeit, wenn sie nicht auch den schlechten Geschmack des Publikums oder den momentanen Zustand des Kinos aufs Korn nehmen. Eine gute Kritik ist eine nützliche Kritik, wenn sie die Filmemacher auf objektiv vermeidbare Fehler hinweist und deren Faulheit attackiert. Autoren und Regisseure sind immer geneigt, bequeme Lösungen zu finden. Ihre Arbeit ist schweißtreibend, auch körperlich, extrem unüberschaubar und von Unwägbarkeiten, Kompromissen und Dilemmas umgeben. Wer als Kritiker das nicht versteht, sollte lieber über Fußball schreiben. In meinem Stammcafé werden Sportseiten von Intellektuellen gern gelesen. Der Unterschied: Im Stadion ist jeder Zuschauer ein objektiver Kritiker desselben Spiels und kennt die Regeln. Im Kinosaal sieht jeder (in derselben Vorstellung) einen anderen Film und kann das Geschaute nur subjektiv kritisieren, weil er die Spielregeln nicht oder nur teilweise kennt. Er sieht auch nie *den* Film, wie er sich beim Machen abspielte, sondern das vielfach manipulierte Ergebnis. Filmkritiken, die sich objektiv geben, indem sie das ICH vermeiden, sind soviel wert wie der Kommentar zum morgigen Wetter – teilweise bewölkt, ansonsten heiter.

Der Literaturwissenschaftler Georg Steiner analysiert in seinem klugen Buch *Von realer Gegenwart* (Hanser 1990) die Misere unseres Zeitalters als »Vorherrschaft des Sekundären und Parasitären, das Wuchern des endlosen Kommentierens, unter dem das geschaffene Werk erstickt«. Er plädiert für eine Welt ohne Kritiker, Kommentare, Fußnoten und findet, daß die einzig wahre Hermeneutik des Dramas in seiner Aufführung liegt. Was fürs Theater gilt, gilt auch fürs Kino: Es wird von den Schauspielern, Regisseuren und allen direkt am Schaffensprozeß Beteiligten hinreichend erklärt. Die Kunstwissenschaftler und -kritiker haben, so Steiners provokante Argumentation, kein moralisches Recht zu richten oder zu huldigen, weil ihr eigenes Sein nicht Teil der Mühe ist, die es kostet, ein Kunstwerk zu schaffen. Auch Filmkritiker stehen außerhalb der Sache, mit der sie sich Geld und Aufmerksamkeit verdienen. Oft sind sie nur geschwätzige Zuschauer, die nicht mal für die Kinokarte zahlen, weil sie von Filmproduzenten und -verleihern hofiert werden. Filmverwerter brauchen das *feedback* der Presse, weil sie den Wert des Produktes versichern müssen, auch vor sich selbst, um die pekuniäre oder administrative Geschäftshoheit zu legitimieren.

»Welcher Instanz«, fragt Steiner »außer vielleicht intellektuellem Stolz oder beruflicher Standesehre, ist … der Kritiker schon Rechenschaft schuldig?« Eine gute Frage, die jedoch längst von der Realität täglicher TV-Talkshows, Meinungsumfragen und Internet-Twitterei beantwortet wurde. Lassen wir also die Trittbrettfahrer unserer bisweilen gut bezahlten Arbeit links liegen, oder wehren wir uns mit gelegentlicher Fahrkartenkontrolle? Noch im 18. Jahrhundert wurden Verurteilte, derer man nicht habhaft werden konnte, *in effigie* hingerichtet, indem man ihr Bild öffentlich verbrannte. Im 21. Jahrhundert gibt es zivilisiertere Methoden – wir amüsieren uns über die Henker unserer Arbeit, nehmen sie nicht ernst.

Regel Nr. 32: *Dem jungen Drehbuchautor kann ich aus Erfahrung sagen: Im Alter wird man milder, nimmt bösartige Kritik nicht mehr so ernst und Lob als das, was es sein soll – Ansporn zu neuen Taten. Weil Schreibende zumeist dünnhäutige Wesen voller Selbstzweifel sind und leicht zu verunsichern, ist es besser, Kritiken nicht zu lesen oder wenigstens zu behaupten, man lese sie nicht. Irgendwann hört man auf, sich über falsche oder ungerechte Kritikerurteile zu ärgern, so wie man sich besser fühlt, wenn man erklärt, es gehe einem gut, obwohl man sich miserabel fühlt. Aber, wie Brecht schrieb: »Wenn die Wunde nicht mehr schmerzt, schmerzt die Narbe.« Darum scher dich nicht um die Filmkritiker, sie träumen fast alle davon, ein Drehbuch zu schreiben. Auch sie bekommen ihr Fett weg, wenn sie es tun und ein Film daraus wird. Hab Mitleid mit denen, die zu unbegabt oder zu faul sind, ihre Existenz ans Schreiben von Geschichten zu hängen, und sei freundlich. Wirf ihnen nicht wie der undankbare Dichter Wolf Biermann vor, daß sie dir schaden wollen, wenn sie dich loben. Sei tolerant, aber auch selbstkritisch. Dann kann dir nichts passieren. Deine Filme, ob erfolgreich oder nicht, werden bleiben. Wer liest schon Filmkritiken von gestern?*

PAT HOBBY MACHT SCHULE

> *»Lehren ist unmöglich – man kann nur lernen.«*
> *Sergej M. Eisenstein*

Wenn es nach dem Willen der DDR-Hochschulkommission gegangen wäre, hätte ich die Wahl gehabt zwischen Lehrer für Staatsbürgerkunde/Geschichte und Chemische Verfahrenstechnik. Ich entschied mich für keine der beiden Optionen und ging als Schlosser in den Buna-Werken arbeiten. Für einen ostdeutschen Abiturienten mit Note 2,0 war das wie der Verzicht auf eine jahrelange Autoanmeldung zugunsten eines Fahrrades. Daß ich dann mit sechsundzwanzig doch noch studieren konnte, lag am Mangel an Bewerbern für den neuen Studiengang Film- und Fernsehwissenschaft. Hätte ich bessere Lehrer in Babelsberg gehabt, wer weiß, ob ich nicht eine akademische Laufbahn dem Drehbuchschreiben vorgezogen hätte. An der Unlust am Theoretisieren lag es nicht, eher an der Unfähigkeit, die Filmtheorie auf die ideologische Praxis anzuwenden. Für meine Diplomarbeit über ›Lyrische Aspekte in Filmen von István Szabó‹ erhielt ich die Note 5, weil ich im Theorieteil nur spätbürgerliche Autoren wie Barthes, Cocteau, Panofsky zitierte. Erst als ich einen quälenden Sommer mit Hegel, Marx und Plechanow verbrachte, bestand ich mein Diplom. Danach war ich für die Wissenschaft unbrauchbar. Mir blieb nichts anderes übrig als in der Filmfabrik arbeiten zu gehen. Nur bei Premierengesprächen konnte ich meinen Hang zum Dozieren ein wenig ausleben. Man ist immer auch das, was man nicht geworden ist.

Filmgeschichte als Fach hätte mich interessiert, wenn ich nicht schon vorm Studium an die fünftausend Filme gesehen und die Bücher von Béla Balász, Lotte H. Eisner, André Bazin, Jerzy Toeplitz, Enno Patalas gelesen hätte. Meine Mitstudenten nannten mich

›Wandelndes Filmlexikon‹, bei meiner Dozentin Christiane Mükkenberger hatte ich deshalb, wie man sagt, einen Stein im Brett. Ich liebte die Schlesierin für ihren polnischen Widerspruchsgeist, langweilte mich aber im Unterricht, tauschte mit ihr nur in der ›Bratpfanne‹ gern die neuesten Neuigkeiten über Polen, unser Sehnsuchtsland, aus. Mit sechzehn fuhr ich das erste Mal in den Ferien nach Warschau, um Filme zu sehen, die in der DDR suspekt waren. Morgens kam ich mit dem Zug an, kaufte mir am Kiosk das aktuelle *Ruch* (Kulturprogrammheft) und rechnete aus, wieviel Zeit ich von einem Kino zum anderen brauchte, um möglichst viele Filme pro Tag zu sehen. Ein Problem war, daß in den Clubs ›Stodola‹ und ›Hybrydy‹ 1967 Bands wie Spooky Tooth, Procol Harum und The Who auftraten, die ich nicht verpassen wollte. Später kam noch das Theater von Józef Szajna, Tadeusz Kantor, Jerzy Grotowski und Gastspiele von Peter Brook, Joanne Littlewood und Julian Becks ›Living Theatre‹, hinzu, d.h. ich hastete wie Orlando Furioso durch Warschau.

Wir FiWi-Studenten verbrachten jedes Jahr zwei Wochen mit Christiane Mückenberger im Polnischen Filmarchiv, um in der DDR unerwünschte Filme zu sehen, trafen uns mit Regisseuren wie Andrzej Wajda, Krzysztof Kieślowski und Roman Polanski, der häufig in seiner Heimat weilte. *Novecento (1900)* von Bertolucci, Spielbergs *Jaws (Der Weiße Hai)* und Wajdas *Człowiek z marmuru (Mann aus Marmor)* sahen wir brandaktuell auf der ›Konfrontacja‹, dem Festival des Neuen Films. Prof. ›Mücke‹ liebte das Verbotene und handelte sich zu Hause viel Ärger ein. In Polen bekam sie einen Orden für ihre Verdienste um die polnische Filmkunst. Noch heute besuche ich sie zu Weihnachten wegen ihres vorzüglichen Bigos und aus Dank dafür, daß sie mich zwar nichts lehrte, was ich nicht schon wußte, mir aber mit mütterlicher Beharrlichkeit einrichterte, das Kino ernster zu nehmen als die Politik. Ihr verdanke ich auch die Lust am Lehren, obwohl ich kein gelehriger Schüler war.

Die erste Vorlesung für Studenten hielt ich 1988 in Nordirland an der University of Ulster. Ein Freund aus Glasgow hatte mich empfohlen, weil die Professoren für Medien in Coleraine von DEFA-Filmen soviel wußten wie Maggie Thatcher von den Falkland-Inseln. Mehr als ein informelles Seminar war es nicht, denn es gab keine DDR-Filme in der Videothek. Meine zweite Vorlesung fand an der University of California in Chico statt. Dort nahm ich 1994 an einem Wettbewerb um die beste *lecture* über die politischen Veränderungen in Osteuropa teil und gewann den Timothy-Leary-Preis. Der zeitweilige Staatsfeind Nr. 1 der USA lehrte in den 1960er Jahren in Chico den Studenten Psychologie, nebenbei den Umgang mit LSD. In meiner Vorlesung saßen nur braungebrannte Sportstudenten und Literaturdozenten, die über Harry Graf Kessler oder Günter Grass promovierten. Nach meinem Vortrag ›Germany, Germany among others‹ frei nach der Anfangszeile des Deutschlandlieds, mußte ich Fragen beantworten wie: »Gab es Fernsehen in der DDR?« oder »Wieso sprechen Sie englisch, wo doch im Osten alle russisch reden mußten?«

Mein erstes Drehbuchseminar absolvierte ich 1997 in Istanbul. Im März ist es dort hundekalt, die meisten Hotels haben keine Heizung. Ich wohnte im ›Büyük Londra‹, das trotzig den Prunk des Osmanischen Reiches verteidigt und die perfekte Kulisse für eine Neuverfilmung von Eric Amblers *The Mask of Dimitrios (Die Maske des Dimitrios)* abgäbe.

In einem unbeheizten Raum des Goethe-Instituts im Stadtteil *Beyoğlu* saßen vierzig Filminteressierte, die meisten Philosophiestudenten der Uni, aber auch einige ältere Regisseure und Autoren, die aus politischen Gründen jahrelang im Gefängnis gesessen hatten. Immer wenn wir einen Film ansehen wollten, fiel im europäischen Teil der Stadt der Strom aus. Trotzdem waren es zwei wunderbare Wochen. Ob die Kursteilnehmer viel über das Drehbuchschreiben lernten, vermag ich nicht zu sagen, weil nur die Hälfte Englisch sprach, einige Deutsch, der Rest Türkisch. Ich jedenfalls lernte eine Menge von klugen Studenten/innen über Heidegger und Derrida; traf den späteren Literaturnobelpreisträger Orhan Pamuk und Yaşar Kemal, bevor er mal wieder ins Zuchthaus wanderte; speiste im berühmten

Pera-Palas-Hotel, stand fassungslos in der Chora-Klosterkirche vor den teilweise zerstörten Fresken aus dem 14. Jahrhundert, auf denen Jesus in einem Raumschiff gen Himmel fliegt und Jakob mit raketengetriebenen Engeln kämpft; sah im Archäologischen Museum erstmals buntbemalte griechische Statuen mit Edelsteinaugen (die leider fehlten) und entdeckte im Topkapı-Palast den Türkendolch, den Maximilian Schell, Melina Mercouri und Peter Ustinov in dem Film *Topkapi* entwenden.

Regel Nr. 33: *Wenn dir ein Drehbuchseminar in Istanbul oder einer anderen aufregenden Stadt angeboten wird, zögere nicht. Auch wenn es Sprachprobleme gibt und dein Hotelzimmer ein Eisschrank ist, kannst du mit vielen Eindrücken heimkehren, die in keinem Reiseführer stehen.*

Filmstudenten in die Geheimnisse der Drehbucharbeit einzuführen, ist kein Job, mit dem man sich Lorbeeren verdient. Trotzdem ist der Job begehrt wegen des nach Bundesland und Filmschulstatus gut oder schlecht entlohnten Nebenverdienstes und der Möglichkeit, sich als Experte zu etablieren. Die Aufgabe erfordert einen Kontext – den Standpunkt der Dialogpartner zum Gegenstand ihres Disputes und die Art der subjektiven Wertung. Wenn Menschen dasselbe sehen oder hören, sehen und hören sie nicht dasselbe. Im Kino sehen achthundert Menschen denselben Film. Nachher erzählt ihn jeder anders. Man muß sich ein Konzept erarbeiten, das theoretische Gedanken mit praktischen Ratschlägen vereint, anhand von Filmbeispielen das Sehen und Verstehen trainieren, um das Geschichtenerzählen als Organisationsform von verschiedenen, mitunter rein technischen Aspekten des Films zu vermitteln, nicht als natürliche Phantasiebegabung und lukrative Freizeitbeschäftigung. Hat man sich mühsam ein Konzept erarbeitet, muß man darauf gefaßt sein, daß die Studenten es doof finden und wegbleiben.

Als Dozent vermeide ich es möglichst, über meine Filme zu sprechen, weil mich erledigte Arbeit nicht mehr interessiert und ich panische Angst habe, jemanden zu langweilen. Über seine Erfahrungen mit dem Beruf zu reden ist gut und schlecht. Erfahrung macht dumm, sagte Heiner Müller, wenn sie nicht in der Unerfahrenheit aufgehoben wird, also ins diskursive Gespräch kommt. Das mag ich sehr, mit jungen Filmanwärtern über ihre unausgegorenen Ideen zu sprechen, ihnen ein paar kluge Tips zu geben, wie man unvermeidliche Fehler beim Schreiben ausschaltet, erprobte dramaturgische Kniffe anwendet, ohne konventionell zu sein und, vielleicht das wichtigste, Rückenschmerzen, Kopfweh, Eß- und Schlafstörungen oder andere Schreibblockaden überwindet.

Regel Nr. 34: *Arbeite nie länger als acht Stunden pro Tag, wie jeder Angestellte. Steh früh auf, geh beizeiten schlafen. Überlaß das Feiern und öffentliche Trinken den Schauspielern, Regisseuren und all jenen, die von deinen Ideen leben. Sie nehmen sich ungeheuer wichtig, wissen aber mit sich oft nichts anzufangen und sind von Karriereangst geplagt. Dein Problem ist allein die Erhaltung deiner körperlichen und geistigen Funktionen. Ein kränkelnder Autor denkt und schreibt langsamer. Steht er unter Zeitdruck, fängt er an zu schludern, ist frustriert und kann gar nicht schreiben. Dann verdient er nichts, wird depressiv oder aggressiv und zum Glücksfall für den Therapeuten. Geh, wenn es unbedingt sein muß, ins Fitness-Center, aber Radfahren und Spazierengehen ist billiger, auch gesünder. Von Wolfgang Kohlhaase stammt der sinnige Spruch:* »Sport ist eine feine Sache, wenn man es überlebt.« *Wahr ist, daß Drehbuchautoren, sofern sie Sport, Kampftrinken und andere hirnlose Gesellschaftsspiele nicht mitmachen, weniger Stress haben und länger leben als Regisseure, Piloten oder IFOR-Soldaten in Afghanistan.*

Heutzutage sehen Kinder im Durchschnitt fünftausend Filme, bis sie alt genug fürs P18-Kino sind. Die russischen Bauern, denen man mit Kinozügen die Filmkunst brachte, liefen entsetzt davon, als sie Naheinstellungen von Schauspielern sahen und dachten, man hätte ihnen die Köpfe abgetrennt. Filmstudenten wissen schon alles, haben alles über die zehnte Muse gelesen und jeden Streifen gesehen, der im Videoladen rumsteht. Doch für manche fängt die Filmkunst mit Tarantinos *Pulp Fiction* an, alles davor ist Papas blödes Kino. Ich habe erlebt, wie Drehbuchseminaristen stöhnten, als ich von Antonioni, Godard, Forman, Skolimowski anfing. Das hatten sie in Filmgeschichte schon durchgekaut und wollten lieber den letzten Schlingensief-Streifen diskutieren oder die Daily Soap *Verliebt in Berlin*. Erst nach einigen Mißverständnissen hatte ich begriffen, daß nicht alle Drehbuch studieren, um ein neuer Paul Schrader zu werden. Einige meiner Schützlinge wollten einfach nur Serienschreiber bei RTL sein und ihr Auskommen haben. Nichts dagegen einzuwenden. Aber Studenten von Kunstakademien müssen zuerst alte Meister abmalen und klassische Aktstudien zeichnen, danach dürfen sie ihren eigenen Weg gehen. Deutsche Filmschulen funktionieren anders. Die meisten werden vom Fernsehen gesponsort und das hält die Studenten an, sich als billige Programmlieferanten zu profilieren. Es herrscht schon im 2. Studienjahr ein ungesunder Wettbewerb um die Gunst der Redakteure. Das heißt, die Studenten dürfen sich keine Fehler erlauben und lernen schnell, den Weg des geringsten Widerstands zu gehen. Meine altmodische Überzeugung, daß man Fehler machen muß, um zu lernen, und experimentieren, um seine Handschrift auszubilden, fand nur bei wenigen Studenten Zustimmung. Die meisten müssen nebenbei Geld verdienen, um sich das Studium leisten zu können. Ich kam in Babelsberg noch mit 150 DDR-Mark Stipendium und ein paar Statistenrollen bei der DEFA über den Monat.

Gewöhnlich beginne ich meine Einlassungen über den deutschen Film mit einem Text von Ilja Ehrenburg aus dem Jahre 1929 (in *Visum der Zeit*, Reclam-Verlag 1982): »Das Kino wurde der in den Kindheitszustand zurückverfallenen Menschheit geschenkt als eine geniale Saugflasche, die Zeitökonomie und normale Seelennährkräfte in sich vereint. Es brachte die universale Vereinfachung für müde Phantome sowie auch für junge vollständig gesunde Kretins... Die Deutschen nahmen diesen unschuldsvoll-rosigen Säugling bei sich auf und setzten ihm eine Hornbrille auf, die nicht so sehr gediegene Belesenheit als seelische Erkrankung, Abstraktheit der Tränen, zweckfreie Willensstählung und die ganze jahrhundertealte Phantastik eines Volkes dokumentieren soll, das von der obligaten Verschiebung der Proportionen, von Konfektionsmetaphysik und von trockenen Kartoffeln lebt … sollte man vielleicht dem Säugling die Hornbrille von der Nase nehmen, aber man müßte seine übermäßig hellen Äuglein eines jungen Hundes mit einer kleinen Dosis unseres angeborenen Staunens vergiften.« – Das wird noch mit nervösem Hüsteln hingenommen. »Die deutschen Filme quälen den Zuschauer ebenso unfehlbar, wie die amerikanischen sich bei ihm einzuschmeicheln versuchen. Es ist, als suchten die Massen diese dunklen Säle zum Zweck einer geheimnisvollen Selbstquälerei auf … In dem neuen Europa gibt es nur ein Land korrekter Kommis und folglich zügelloser Phantasie.« – Hier spätestens regt sich vereinzelt oder geschlossen Unmut. Man könne nicht mit einem Statement aus Großvaters Zeiten von einem russischen Dichter den deutschen Film von heute madig machen. Ich wende ein, daß Ehrenburg auch Drehbücher schrieb, z. B. *Die Liebe der Jeanne Ney*, 1927 in Babelsberg von G. W. Pabst verfilmt. Hier seine treffende Beschreibung Berlins: »Die Berliner Straßen erinnern mich an die Kinoleinwand, sie sind des Raumes und der Farbe bar. Gravitätisch schreiten dort bedeutungsvolle Schatten, und aus den mit schweren Vorhängen verhängten Konditoreien dringt sanfte Musik. Hier sind die Leidenschaften und Verbrechen stumm wie im Kino.« – Der Unmut schlägt um in Tumult. Ich solle auf den Punkt kommen und erklären, warum ich deutsche Filme unmöglich finde. Ich fühle mich falsch verstanden. Das Kino der Deutschen, mit seinem politisch-pädagogischen Wesen zwischen Größenwahn und Gartenlaube, Kultur und Kommerz, interessiert mich als Babelsberger zwangsläufig, und ich versuche, diesem Wesen zu entkommen, indem ich es verstehe. Das kann man nicht abstrahieren durch subjektive Selektion einzelner Beispiele, die man mag oder nicht mag. Filme entstehen nicht im soziokulturellen Vakuum. Auch Genies wie R. W. Fassbinder arbeiteten sich an der Realität ab, in der sie lebten. Warum, frage ich, sind junge Filmstudenten heute so unpolitisch und humorlos? Die kommunale Kinderladen-Generation macht ihre 68er Eltern verantwortlich. Daß sie nicht viel mehr zu erzählen hatten als die Turbulenzen rund um ihren Bauchnabel, entschuldigten sie damit, daß sie zu behütet aufwuchsen und außer ersten Lieben, Prüfungsangst und 9/11-Schock nichts erlebt haben. Je nachdem, ob sie in Kreuzberg oder im ›Prenzlberg‹ wohnten, schrieben sie nach meiner Vorgabe, den Märchen der Gebrüder Grimm ›Rotkäppchen‹ und ›Froschkönig‹, Kiezgeschichten von bösen Onkels, die unschuldige Mädchen verführen; kleinen Lolitas, die Opa aus der Fassung bringen; verwöhnten Zicken, die ausländische Jungs hassen, oder biologisch-bewußten Töchtern, die mit bedrohten Pflanzen- und Tierarten reden.

Praktische Arbeit an Filmideen ist wichtig, aber nicht ausschließlich das, was ich unter Lehrtätigkeit verstehe. Filmemachen lernt man vom Filmeansehen und -analysieren. Ansonsten, meinte der Rektor der Filmschule Łódź Wojciech Has, »ist es vor allem die Aufgabe einer Akademie, den Studenten Kameras und Filmmaterial zu geben, damit sie üben können«. Das Erlernen des Filmhandwerks ist eben kein Medizinstudium. Man braucht im Grunde wenig Theorie, sondern praktikables Wissen. Wir Filmleute sind Textlieferanten einer Jahrmarktbudenkunst, die noch keine Welt verändert und die Menschen kaum klüger gemacht hat, halten uns aber, zu Recht, für Auserwählte einer Kaste von Märchenerzählern, die den Stammesangehörigen am Lagerfeuer die uralten Lieder und Legenden zu Gehör bringen. Das magische Feuer in der Nacht lodert noch immer im Kino. Bisweilen auch im gläsernen Kamin des Fernsehers, obgleich er uns nicht wärmt und das Erzählte auf ihren Informationsgehalt reduziert, indem er die Lücke zwischen den Bildern mit Erklärungen (oder Produktwerbung) zutextet und jedes Geheimnis ausplaudert, um der Phantasie des aufmerksamen Zuschauers/-hörers die Flügel zu stutzen. Das Argument, daß erst durch das Fernsehen die Menschen ein vollkommenes Bild von der Welt haben und TV-Spielfilme nach denselben dramaturgischen Gesetzen wie im Kino funktionieren, mag derjenige ins Feld führen, der sich nie fragte, ob die Menschen davon klüger oder glücklicher sind. Ich habe in entlegensten Dörfern des Amazonas gesehen, was Fernsehen anrichtet. Von früh bis spät sitzen die Indios vor der Glotze und orientieren sich an *telenovelas* aus der Großstadt. Was Bibel und Schwert weißer Missionare nicht schafften, schaffte der Sender TeleGlobo – »die Vernichtung der Kultur unsentimentaler Naturkinder durch die Erziehung zum Kitsch« (Manuel Puig).

Einer der wenigen vielbeschäftigten Drehbuchautoren, die Lehrbücher über ihre Arbeit schreiben, ist der Franzose Jean-Claude Carrière. Er kommt zu dem Schluß, daß man letztlich keine unumstößlichen Regeln des Drehbuchschreibens aufstellen kann. »Sie sind übrigens höchst einfach und lassen sich auf eine Grundverpflichtung reduzieren: das Interesse der Zuschauer wecken und fesseln.« Der Autor zahlloser Filmklassiker betont immer wieder die unbedingte Notwendigkeit des Geschichtenerzählens und der literarischen Begabung beim Filmeschreiben. Wer von sich aus nichts zu erzählen hat und das Aufgeschnappte nicht mit eigenen Worten ausdrücken kann, soll es lassen. Es gibt viele andere interessante Berufe. Das Problem ist, daß kaum ein Literat noch Fernsehredakteur wird. Ein Germanistikstudium reicht in aller Regel, um das Programm zu gestalten. »Ich will genauso einen Film wie den, der gestern bei der Konkurrenz lief« ist oft alles, was ihnen zum Thema Geschichtenerzählen einfällt. Carrière muß nicht für Tele France arbeiten. Wenn er nichts zu tun hat, schreibt er Bücher wie *Der Kreis der Lügner – Die Weisheit der Welt in Geschichte* (Diana Verlag München & Zürich 1999). Was für ein fabelhaftes Buch! Man kann die Zuschauer ein Jahrhundert lang mit Filmen über alle wesentlichen Fragen unseres Seins beglücken. Meines Wissens war Jean-Claudes Karriere nie von Professorentiteln oder Ämtern anhängig. Auch als Kandidat für den Literaturnobelpreis stand er nie zur Debatte, obwohl er ihn verdient hätte.

Regel Nr. 35: *Verschwende deine kostbare Zeit nicht mit Ämtern und Titeln, die nur deine Eitelkeit befriedigen und deine Hausbank, deiner*

Grabinschrift, Berlin-Prenzlauer Berg 2007

Phantasie jedoch wenig Wind unter die Flügel blasen. Lehre, wenn du alt genug bist und Erfahrung abgeben kannst, nimm das Geld und kauf dir ein paar gute literarische Bücher, die dich inspirieren. Wie man jeden technischen Beruf durch Fachliteratur erlernen muß, lernt man das professionelle Schreiben durch lesen. Auch, wenn sich mittelgute Literatur besser als große für den Film adaptieren lassen sollte, was auch nicht absolut stimmt, lies Dostojewski, Kafka, Borges, Roth (Joseph und Philip), Semprún und, auch wenn du Atheist bist, die Bibel! Keine Pulp-Literatur, nicht mal die BILD-Zeitung, bietet eine solche Fülle an sex-and-crime-stories.

DAS DRAMA MIT DER DRAMATURGIE

Im Johannes-Evangelium heißt es: »Im Anfang war das Wort« (Joh
1,1) … »Alle Dinge sind durch dasselbe (Gottes Wort) gemacht, und
ohne dasselbe ist nichts gemacht, was gemacht ist.« (Joh 1,3) Ergo
hatte im Garten Eden jedes von Gott gemachte Ding ›Sprache‹ und
konnte miteinander kommunizieren. Als Adam und Eva vom Baum
der Erkenntnis aßen, sahen sie, daß sie nackt waren. Sie konnten
sich also erst ein Bild von sich machen, nachdem sie Gottes Wort
und Wille brachen.

Die erste dramaturgische Erkenntnis ist: Im Anfang war nicht das
Wort, sondern das Bild. Fünfzehntausend Jahre vor der ersten Bibel
zeichneten menschliche Jäger ihre tierische Beute an die Höhlen-
wände von Lascaux. Sie waren der Schriftsprache noch nicht mächtig, wohl aber der Bildsprache. Sie entdeckten die Erzählung ihres
Handelns (der Jagd), indem sie den Akzent von ihren Händen auf
ihre Augen verschoben. Das heißt, sie haben zuerst geschaut, was sie
in der dreidimensionalen Welt erkannten, und dann das Geschaute
in eine zweidimensionale bildhaft-konkret übertragen.

Dabei legten die Urmenschen mit ihren naiven Höhlenmalereien
ungewollt den Grundstein für das Kino und die Dramaturgie. Denn
die Bilder von Lascaux sind Nachahmungen der Realität, keine
Phantasieprodukte. Sie sind Abbilder wirklicher Wesen und Dar-
stellungen von Figuren, Handlung und Konflikt – handkolorierte
Einzelbilder eines Stummfilms, der vor hundert Jahren zuerst von
Georges Méliès und den Brüdern Lumière zusammengesetzt wurde.
Was in siebzehntausend Jahren Menschheitskultur geschah, ist für
Filmdramaturgen so gesehen unerheblich. Wären da nicht die Propheten aller Religionen, die das Erzählen von Geschichten zum
›Prinzip Hoffnung‹ erklärten. Und ein gewisser Plato, der meinte,
daß der lineare Text der Erzählung erst durch das begriffliche Den-
ken entsteht. Erzählen ist Aufzählen auf ein Ziel hin. Geschichten
haben einen Anfang und ein Ende, sie sind episch. Da in ihnen

nichts auf gleiche Weise wiederholbar ist, weil alles fließt (gr. *panta rhei*) und jede Handlung so unwiederbringlich scheint, wie Heraklit sagte »Man kann nicht zweimal in denselben Fluß steigen«, sind sie dramatisch.

Plato meinte, hinter den Erscheinungen der Welt die Wirklichkeit der Ideen, die logische Ordnung der Begriffe zu sehen, die er für wirklicher hielt als die mit den äußeren Augen gesehenen Erscheinungen der Dinge. Das ist sein platonischer Realismus. Die Vorstellung von der Welt verändert diese und macht sie erst wirklich. Wie bei den alten Propheten gründet sich Platos Philosophie vom Sehen und Hören auf dem Wort des anschaulichen linearen Textes. Neu an der Filmerzählung ist ihr synthetischer Charakter, der sich anderer Künste (Malerei, Musik, Literatur, Theater) bedient, sie in ihren audiovisuellen Formenkanon integriert, somit transistorisch oder transformatorisch erhält. Redet man dramaturgisch nur über Film, ist man oft zu nah am Gegenstand. Wie der Förster, der den Wald vor lauter Bäumen nicht sieht, um die er sich sorgen muß.

Die Folgen der Fehler von Dramaturgie sind das eine, wichtiger ist das Vermeiden dieser Fehler. Ein fertiger Film sieht nie aus wie der Plan, die Idee, das Drehbuch. Es gilt die Regel: Aus einem guten Drehbuch kann ein guter Film entstehen, aus einem schlechten jedoch niemals. Die langweiligsten Filme sind jene, die nicht mehr als ihr bebildertes Drehbuch sind. Allerdings hat selbst der schlechteste Film mindestens fünf gute Minuten, von denen man lernen kann.

Aus meiner 30jährigen Erfahrung als Drehbuchschreiber kann ich sagen, daß kein im Script ungelöstes dramaturgisches Problem am Drehort oder im Schneideraum restlos korrigiert werden kann. Jeder im Kino-/TV-Geschäft weiß das, trotzdem investiert man in Deutschland im Verhältnis zur Gesamtproduktion eines Films wenig Geld, Zeit und Personal in die Drehbucharbeit. Dramaturgen werden als Luxus angesehen und, falls man sie überhaupt engagiert, mit 0,01 % der Filmfördersumme abgespeist. Wer Filme produziert, glaubt, er könne dramaturgisch mitreden, weil er vom Theater kommt und Filme gesehen hat. Häufig verwechselt er persönliche

Aversion, ideologische Attraktion und momentane Affirmation mit den sachlich-objektiven Gesetzen der Filmerzählung, die es zu erlernen gilt.

Regel Nr. 36: *Ein Maler kann, wenn er mit Ölfarben Zwischentöne schaffen will, nicht ohne die Kenntnis von Komplementärfarben und Mischverhältnis zum Ziel gelangen. Durch Irrtümer kann er sehr wohl lernen, doch im Film sind Irrtümer zu teuer. Die Fragen der Filmdramaturgie sind zu spannend, um sie nicht zu stellen, bevor man die große Spielzeugeisenbahn Film in Bewegung setzt, und bedürfen keines künstlerischen Genies.*

Einen Spielfilm zu entwerfen ist der ewige Konflikt zwischen Wort und Bild (Lascaux, Plato). »Was man mit Worten beschreiben kann, braucht nicht in Bildern ausgedrückt zu werden«, meinte Jean Cocteau, Meister des Wortes und des Bildes. Als Filmemacher war Cocteau mehr Dichter als Maler, experimentierte aber mutig mit der prosaischen Filmtechnik, um sie in Poesie zu verwandeln.

Das Leben schreibt die besten Geschichten und die schlechtesten. Was ist dann eine gute Filmgeschichte und was eine schlechte? Die, welche das Publikum begeistert und nicht nur die Kritiker, lautet die Formel derjenigen, die Film als Geschäft betreiben. Wie viele Zuschauer einen guten oder schlechten Film sehen, hängt vor allem von der Vermarktung ab, der Kunstwert eines Films offenbart sich oft erst mit der Zeit, wenn er nur noch in Retro-Kinos fortdauert.

Audiovisuelle Ereignisse braucht das Kino, das Fernsehen mehr denn je. Doch die Welt um uns herum zerfällt in Bits und Bytes, und das Bild vom Menschen als Akteur der Geschichte droht im Cyberspace zu verschwinden. Demokrit sah als erster, daß die Welt aus Atomen besteht. Leibniz entdeckte, was die Welt im Innersten zusammenhält, und nannte die einander bedingenden Teilchen ›Monaden‹. Giordano Bruno sah, daß die Erde ein winziger Teil des Kosmos ist, und starb auf dem Scheiterhaufen. Vor lauter Mikro- und Makrokosmos im Programm von Discovery-Channel bliebe das Drama des *homo sapiens sapiens* auf diesem Erdball nur noch Thema der *bad news* auf CNN, wenn wir verschworenen Tempelritter des TV- und Screenplays nicht wären. Das Fernsehen nennt sich stolz Fenster zur Welt. Fenster haben Rahmen, diese sind Teil einer Konstruktion, die es schon immer gab. Innerhalb dieser Wahrnehmungsrahmen entwickelte das großdeutsche Medium demokratische Erzählstrukturen, die Neil Postman summarisch als ›Quatsch mit Soße‹ bezeichnet, weil sie alle, ob intelligent oder blödsinnig, nur noch einem Ziel dienen – uns zu amüsieren. Postman schlägt deshalb vor, den Fernsehapparat als Aquarium oder Buchablage zweckzuentfremden. Als Kind hockte ich vor einem dieser ersten DDR-Empfänger, sie hießen ›Rubens‹, ›Rembrandt‹, ›Cranach‹ und hatten eine S-W-Bildröhre von der Größe eines Taschenbuches. Damals, Ende der fünfziger Jahre, gab es in Sachsen häufig Stromausfall. Dann saßen wir vorm erloschenen Bildschirm und schauten die Reflexion unserer realsozialistischen Welt, die grauer, aber vertrauter war als alles, was wir später in Farbe auf großen Apparaten im verbotenen Westfernsehen sahen. Doch ohne Fernsehen und riesige selbstgebaute Antennen wären wir die Sachsen im ›Tal der Ahnungslosen‹ geblieben und hätten uns kein Bild von der Welt machen können. Ohne *Stahlnetz, Die Unverbesserlichen,* die vom ZDF finanzierten Kinostreifen des Filmverlags der Autoren oder Trollers Nachkriegs-Trilogie wäre das andere Deutschland noch fremder erschienen, als wir 1990 eingemeindet wurden. Daß wir Ostler keine Wolgadeutschen geworden sind, verdanken wir dem öffentlich-rechtlichen Fernsehen. Es versucht heute, trashiger und werbeträchtiger zu sein als RTL und Sat.1.

Audiovisuelle Medien sind Informations- und Kulturinstanzen. Ihre Aufgabe ist die sachliche Widerspiegelung des gesellschaftlichen Seins bzw. die künstlerische Formulierung desselben zum Zwecke lehrreicher, unterhaltsamer Bildung des Staatsbürgers. Die Demokratie beginnt bei den Medien und endet durch sie. Medien als Macht im Staat zerstören die Demokratie. Der wunderbare Zauberkasten Fernsehen wurde von Politikern und Geschäftsleuten ruiniert, die meinen, daß Erkenntniswerte und Werturteil durch Wahrnehmung monetärer Mehrwert ist und alles, was kein Preisschild angehängt hat, wertlos ist. Durch die Medien werden Moden, Kunststile und Parteiprogramme hochgejubelt, die viele Bürger ablehnen. Fortschritt wird uns eingeredet, der sich in Wahrheit als Rückschritt erweist. Die allgemeine Unwissenheit nimmt zu in dem Maße, wie die spezifische Informationsmenge des Flimmerkastens anwächst. Der Mensch der Renaissance war faktisch unwissender, aber praktisch klüger als der heutige, weil er empirisches Wissen noch von den Vorvätern erhielt. Neil Postman stellt die Frage: »Macht das Fernsehen aus Kindern lauter kleine Erwachsene? Nein, das Fernsehen macht aus Erwachsenen lauter kleine, dumme Kinder.« Und das Kino? Es macht uns im dunklen Saal wieder zu Menschen der Renaissance, die im Blick auf die Leinwand von Michelangelo, Botticelli, Dürer das Drama ihrer Existenz erleben.

»Wovon man nicht sprechen kann, darüber muß man schweigen«, endet Wittgensteins kühnes Traktat. Für uns Filmautoren und -dramaturgen heißt das: Wer nichts erlebt hat, kann nichts erzählen bzw. wer etwas erzählt, sollte darüber Bescheid wissen. Doch »die Tatsachen gehören alle nur zur Aufgabe, nicht zur Lösung« (Tractatus logico-philosophicus).

Praktische Filmdramaturgie ist die Feinmechanik zur Lösung des Problems, das für uns die filmische Erzählung ist. Das Räderwerk der Uhr, die sich in neunzig Minuten um die menschliche Existenz dreht. Die Lösung des Problems merkt man am Verschwinden des Problems. Das heißt, die Dramaturgie eines Films ist dann gelungen, wenn sie dem Zuschauer nicht bewußt ins Auge springt, höchstens unbewußt oder nachdem er das Kino verlassen hat.

Regel Nr. 37: *Der Surfer, der aufrecht auf der Welle reitet, darf nicht daran denken, daß diese aus Milliarden Tropfen Wasser besteht, die auf der Stelle zerfielen und ihn zum Stürzen brächten, würden die Gravitation des Mondes und die kinetische Kraft des Windes nicht die Wellen des Ozeans gegen das Ufer treiben. Der Zuschauer im Kino wird nur einzelne*

bewegte Bilder bzw. dramaturgische Kniffe sehen und verdrossen Popcorn
kauen, wenn die Dramaturgie des Erzählens die Erzählung selbst ist.

Deshalb genügt es nicht, die Gesetze des Dramas bei Aristoteles, Lessing, Freytag oder den modernen Wanderpredigern aus Hollywood zu studieren. Ungenügend ist auch, Theaterstücke, Filme, Groschenromane (die oft bildhaft-dramatisch erzählen) oder Comics (die reine Bilddramen mit erfrischend wenig Dialogtext sind) anzuschauen und davon abzuschreiben. Die schmerzlich-lustvollen Erfahrungen sind das Salz in der Suppe jedes Autors – Erfahrungen jeder Art, die selbst gemacht wurden, nicht nur irgendwo aufgeschnappt. Die Glücksmomente kommen beim Schreiben, wenn man sicher ist, etwas von Belang erfunden oder wiedergefunden zu haben, das andere verstehen und erfühlen können. Die Originalität des Belangvollen hängt dabei nicht von seiner thematischen Aktualität, modischen Affinität oder letzten Weisheiten ab. Alles, was Menschen im Innern zusammenhält und äußerlich zerreißt, wurde schon erzählt, nur die Form ändert sich. Das Tempo des technischen Fortschritts führt auch in der darstellenden Kunst zu immer dramatischerem Verlust des Primärwissens gegenüber Sekundärweisheiten, wenn der Erzähler sein gefühltes ICH-Bewußtsein nicht mutig gegen das synthetisches Medium Film und Fernsehen stemmt.

Allerdings, Spielfilm ist Drama und Konflikt objektiv handelnder Figuren, nicht lyrische Selbstbespiegelung eines kontemplativen Subjekts. Wohlgesetzte Worte in Versmaß und Reim, wie bildhaft und gefühlvoll auch immer, sind allgemein untauglich fürs cineastische Erzählen, auch wenn Filmpoeten wie Dziga Vertov, Maya Deren, Andrej Tarkowskij, Peter Pewas dem Lyrischen im Kino bescheidenes Ansehen und Gehör verschafften. Film ist ein kollektives Traumerlebnis mit offenen Augen, das Sinn ergibt. Individuelles Nachtträumen verwandelt die emotionalen Sachverhalte in erzählende Bilder (Metaphern, Symbole). Das Bedeutete überlagert das Bedeutende. Deshalb mißlingen Träume im Film zumeist, weil der rätselhafte Sinn der Traumbilder mit der fotografischen Konkretheit ihrer Darstellung kollidiert, ihre diffuse Verankerung in Raum und Zeit den Handlungsfluß anhalten oder gar aus ihm herausfallen. Lyrische Erzählungen machen keinen Sinn, wenn sie nicht zugleich episch und/oder dramatisch sind wie Homers *Odyssee,* Hartmann von Aues *Erec,* Dantes *Divina Commedia (Göttliche Komödie)* oder T. S. Eliots *Waste Land (Wüstes Land).*

»Der Film zeigt Situationen, die auf den Nerv und nicht auf den Verstand wirken«, sagte Jürgen Claus in *Kunst heute* (Ullstein 1986). Er verfolgt Einzelfiguren in Bewegung (Konflikt, Heldenreise), zeigt ihren inneren und äußeren Mechanismus innerhalb der Grenzen von Konstruktion und Reiz, die den Raum der Freiheit abstecken.

Im Kino und TV sollen möglichst viele Menschen dieselben Gefühle haben, wenn sie denselben Film sehen. Das macht unsere Arbeit so gefährlich und fragwürdig. Hollywood hat uns perfekt manipuliert mit seinen imperialistischen Happy-End-Geschichten. Der starke Realismus amerikanischer Filme verführt alle Welt zu glauben, sie müßte so sein wie Amerika. Dem deutschen Filmdrama stünde ein wenig mehr Heimatgefühl und Selbstbewußtsein gut zu Gesicht. Doch das ist ein historisches Problem, weniger ein ästhetisches. Dr. Goebbels, oberster Reichsfilmdramaturg mit Theatererfahrung, wußte, wie wichtig praktische Dramaturgie für die Deutschen ist. Er erfand den Beruf des szenischen Filmingenieurs, der auch eine Art Polizeifunktion innehatte. Goebbels war politischer und künstlerischer Perfektionist, vielleicht, weil die Natur ihn mit einem unperfekten Körper ausstattete. Sein Insistieren auf handwerkliches Können kollidierte jedoch mit seiner Ideologie, die deutsche Filme zwischen Größenwahn und Gartenlaube ansiedelte. Auch heutige deutsche Filmemacher sind nicht frei von dieser unseligen Melange – Größenwahn/Gartenlaube.

Wir haben alles bekommen, was Amerika uns eigennützig schenkte, und sind doch nicht glücklich. Wir haben die Rote Armee kampflos abziehen sehen und ihr keine Träne nachgeweint, obwohl wir östlich der Elbe ihre Filme, ihren Wodka und ihren Humor so schätzten. Als Europäer weht uns der Wind der globalen Ökonomie um die Ohren. Wir haben uns nicht entblödet, Bomben auf Belgrad zu werfen, und sind doch keine Faschisten mehr. Wir erobern die Welt lieber mit Videokameras per Neckermann-Reisen, als mit Kanonen per Blitzkrieg, und quälen unsere Nachbarn dann mit dramaturgisch verheerenden Urlaubsfilmen. Diesen Hobbyfilmern kann und soll nicht geholfen werden. Angehenden Profis jedoch möchte ich ein paar eigene Erfahrungen und Erkenntnisse anderer mit auf den Weg geben. Eine lautet: Weniger ist mehr, oder wie man in Portugal sagt: *menos é mais*.

In Lissabon, wenn ich mit der 100 Jahre alten Eléctrico Nr. 28 vom ›Friedhof der Vergnügen‹ zum Castelo de São Jorge durch enge altmodische Gassen bergab und bergauf fahre, finde ich die Filmgeschichten auf der Straße: Fado-Geschichten von verhaltener Leidenschaft und übertriebener Trauer, Stierkampfdramen von stolzer Symbolkraft, Flüchtlingsszenen wie aus Remarques *Die Nacht von Lissabon*. Ich sehe Kolumbus am *Cais do Sodré* Ausschau nach der Neuen Welt halten, Salazar todkrank im *Jardim da Estrela* die glorreiche portugiesische Vergangenheit beweinen und Fernando Pessoa im Café *A Brasileira* die europäische Moderne herbeischreiben.

In Paris sitzen die Geschichten im Bistro und spielen die ewig jungen, alten Legenden vom Jazz. Miles Davis und Louis Malle kreierten dort mit *Ascenseur pour l'échafaud* (*Fahrstuhl zum Schafott*, 1958) den traurigsten Filmblues aller Zeiten. Der Pariser Autoverkehr inspirierte Max Ophüls zu seinen elliptischen Filmerzählungen. Auf der Place de la Concorde sah der Regisseur das Verkehrschaos, dessen Regeln keiner versteht, nicht mal der Polizist auf der Kreuzung, und trotzdem schien es ihm als ein künstlerisches Werk von großer Ästhetik, Dramatik und Modernität. Ein kollektives Ereignis, bei dem Mensch und Technik eine Symbiose bilden und wo Zuschauer und Macher gleichermaßen betroffen und distanziert über die theatralische Vorstellung staunen. Wenn ich in Paris bin, fange ich automatisch an, Filme zu erfinden, indem ich nur beobachte.

In Berlin passiert mir das selten. Da schreibe ich, um die Miete zu bezahlen – und weil ich da wohne. Auf der Straße herrscht kaum

Verkehr zwischen Menschen, nur zwischen Autos und Fahrrädern. Wo kein Menschenverkehr ist, gibt es keine Kommunikation, passieren keine Geschichten. Deshalb muß man sie in Berlin zwischen den Zeilen der Tagespresse suchen. Manche Vier-Zeilen-Meldungen beinhalten den Stoff, aus dem die (Alp)träume des Kino-/TV-Spielfilms gewebt sind. Hier vier beliebige Beispiele:

– 40jährige Frau durchbrach mit Auto Scheibe des Flughafens Tegel und fuhr ihren Mann und seine junge Begleiterin um, die seine uneheliche Tochter ist. Beide kamen ins Krankenhaus.

– Mann brachte seinen Zwillingsbruder um, mit dem er im selben Haus zusammenlebte, im selben Krankenhaus arbeitete und denselben Hund ausführte, 68 Jahre lang.

– 16jähriger auf Spielplatz schwer verletzt, wo er eine Farbfilmdose fand, die beim Öffnen explodierte. Die Polizei warnt vor weiteren explosiven Filmdosen.

– Durch die Balkontür eines leeren Hauses in Pankow schlug ein elf mal fünf Zentimeter großes Metallteil ein. Das vom Himmel gefallene Metallstück wurde im Institut für Materialprüfung untersucht und konnte bislang nicht bestimmt werden, da seine Legierung keiner im zivilen und militärischen Flugverkehr üblichen ähnelt.

Als ich Meldung 2 und 4 als Filmideen beim Fernsehen einreichte, erhielt ich die ablehnende Antwort: zu ausgedacht.

Trotzdem sammle ich weiter Pressemeldungen, weil ich, Journalist und Drehbuchautor, an die Wirklichkeit als Fiktion glaube. Billy Wilder, Robert Siodmak und Fred Zinnemann waren rasende Reporter im Berlin der zwanziger Jahre, bevor sie mit *Menschen am Sonntag* (1930) den ersten dokumentaren Spielfilm der Großstadt drehten. Darüber ist zu reden – wie Dokumentares und Fiktives dramaturgisch zusammengehen. Zu reden ist auch darüber, was wirklich ist an der Wirklichkeit. Im elektronischen Weltalmanach des Fernsehens verschwimmen die Grenzen von Realität und Fabrikation bis zur Unkenntlichkeit. Raum und Zeit sind keine fest umrissenen Kategorien mehr, seit die Welt rückwärts- und vorwärtsblickend vergegenwärtigt wird, nicht einfach abgebildet, sondern pausenlos erklärt wird. Das durch seine Allgegenwart und Allmacht fundamentale Medium und seine Funktionäre (Programmgestalter) bestimmen mit hierarchischem Blick (Programmauswahl), was wir sehen, hören und fühlen sollen. Und das ist im Quotenkrieg der Medienkonzerne immer undurchschaubarer, langweiliger, obszöner. »Wenn wir zu allen Stunden grausige Geschehnisse mitansehen oder mitanhören müssen, so verlieren wir schließlich, selbst die von Natur Zartesten unter uns ... jegliches Empfinden für Menschlichkeit.« Das sagte nicht etwa Niklas Luhmann oder Marcel Reich-Ranicki, sondern der Stoiker Cicero im Jahre 85 v. Chr. 1.800 Jahre später stellte der Philosoph Berkeley (1685–1753) in seinem bahnbrechenden Werk *Versuch über eine neue Theorie des Sehens* die Frage, die uns zweifeln lassen sollte, wenn wir etwas live im Fernsehen verfolgen: »Sind wir eigentlich sicher, daß die Dinge, die wir betrachten, auch noch da sind, wenn wir wegschauen?« Von Berkeley, der auch Bischof in Irland war, stammt der Leitspruch der TV-Talkmaster *Esse est percipi* – Sein ist wahrgenommen werden. Ihr perzeptives Sein wird jedoch nicht von flüchtiger Wahrnehmung gestärkt, vielmehr vom bleibenden, allerorts und allzeit verfügbaren Eindruck, vom Abgebildetsein. Ergo, was nicht abgebildet ist, existiert nicht in der Television der Welt. Das Fernsehen spiegelt nicht die Welt wider, sondern die Welt des Fernsehens. Es zeigt nicht die Welt, in der wir sind, um sie zu verstehen, sondern die Welt, wie sie durchs Fernsehen gesehen und verändert wird. Der TV-Reporter ist der moderne Prometheus, der das kalte Licht der Videokamera in die letzten Winkel der Welt trägt, um ihr Mysterium zu zerstören. Die Philosophen suchen, das Geheimnis hinter den Erscheinungen zu beleuchten, um Gott zu finden, oder einen anderen Geist in der Maschine. Die schöne neue Medienwelt ist selbst Gott geworden, eine vordergründige, nichts mehr verbergende Oberfläche ohne mystische Hintergründe. »Eine Kinoleinwand, auf welche wir Sinn werfen«, schrieb der Medientheoretiker Vilém Flusser in seinem postum erschienenen Werk *Lob der Oberflächlichkeit* (1993). »Allerdings nicht als Projektoren, sondern als im Gewebe der Leinwand enthaltene Knoten.« Diese zweidimensionale Welt, die Sender und Empfänger zu Komplizen einer permanenten Vermüllung des Äthers macht, ist die moderne Informationsgesellschaft.

In dieser Welt müssen wir Filmleute uns orientieren, um zu überleben. Je mehr wir über diese verknotete Leinwand wissen, je besser wir die Mechanismen der Manipulation und Strategie des fiktionalen oder dokumentarischen Erzählens verstehen, umso weniger werden wir selbst manipuliert. Vorher sollten wir wenigstens einige objektive (weil empirisch bewiesene) Regeln lernen, um die subjektiven Fehler beim Geschichtenerzählen zu vermeiden. Und wenn man dafür keine Zeit hat, auf einem erfahrenen Dramaturgen bestehen. Diese ungeliebten Strukturalisten sind durchaus nützliche Verbündete von Autoren, Regisseuren, Produzenten, manche gar Drehbuchautoren im Hauptberuf, die keine Lust mehr haben, Schreibautomaten für filmische Analphabeten zu sein.

Regel Nr. 38: *Vergessen wir nie, daß unsere verfilmten Drehbücher länger Zeugnis von unserem Talent oder Nichttalent ablegen, als uns das Honorar dafür ernährte. Selbst wenn die Bilder verblassen, die Töne tun es nicht. Darum sollte jeder Drehbuchautor wenigstens einmal einen Text für den Rundfunk schreiben. Damit er versteht: Am Anfang war vielleicht das Bild, aber am Ende ist das Wort.*

KONFLIKTE, MUSS DAS SEIN?

> *»Im Leben der Amerikaner gibt es keinen zweiten Akt.«*
> F. Scott Fitzgerald

Im klassischen Drei-Akt-Drama hat der Held ein Problem, das er lösen muß, und am Ende löst er das Problem oder scheitert. Nun ist das Drama keine Gebrauchsanleitung für Problemlösungen nach der Devise: Vor Gebrauch schütteln, nach Schütteln nicht mehr zu gebrauchen, vielmehr ein Spiel um menschliche Konflikte und was sie mit uns machen – nämlich moralisch aufbauen oder zerstören. Der zweite Akt war seit jeher für Dramatiker das, was Brecht »die Mühen der Ebene« nannte. Oder wie es der amerikanische Stückeschreiber, Drehbuchautor und Filmregisseur David Mamet in seinem Buch *Vom dreifachen Gebrauch des Messers – Über Wesen und Zweck des Dramas* (Alexander Verlag 2001) drastisch-bildhaft ausdrückt: »Sich zu erinnern, daß man den Sumpf trockenlegen wollte, fällt schwer, wenn man bis zum Arsch im Alligator steckt.« Der zweite Akt ist die Negation der Negation des ersten. Zuerst akzeptiert der Held die Dinge nicht, wie sie sind, und will sie verändern. Dann hindern ihn Feigheit, Trägheit, alte Denkweisen oder die Aufgaben des Alltags daran, seine Ziele weiterzuverfolgen; womöglich auch Schicksalsschläge, die jene im ersten Akt vergessen machen. In der Mitte des Dramas geht es darum, wie im Leben, sich selbst zu befragen, Irrtümer zu erkennen und sich zu erinnern, was man einmal wollte. Darin liegt das eigentliche Konfliktpotential des Dramas – das Streben nach Erkenntnis und die Fähigkeit des Eingeständnisses von Irrtümern. Das persönliche Drama im großen Welttheater ist, was uns an Theater und Film interessiert. Das Scheitern des Helden in der Tragödie durch die falsche Wahl der Waffen im richtigen Kampf oder die richtigen auf dem falschen Kampfplatz soll

uns ergreifen, um es vielleicht besser zu tun. Die Komödie, das Melodram und die Romanze kennen den existentiellen Konflikt des
zweiten Aktes nicht. Deshalb wohl meinte F. Scott Fitzgerald, daß
seine Landsleute keine zweiten Akte mögen. Ihnen fehlt die Fähigkeit zur Selbsterkenntnis und -kritik. Das stimmt für viele Hollywoodfilme nicht, die nach dem klassischen Drei-Akt-Drama funktionieren; also stimmt es auch für viele Amerikaner nicht, oder es
stimmt ebenso für uns Deutsche.

Die meisten Menschen können das Wort *Konflikt* nicht hören,
ohne daß sich ihr Hirn bis zum Magen zusammenkrampft. Viele
leben davon – Eheberater, Rechtsanwälte, Sozialarbeiter, Militärs,
UNO-Mitarbeiter. Auch Drehbuchautoren leben von ihnen und
haben ihre liebe Not damit. Sie finden oder erfinden Konflikte der
Wirklichkeit und müssen sie noch verstärken und dann auflösen.
Junge Filmautoren schreiben bevorzugt Dramen der Pubertät –
doofe Eltern, Schulstreß, Erste Liebe. Über Fünfzig erzählen sie
gern von der Kindheit eingebettet in politisch-kulturelle Vergangenheiten, die sie selbst erlebt haben. Seltener widmen sie sich dem
Thema des Alters, in dem sie bis zum Hals stecken. Das hat freilich
auch mit der mangelnden Nachfrage nach Geschichten ohne *sex
and crime* zu tun. Dabei gewinnen Filme voller Altersweisheit und
Glück in Erwartung des Todes auf Festivals Preise, besonders, wenn
sie aus dem Iran oder Asien kommen. In unserer von Todesangst dominierten westlichen Kinokultur herrscht der Jugendwahn über den
Alterswahnsinn, die Unfreiheit der Konsumwelt über die Freiheit,
von nichts und niemand abzuhängen.

Wir müssen also vom Kategorischen der Konflikte sprechen,
wenn wir fragen, wozu sie gut sein sollen im Film. Seit Aristoteles
glauben wir platonischen Dramatiker an die Dreifaltigkeit von Figur, Fabel, Konflikt. Letzterer war schon im antiken Theater nicht
zwingend ein Zusammenstoßen (lat. *conflictum)* zwischen Personen,
Institutionen, Kulturen, sondern auch zwischen Menschen und
Göttern. Bei Sophokles gibt es das Konfliktdrama *(Antigone)* und
das analytische Drama *(König Ödipus).* Auch innere und äußere

Konflikte von Figuren sind keine Erfindung des bürgerlichen Dramas. Trotzdem frage ich mich, warum wir Filmdramatiker diese längst überholten Kategorien wie einen Katechismus nachbeten, spiegeln sie doch ein historisch bedingtes In-der-Welt-Sein wider, sind also kein unveränderliches Strukturmodell der Wirklichkeit. Ich will hier keine Vorlesung halten, vielmehr mein persönliches Problem mit dem Konflikt in der Drehbucharbeit betonen.

Ich gebe zu, daß ich ziemlich konfliktscheu bin. Darum habe ich die DDR ohne strafrechtliche Blessuren überlebt und bin nicht verheiratet. Vor den Arbeitskonflikten des Kapitalismus hat es mich nicht bewahrt, weil ich nicht notwendig harmoniesüchtig bin. In meinen Drehbüchern finden sich mehr Figuren, die mit sich selbst hadern, als jene, die die Welt verändern wollen und deshalb Konflikte heraufbeschwören. Spätestens seit spekulative Klimakatastrophiker den Wetterbericht zur täglichen Notstandsübung umfunktionierten, nimmt das numerische Konfliktpotential schneller zu als die Weltbevölkerung. Kaum jemand kann noch unterscheiden zwischen realen und virtuellen Gefahren, zyklischen Naturkatastrophen und fabrizierten, echten und falschen Pandemien, linearen und asymmetrischen Kriegen. Alles ist, wie in der Dialektik *à la russe*, eine Definitionsfrage der Politiker und Medien. Scheinkonflikte wie die Debatten um Hartz IV, Bankenkrise, Steuersenkung lenken von wirklichen Problemen wie Massenarbeitslosigkeit, Überschuldung und drohendem Staatsbankrott ab. Wo soll der unparteiische Drehbuchautor sich in diesem Durcheinander von wahren und behaupteten Staatsaffären positionieren? Schreibt er/sie fürs Fernsehen, werden die behandelten Konflikte von Redakteuren vorgegeben oder aussortiert. Für sie bestimmt die Zuschauerzielgruppe den Zündstoff der Filmhandlung, nicht der Autor mit seiner Neugier auf menschliche Dramen. Nicht anders als im realsozialistischen Telefunk der DDR sollen Konflikte im demokratischen Fernseh-Naturalismus *kathartisch* gelöst werden, um nicht als *antagonistische* Widersprüche Fragen nach dem Sinn unserer schönen Warenwelt zu provozieren.

Schreibt man fürs Kino, kann man sich Freiheiten erlauben, solange jemand dieses exzentrische Tun finanziert und sich Zuschauer interessieren. Regisseure, die nicht konfliktscheu sind, findet man in jeder Generation. Ältere seltener als jüngere, weil die Alten die Folgen der Nichtanpassung schon erfahren haben. Im Kino kann man mehr als lediglich einen Film erzählen, man kann die Aufmerksamkeit aufs Kino selbst lenken und die Illusion zerstören, daß der Zuschauer »in seiner seligen Einfalt seine Eintrittskarte bezahlt hat, um ›einen Film‹ zu sehen« (P. P. Pasolini). Jean-Luc Godard quälte ›die Feinde des Kinos‹ mit seinen poetisch-politischen Bild-Ton-Lektionen, als wolle er die Zuschauer dafür leiden lassen, daß er darunter leidet, nicht verstanden zu werden. Märtyrer des Kinos, die mit einer Lust an der Zerstörung das Leinwandtuch zwischen Absender und Adressat zerrissen, gab und gibt es zu jeder Zeit. Manche sterben früh (Jean Eustache, Gábor Bódy), andere im Zenit ihres Schaffens (Larissa Schepitko, P. P. Pasolini), die meisten unbemerkt, indem sie nur noch ›Filme‹ drehen oder keine mehr. Wie viele Drehbuchautoren als Märtyrer auf der Strecke blieben, ist nicht bekannt. Charlie Kaufmann führt derweil selbst Regie, aber weniger spektakulär als sein *director* Spike Jonze, der mit *Where the Wild Things Are (Wo die wilden Kerle wohnen)* einen schrägen Kinderfilm für Erwachsene drehte. Im Gegensatz zu Godard läßt Jonze den Zuschauer mit den Figuren leiden, weil deren kollektiver Konflikt uns alle angeht, die wir noch immer dem Traum der 68er Kommune nachtrauern – der an Selbstsucht und Machtgelüst scheiterte, nicht am Übereinanderschlafen. Menschliche Gegensätze ändern sich nicht zwangsläufig durch Revolutionen und neue Besitzverhältnisse. Nur die Ideologie der Konfliktgestaltung ändert sich oder ihre Vorzeichen. In einer Broschüre über die Rolle des Autors im Filmschaffen (Staatliches Komitee für Filmwesen 1953) gibt es den Aufsatz eines gewissen N. Krjutschetschnikow »Über den Konflikt im Drehbuch«. Darin werden sowjetische Filme getadelt, von denen einige die Zeit überdauerten, und solche gelobt, die den Stalin-Preis erhielten und vergessen sind. Ich will nicht weiter auf die rein ideolo-

Keller eines Kinos in Halle-Neustadt, 1970

gische Betrachtung des Konflikts in diesem Aufsatz eingehen, nur ein Beispiel: In dem Film *Bliznetcy* (*Die Zwillinge,* 1945) wird ein Gauner Direktor eines Lebensmittelmagazins. Der Aufsatzschreiber kritisiert die Autoren Michail Vituchnovskij und Jakov Jaluner nicht deshalb, weil sie einen moralisch verkommenen Menschen ins Zentrum des Films stellten. Für ihn liegt der Fehler der Autoren darin, daß sie den schurkischen Helden mit Charme und Charisma ausstatteten, wodurch seine krummen Geschäfte lange unentdeckt bleiben. Das rufe die Anteilnahme des Zuschauers hervor, anstatt dessen Abscheu und Verachtung zu fördern. Der Konflikt der Filmhandlung (staatlicher Gauner bestiehlt die Bevölkerung) soll hier aus Furcht vor einer Hinterfragung der Wirklichkeit nach Schurken im Parteiapparat auf die Figurengestaltung im Drama abgewälzt werden. Der Schwarze Peter wird den Drehbuchautoren zugeschoben wie Jahrzehnte später dem Autorenfilmer Wassili Schukschin in *Kalina Krasnaja*, worin er einen höchst sympathischen Ganoven in der suspekten Sowjetgesellschaft spielt. Das in seiner Heldenperspektive des *fallen angel* an bestes amerikanisches Kino erinnernde Meisterstück führte in der DDR zu wilden Diskussionen nach Art der Broschüre von 1953.

Ähnliche Betrachtungen menschlicher Konflikte aus der Kindergartenperspektive hallen mir noch aus den Babelsberger Dramaturgensitzungen der achtziger Jahre in den Ohren. Wer Vergleiche zur Stalinzeit stellte, war ein Spielverderber. Ansonsten konnte man kontrovers diskutieren und sich als Autor uneinsichtig zeigen. In den Redaktionsstuben von ARD und ZDF wird nicht diskutiert, sondern abgesegnet oder verworfen. Man hat keine Zeit für Kontroversen, weil Sat.1 und RTL größere und buntere TV-Wundertüten produzierten.

Es bekümmert mich, daß die Zuschauer im Kino – die vorm Fernseher sehe ich ja nie – das Konfliktpotential in Filmen nicht erkennen oder geflissentlich übersehen, wenn es nicht vordergründig auf der Metaebene mitschwingt. Als Beispiel fällt mir die von allen geliebte Komödie von Harold Ramis *Groundhog Day* (*Und täglich grüßt das Murmeltier,* 1993) ein. Der Film erzählt nicht nur die akute Depression eines *TV weatherman*, der jeden Tag als exakte Wiederholung des vorherigen erlebt, sondern sein verzweifeltes Werben um eine Kollegin. Sie läßt den ungewöhnlichen, gefühlvoll-witzigen Mann (Bill Murray) so lange zappeln, bis er ein gewöhnlicher Mann geworden ist, der seinen Realitätsknacks kurierte und als verläßlicher Versorger in Frage kommt. Ich kenne nicht viele Komödien und keine deutsche, die einen so niederschmetternden Kommentar offen im Hauptkonflikt (Mann trifft Frau und muß kämpfen) versteckt.

Solche Filme mag ich, wo der Konflikt des Helden bis zur Lösung getrieben wird, doch am Ende erweist sich die Lösung für ihn als

Dilemma, er muß sich zwischen zwei schlechten Möglichkeiten entscheiden. Aus der Zwangslage entkäme der Held nur, wenn er die Rückbezüglichkeit der Entweder-oder-Denkgewohnheit ablegte. Er müßte sich wie Münchhausen am eigenen Zopf aus dem Sumpf ziehen oder, nichtbildlich gesprochen, einen dritten Weg einschlagen und Nein zu den beiden schlechten Alternativen sagen. In den Filmen von Ernst Lubitsch sind sich die Helden ihres Problems wohl bewußt. Trotzdem glauben sie, von zwei schlechten Möglichkeiten die bessere zu wählen. Der legendäre *Lubitsch-Touch* ist die Erkenntnis, daß wir alle Verlierer sind, weil wir scheinbar nichts dazulernen. Lubitsch servierte uns die deprimierende Einsicht mit jüdischem Witz, in deutschen Filmen kommt sie, außer bei Dani Levy, meist als zynische Attitüde daher. Die meisten von uns gehen eben lieber mit gesicherten Weisheiten zu Bett, statt mit der beunruhigenden Diagnose, unser rückbezügliches Denken könne der Grund für die falschen Entscheidungen unseres Lebens sein. Weil wir lieber Ja als Nein sagen, den Spatz in der Hand eher akzeptieren als vielleicht keine Taube auf dem Dach. Ich plädiere nicht für Filme als pädogogische Lebenshilfe, sondern als Erbauung für unterhaltsame Stunden (Quantitäten), die durch unterschwellige Entlarvung unseres zwanghaften Denkens und Handelns zu Einsichten (Qualitätsumschwung) führen. Aber das bleibt ein frommer Wunsch für einen deutschen Filmautor, der vergeblich auf die Wiedergeburt des von Fritz Lang erfundenen Genrekinos hofft. Eben dort, nicht im Experimental- oder Kunstfilm, Sozialdrama oder politisch wertvollen Film ist das wahre Kino des Unbehagens über den von Freiheit, Gleichheit, Brüderlichkeit mehr denn je entfremdeten Menschen. Man sehe sich die Filme der alten Hollywood-Meister wie Robert Aldrich, Sam Fuller, Stanley Kramer, Arthur Penn, Don Siegel, Robert Wise an, dann wird man sehen, daß die Rebellen des New Hollywood nur die filmische Form veränderten und radikale Kritik am *American way of life* übten. Der Neue deutsche Film huldigte dem amerikanischen Genrekino, verlor aber sein Unbehagen über die Zustände im eigenen Land, je liberaler es wurde. Nur Alexander

Kluge, Fassbinder und der junge Christoph Schlingensief machten noch weiter mit ihrem Kampf gegen die Windmühlen der Rückbezüglichkeit unserer Wohlstandskonflikte. (Über die Jungen will ich mir kein pauschales Urteil erlauben, weil sie zu viele sind, und nur wenige mehr als zwei, drei Filme machen können.)

Einer, der nur einen Kinofilm schrieb, aber acht dramatische Texte auch als Regisseur beim SWR realisierte, jeder kennt ihn, auch ohne ihn gelesen zu haben – Samuel Beckett, soll dieses Kapitel beenden. Denn im Beenden und Erschöpfen der menschlichen Sache war der Nobelpreisträger so konsequent wie kein anderer. 1963 schrieb er ein Drehbuch mit dem lapidaren Titel *Film*, das eigentlich ein Treatment von 16 Seiten Länge ist. Die erste Seite heißt ›Allgemeines‹ und erklärt den bekannten Satz von Berkeley *esse est percipi* als Paradox. »Wenn alle Wahrnehmung anderer … aufgehoben ist, behält einen die Selbstwahrnehmung im Sein. Die Suche nach dem Nicht-Sein durch Flucht vor der Wahrnehmung anderer scheitert an der Unausbleiblichkeit der Selbstwahrnehmung.« Seite 2–9 erzählen als ›Entwurf‹ in drei Episoden (Die Straße, Treppe, Das Zimmer) die Flucht eines Mannes vorm Wahrgenommenwerden in die Selbstwahrnehmung. Hauptsächlich entwirft der Autor darin Bewegungsabläufe des stummen Helden O und exakte Kamerapositionen. Seite 10–16 sind Anmerkungen mit Skizzen über die szenische Choreographie des einundzwanzigminütigen Films, einem Ballett-Libretto ähnlicher als einem Drehbuch.

1965 realisierte Beckett mit Alan Schneider (Regie), Boris Kaufman (Kamera) und Buster Keaton in der Hauptrolle diese ungewöhnliche Vorlage in New York. Viele Jahre war der Film vergessen, dank Internet kann man ihn jetzt auf YouTube ansehen oder als DVD bestellen. Ich versichere, es ist ein Aha-Erlebnis für Filmemacher, aber auch für Filmfreunde. Ein Werk wie aus einer anderen Zeit, als Boris Kaufmans Bruder Dziga Vertov mit seinem *Kinoglaz* (*Kino-Auge*, 1924) die theatralisch stotternde Sprache des Stummfilms neu erfand. Vielleicht deshalb nannte Beckett seinen Text ›Eye‹ (Auge), doch *Film* ist der kategorischere Name. Ich will die Details

Samuel Beckett in seiner Pariser Wohnung, 1968 (Filmbild von Hans Noever)

dieses unendlich traurigen, absurd-komischen Films nicht analysieren. Was hier interessiert, ist die Darstellung eines erkenntnistheoretischen Konflikts als menschliches Drama. Der einsame O flieht vor den Blicken der Passanten in sein Zimmer, wo ihn die Bilder seiner Kindheit ansehen. Obwohl er eine Augenklappe trägt, kann er den einäugigen Blick nicht von den Fotos abwenden. Zuletzt bedeckt er sein Gesicht mit den Händen, um nicht mehr zu sehen und (Vogel-Strauß-Politik) nicht mehr gesehen zu werden.

Obwohl das alles ziemlich ausgedacht klingt und auch ist, geht das sehr plastische Problem des Mannes an die Nieren. Warum? Es wird nichts erklärt, es gibt keine Handlung, nur Vorgänge, keine Musik, die Montage verbindet Ort und Zeit, die unbestimmt sind.

Wir sehen das Drama einer Erschöpfung, nicht im Sinne von Er-
müdung, sondern existentiell außerstande, seine Lage zu ändern.
Ein Endspiel ohne Ende, bei dem der Konflikt keine Lösung bietet.
Vielleicht wäre der Kurzfilm kaum mehr wert als ein Schulterzuk-
ken, hätte Beckett nicht Buster Keaton mit der Rolle von O besetzt.
Der Komiker, der nie lachte, spielt O nämlich nicht. Er ist O im
wahrsten Sinne, und dieser Sinn liegt sowohl außerhalb wie innerhalb der Schauspiel-Kunst Keatons. Als Kind wurde er auf der
Bühne von seinem Vater als *Punch-August* mißhandelt und durfte
weder weinen noch schreien. Daraus entwickelte Keaton dann seine
katatonische Buster-Figur. Zehn Jahre bevor Beckett seinen Film
schrieb, war Buster Keaton Gast der Berliner Filmfestspiele, um die
rekonstruierte Fassung seines Stummfilms *The General (Der General)* zu präsentieren. Im ›Diener‹ wurde ein Essen für ihn arrangiert.
Keaton sprach den ganzen Abend kein Wort und lachte nicht.
Unterm Arm hielt er ein ledernes Photoalbum. Nur der Gastgebe-
rin des Abends gewährte er Einblick in sein Bilderbuch. Es enthielt
nicht, wie man vermuten mag, Fotos seiner zahllosen Filme, vielmehr Aufnahmen der Kindheit und seiner Mutter, die eine bild-
schöne Frau war. Keaton soll beim Blättern in dem Album geweint
haben. Es ist nicht bekannt, ob Beckett von der Marotte seines Idols
wußte. In *Film* jedenfalls sind es eben diese Kindheitsbilder, die O
(Buster Keaton) in seinem Zimmer ansieht und sie ihn. Selbstbetrachtung ist ein Konflikt, der im Drehbuch nicht gelöst werden
kann, weil er außerhalb des Dramas liegt. Sobald wir betrachten,
wird der Betrachtete wahrgenommen und von seinem Nichtsein
erlöst – Film ist Wahrgenommenwerden.

UNSUITABLE TREATMENT –
VOM NUTZEN DER FILMERZÄHLUNG

Angehenden Drehbuchautoren muß ich den Unterschied von *Skizze, Exposé* und *Treatment* nicht erklären. Doch sie sollten wissen, daß Filmproduzenten und Fernsehredakteure einen nicht zu unterschätzenden Unterschied machen – in der Bezahlung.

Bei der DEFA war die Vergütung der einzelnen Arbeitsstufen eines Drehbuchs vertraglich genau geregelt. Gewöhnlich fing man mit einer Ideenskizze von maximal fünf Seiten an. Dafür gab es ca. tausend DDR-Mark. Wurde der Stoff als entwicklungsfähig abgenommen, erhielt man einen Exposévertrag, der zwanzig Schreibmaschinenseiten nicht übersteigen sollte. Die Vergütung richtete sich nach der Einschätzung des Chefdramaturgen, ob der Stoff eine Realisierungschance hat, und lag in meinem Fall zwischen drei- und viertausend Mark. Der anschließende Schritt zum Treatment (Minimum fünfzig Seiten) war die Regel, um einen Drehbuchvertrag zu bekommen. Für die bei der DEFA gut deutsch ›Filmerzählung‹ genannte literarische Form eines Drehbuchentwurfs ohne Dialoge, aber mit allen Handlungsszenen in der angestrebten Reihenfolge, die auch numeriert sein konnten, jedoch nicht so stenographisch aufgereiht wie bei heutigen ›Szenenfahrplänen‹, erhielt ich als Autor bis zu sechstausend Mark. Die Hälfte des Exposévertrages wurde (nicht in jedem Fall) mit dem Treatmentvertag verrechnet. Jedenfalls hatte ich mit eineinhalb Filmstoffen ohne Drehbuchvertrag mein Jahressoll als festangestellter Szenarist von 13.800 Mark schon erfüllt. Deshalb war ich von 1981 bis 86 sozial abgesichert, obwohl trotz mehrerer Drehbuchverträge kein Filmstoff von mir produziert wurde.

Hier geht es aber um die heute übliche Feilscherei bei der Bezahlung von Exposé und Treatment. Nur wenige Filmproduzenten wollen Geld für beide Stufen der Stoffentwicklung zahlen. Für ein Exposé, mit dem sie das Recht erwerben, es bei TV-Sendern oder Co-Produzenten herumzureichen, und es bei einer Ablehnung für andere Zwecke der Firma mit anderen Autoren zu entwickeln, zahlten sie früher drei- bis fünftausend DM, jetzt maximal zweitausendfünfhundert Euro. Nicht nur kleine Filmproduzenten heben die Hände, wenn man auf dieser Summe besteht, und drängen den Autor, in Vorleistung zu gehen, bis Geld von der Filmförderung oder dem Fernsehen kommt. Oder sie rufen nie mehr an. Falls man sich darauf eingelassen hat, seine Stoffidee gegen Bezahlung oder auf Rückstellung wegzugeben, und eine weitere Finanzierung scheitert, muß man sehr aufpassen. Ich habe erlebt, das meine von Sendern abgelehnten Stoffideen in anderen Filmen derselben Produktionsfirma auftauchten, unter anderem Titel von anderen Autoren aus- oder umgeschrieben. Nie ist es mir gelungen, nachzuweisen, daß ich die Idee als erster hatte. Einmal gab ich nicht klein bei und forderte von einer Filmproduktion nachträglich einen Vertrag für ein Filmexposé, das nicht optiert wurde. Zufällig hatte ich erfahren, daß der Stoff, ein klassischer Politthriller nach dem Vorbild *Missing (Vermißt)* von Constantin Costa-Gavras, beim ZDF in Mainz lag. Im *Spiegel* las ich einen Artikel über eine junge Frau aus Cottbus, die als Sanitäterin bei der kurdischen PKK von türkischen Militärs gefangengenommen, vergewaltigt, dann ermordetet wurde. Eine dubiose Rolle spielte dabei der BND, was die Sache noch interessanter machte. Als Hauptfigur erfand ich einen jungen, idealistischen Diplomaten aus dem Auswärtigen Amt, der seine Karriere aufs Spiel setzt, um das Kriegsverbrechen aufzuklären. Der Stoff fiel beim ZDF durch. Ich hatte der Berliner Filmproduzentin jedoch nicht die Erlaubnis erteilt, meinen Stoff weiterzureichen. Ich stellte eine Rechnung und erhielt einen Brief von den Anwälten der gewichtigen *Producerin*. Darin drohten sie mir mit den sieben biblischen Plagen, wenn ich gerichtlich gegen die Firma vorgehen würde. Was ich dann auch unterließ, um am Ende nicht draufzuzahlen.

Regel Nr. 39: *Gib nie ein Exposé aus der Hand, ohne es vorher in einem Briefumschlag an dich selbst zu schicken. Der Poststempel garantiert dir einigermaßen, daß du der Urheber bist. Man kann es natür-*

lich auch seinem Anwalt oder Agenten geben. Aber es gibt keinen hundertprozentigen Eigentumsschutz, wenn man Filmideen in Umlauf bringt. Zu beweisen, daß man der Urheber eines Textes von zwanzig Seiten ist, mag noch gelingen; daß die Idee des Entwurfstextes singulär ist, hat seine medienspezifischen Grenzen. Welche Idee im Film war noch nie da? Im Hollywood-Kino gibt es nach Meinung von Drehbuch-Gurus wie Frank Daniels und Syd Field nur sieben Standardgeschichten, alle aus Grimms Märchen übernommen und auch so benannt (Cinderella, Little Red Riding Hood, Frog & Princess usw.).

Wenn die goldene Kugel deiner Phantasie in den Brunnen gefallen ist, versuche nicht, sie mit Gewalt (durch Drohbriefe oder Gerichtsklagen) wieder herauszuholen. Sorge vorher dafür, daß du deine Besitzrechte so teuer wie möglich und vorausschauend-angemessen wie nötig verkaufst.

Ein deutscher *Low-* oder *No-Budget*-Film ohne Förderung und Fernsehen verlangt viel Enthusiasmus und daß alle Beteiligten die Miete anderswie verdienen. Für eine Vorabendserie von Sat.1 oder RTL sollte ein anspruchsvoller Autor schon vorab Schmerzensgeld verlangen. Doch es gibt genügend serielle Drehbuchschreiber, die unpopuläre Themen, originelle Filmsprache oder die hohe Schule des Genrekinos als Luxus betrachten; die sich gern im Autoren-Pool unter enormem Zeitdruck und bei schlechter Bezahlung ausbeuten lassen.

Seit dem Ende der DEFA habe ich zwar etliche Treatments geschrieben, aber selten auf Verlangen des Geldgebers. Diese Art der Kostenmaximierung leisten sich nur Philanthropen unter Filmproduzenten, von denen es in Berlin soviel gibt wie weiße Wale in der Spree (sinngemäß Curt Goetz). Ich kann aber bis heute auf fünfzig Seiten eine Filmgeschichte viel besser strukturieren als im heute üblichen Zehn-Seiten-Exposé, wo vieles nur Behauptung bleibt, die Figuren nur schemenhaft erscheinen. Ein Treatment kostet aber nicht nur mehr Druckertinte, es macht auch mehr Arbeit. Dennoch verkaufte ich, wenn überhaupt, diese filmischen Erzählungen aus oben erwähnten Gründen zumeist nur als Exposé. Ein finanzieller

Verlust von etlichen tausend Euro. Der Drehbuchautor Torsten Schulz meinte, ich würde mich wie ein Anfänger verhalten, wenn ich nicht 7.500 Euro pro Treatment verlange. Torsten fing erst nach dem Ende der DEFA an, Filme zu schreiben, ist heute Professor an der HFF und schaffte es, daß sein Roman *Boxhagener Platz* (Ullstein 2005), von ihm fürs Kino adaptiert, zum Doppelverdienst wurde. Ich war so blöd, daß ich einmal für 2.500 DM ein Serienkonzept mit dreizehn Kurzgeschichten unter dem Titel *Vermißt* schrieb, daß nicht realisiert, aber später in einer TV-Serie kopiert wurde.

Regel Nr. 40: *Sei nicht blöd und lache lieber über mich, als daß andere über dich lachen. Du bist Händler von leicht verderblicher Ware und mußt sie verkaufen, bevor sie durch zuviel Hände gegangen ist und ›riecht‹, wie man in der Filmbranche sagt. Aber wirf sie nie weg. Deine Ware kann wie ›Gammelfleisch‹ neu etikettiert und in Fernsehküchen oder Kinorestaurants aufgetischt werden. Auch als Kochbuch mit literarischen Zutaten.*

Manchmal lohnt es sich, abgelehnte Treatments liegen zu lassen. Wenn alle Möglichkeiten des Fernsehens/Kinos ausgeschöpft sind und keine Hoffnung besteht, daß die geschriebenen Bilder im Kopf laufen, die Sätze sprechen lernen, werden sie vielleicht zu Prosa.

Erst, als das Filmmuseum Potsdam meinen Vorlaß erwerben wollte, fiel mir auf, daß die Mehrzahl meiner unverkäuflichen Treatments ›Männergeschichten‹ waren. Ohne daraus eine Genderstudie zu extrahieren, ging ich daran, siebzehn Geschichten als Buch mit dem Titel ›Einsame Männer‹ zusammenzustellen. Meiner cineastischen Überzeugung entsprechend, waren es ausnahmslos Fallstudien vom Scheitern – erfundene und wahre, historische und aktuelle, abenteuerliche und alltägliche, mörderische und messianische, in denen Frauen eine nicht geringe Rolle spielten. Am Ende war ich überzeugt, einen Erzählungsband in der Art von Stefan Zweigs *Sternstunden der Menschheit* zu haben. Ein Verlag fand sich trotzdem nicht auf Anhieb, obwohl der Titel bei Lektorinnen Interesse weckte.

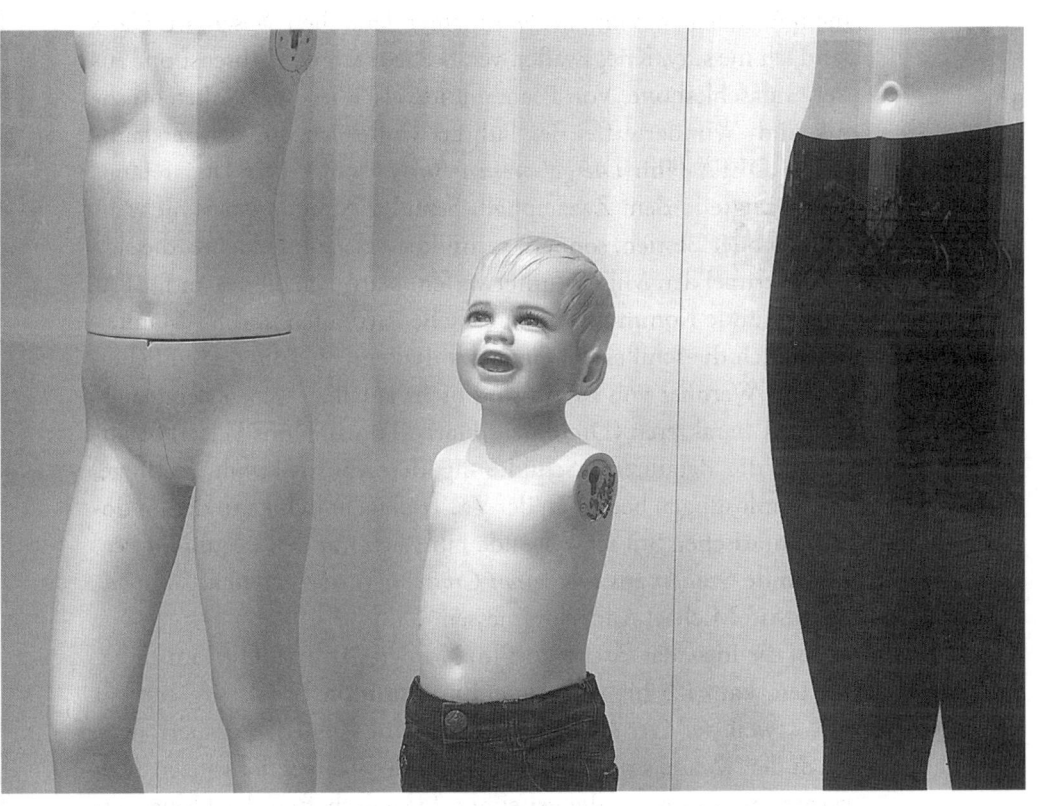

SOMETHING IN THE AIR

Haben Sie Thomas Pynchons *Gravity's Rainbow* (*Die Enden der Parabel*) je zu Ende gelesen? Ich nicht. Trotzdem wurde Peenemünde mein Arkadien, das *ultima thule* meiner deutschen Wesensart. Nazis fand ich nie sexy, Kriegswaffen verabscheue ich wie Erbsensuppe aus der Gulaschkanone. Von Peenemünde als Wiege der Raketentechnik und ›Wunderwaffe‹ des Führers wußte ich seit dem erstaunlichen DEFA-Film *Die gefrorenen Blitze* (1967). Der Ungar János Veiczi zeigte in dem Zweieinhalb-Stunden-Streifen Nazis nicht als Idioten oder Bestien, sondern technikbesessene Ingenieure, die sich trotz Skrupel den Militärs unterwerfen. Natürlich gibt es im DEFA-Peenemünde Kommunisten, polnische Partisanen und SS-Männer. Aber auch die schillernde Figur des ›Rakentenbarons‹ – Ähnlicheiten mit Wernher von Braun sind nicht zufällig. Neben den glaubhaften Charakteren (Drehbuch: Harry Thürk, János Veiczi) beeindruckt die detaillierte Schilderung der Konstruktion, Testflüge, Problemlösungen beim Bau der V2. Tricktechnisch kann der im dokumentarischen Stil schwelgende Film sich mit den exquisiten Peenemünde-Szenen aus *Operation Crossbow* (*Geheimaktion Crossbow*, 1965) von Michael Anderson messen.

Auf die Idee, das Fischerdorf im Norden der Insel Usedom zu besuchen, kam ich bis zu meiner Entlassung in Babelsberg erst gar nicht, weil der Ort als Militärgelände für Zivilisten gesperrt war. Nach der Wende wollte ich die Enden der Parabel der ganzen Welt vermessen und nicht die geheimen Liegenschaften der Honecker-Ära erkunden.

Erst zehn Jahre später bot sich die Gelegenheit, auf Wernher von Brauns Abenteuerspielplatz herumzutollen. Laurens Straub hatte den Film *Prüfstand VII* (2002) des Alexander-Kluge-Schülers Robert Bramkamp produziert und lud mich zur Rohschnittvorführung ein, um, wie er meinte, ein junges Genie des deutschen Kinos kennenzulernen. Nach der Ansicht des dokumentaren Spielfilms wollte der

Regisseur meine Meinung hören. Ich sagte, daß ich drei Dinge hasse: Wikinger, Nazis, Punks. Alle drei kamen in *Prüfstand VII* ausgiebig vor. Robert schaute mich entgeistert an, behielt aber seine Münsteraner Höflichkeit und erklärte mir geduldig seinen Film. So wurden wir Freunde und machten uns an ein neues Drehbuch über Peenemünde. Die Idee des Regisseurs, daß ein paar gestrandete Existenzen eine intakte V2-Rakete in der Ostsee finden, sie in den Orbit schießen und damit fast den Dritten Weltkrieg auslösen, gefiel mir. Doch war das halbwegs realistisch, nicht nur eine geniale Spinnerei? Im Internet las ich eine Webseite von kanadischen Raketentüftlern. Sie gaben überzeugend an, in drei Jahren eine modernisierte V2-Rakete für private Weltraumflüge in den Orbit zu schießen, um die Vormacht militärisch-kommerzieller Interessen zu brechen. Also ging ich an die Arbeit und schrieb ein Treatment, in dem auch Thomas Pynchon als Figur auftritt. Lange hatte ich nicht mehr soviel Spaß beim Schreiben, weil mir kein Redakteur oder Produzent im Nacken saß. Als ich Robert sagte, ich hasse Nazis im Film, war das nicht ganz korrekt. Wie jeden technisch ungebildeten Autor erstaunen mich die Kühnheit und Schnelligkeit deutscher Ingenieure unter Hitler. Was hatten sie nicht alles im Dienste seiner Weltmachtpläne erfunden: düsengetriebene Panzer und Flugzeuge, Schwenkflügler, den ersten Raumgleiter, UFO-ähnliche Flugscheiben mit 2000 km/h, tragbare Rückstrahlantriebe, feuerspuckende Abfangjäger, optische Lenkwaffen, Schall-, Wind- und Luftwirbelkanonen, Eisbomben, Schnee-Orgeln, um die Ecke schießende Karabiner; tödliche Spielzeuge wie die Torpedos ›Dackel‹ und ›Wasseresel‹, die Superkanone ›Fleißiges Lieschen‹, die erste Panzerabwehrrakete ›Rotkäppchen‹. *Last but not least* den Volkswagen und das Volksfernsehen. Der Gipfel war jedoch eine Flüssigkeitsrakete, die im Steilschuß bis ins Weltall flog. Meine erste echte A4/V2 sah ich im Londoner Science Museum, eine 17 m lange Rakete, die durch zwei Etagen ragte. In der DDR hatte ich den Roman *Insel ohne Leuchtfeuer* gelesen. Die Autorin Ruth Kraft war als Halbjüdin ›Rechenmädel‹ bei von Braun und überlebte zwei Bombenangriffe

Something in the Air

227

der Alliierten auf Peenemünde. Ich besuchte sie in Zinnowitz und ließ mir den Raum im ehemaligen Hotel Schwabe zeigen, wo die ›unpolitischen‹ Raketenpioniere mit der Wehrmacht und SS speisten. 1945 wohnten dort die sowjetischen Ballistikexperten unter Leitung des genialen Konstrukteurs Boris Tschertok. Aus einer V2 entwickelten er und Sergej Koroljow die Rakete, mit der der erste Sputnik ins All flog. Tschertoks Memoiren *Raketen und Menschen* (EDP Verlag 1998) gaben mir das technische Verständnis der ›Wunderwaffe‹ zum Schreiben des Films. So konnte ich die komplizierte Funktionsweise der aus einem Gemisch von Sauerstoff und Ethylalkohohl angetriebenen Rakete verstehen und exakt beschreiben.

Regel Nr. 41: *Schreibe nie über wissenschaftlich-technische Dinge in einem Drehbuch, wenn du keine Ahnung hast. Fast alles, sogar der Bau einer Atombombe, läßt sich heute im Internet nachlesen. Interessiere dich für Details und mache sie so allgemein verständlich wie möglich und so geheimnisvoll wie nötig. Die Zuschauer wollen wissen, wie die Maschinen in deinem Film funktionieren, aber auch glauben, daß der Autor nicht alle Geheimnisse preisgibt, die er kennt.*

Ist er dümmer als der gebildete Zuschauer, wird er ausgelacht. Deshalb genügt es nicht, so zu tun, als wisse man Bescheid – man muß so tun, als wisse man mehr, als man erzählt. Wie du diesen Vorteil herstellst, bleibt deiner Phantasie überlassen. Verlass dich nie auf die trügerische Einbildungskraft, nur Genies irren fast nie, lesen aber mehr; sie schreiben und klauen, wo sie können.

In die örtlichen Geheimnisse von Peenemünde führte mich Robert Bramkamp mit einer mehrtägigen Exkursion ein. Er kannte jeden Schleichweg in das teilweise mit Stacheldraht und Warnschildern ›Munitionsverseuchtes Gebiet‹ markierte Gelände der ehemaligen Raketen-Versuchsanstalt, wußte jeden Stein der von den Russen gesprengten Anlagen zuzuordnen und war mit dem Direktor des Museums per du. Später fuhr ich allein an den Ort, der sechzig Jahre lang auf keiner Landkarte der zwei deutschen Diktaturen verzeich-

Historisch-technisches Informationszentrum Peenemünde 2003 | Flugplatz Peenemünde 2000

net war, und fing an, die Ruinen des Krieges zu fotografieren. Das Sauerstoffwerk und einige der zwölf Raketenprüfstände waren noch in erkennbarem Zustand; vom einst größten Windkanal der Welt blieb nur eine verbeulte Feuertür; am Prüfstand VII, der die Fläche eines Fußballstadions maß, war nicht viel mehr als der Schuttberg einer fünfstöckigen Halle, aus der die fertigen V2-Raketen auf Schienen senkrecht zum Startplatz gefahren wurden.

Die Suche nach den Hauptfiguren des Films war nur noch Schreibroutine. Da es in einem Abenteuerfilm nicht ohne *love story* geht, erfand ich einen Meeresgeologen (Typ Nick Nolte), der seinen Job hingeschmissen hatte und Fischer wurde; eine arbeitslose russische Raketenexpertin (Typ Jodie Foster); eine englische Studentin für Frühgeschichte (Typ Tilda Swinton); einen Museumstechniker, ehemals Mechaniker der NVA-Jagdfliegerstaffel 6 am Flugplatz Peenemünde (Typ nützlicher Trottel), einen amerikanischen Touristen, der wie Thomas Pynchon über alles Bescheid weiß und davon träumt, ins All zu fliegen; dann noch diverse Geheimagenten, Killer und Opfer. Der Regisseur war begeistert und enttäuscht zugleich. Die Story war ein klassischer Thriller mit Spannung, Romantik und bitterem Sarkasmus, aber keine Spielvorlage für einen innovativen deutschen Filmemacher, der Jean-Marie Straub und Hartmut Bitomsky als Vorbild schätzte. Doch Robert war einverstanden, daß ich unter seiner Regie das Treatment ›Something in the Air‹ für eine Drehbuchförderung einreichte. Ratloses Kopfschütteln und empörte Ablehnung waren noch die freundlichsten Reaktionen, einige Gremiumsgutachter verdächtigten uns als Neonazis und Antiamerikaner. Andere rieten uns, den Unsinn nach Hollywood zu verkaufen. Tatsächlich bot ich den Stoff Produzenten in London an, sie waren interessiert, aber nur mit einem britischen Regisseur. Damit war das Unternehmen Peenemünde vorerst gestorben. Ich überlegte, ein Prosastück daraus zu machen, doch Robert fand das nicht gut, solange er mit Laurens Straub im Gespräch war. Vermutlich würden sie noch heute reden, wenn Laurens nicht 2007 gestorben wäre.

An dem Film verlor ich wie immer, wenn sich nichts bewegte, das

Interesse, an Peenemünde nicht. Zu jeder Jahreszeit fahre ich an diesen ›Kein Ort nirgends‹, fotografiere jedes Betonteil, jedes Stück Schrott, jeden Baum, um zu dokumentieren, wie die Natur die Bauten von uns denkenden Termiten überwuchert, wie sie die Wunden des Krieges heilt und mit dem Mantel der Geschichte einhüllt. Die Liebe zur Fotografie, der Mutter des Films, tröstet mich über die längst freudlose Ehe mit der Tochter hinweg, das regelmäßige Schreiben für die Zeitung über die häufige Vergeblichkeit des Drehbuchschreibens.

Regel Nr. 42: *Wenn das Schreiben für dich zum Lebensinhalt wird, kannst du nicht nur Drehbücher verfassen. Es ist ein Job, der Geld einbringen soll, nicht viel mehr. Um gute Geschichten auf Papier zu bringen, braucht man keine Genehmigung von Filmproduzenten oder TV-Redakteuren. Zwar sind Agenten und Verleger meist auch nur am Mehrwert eines Textes und nicht am Wert eines guten Textes an sich interessiert, doch es gibt den Internetvertrieb ›Book on Demand‹, wo jeder Autor sein Buch nur so oft drucken läßt, wie es verlangt wird und mehr als 5 % Tantiemen für sich einstreicht. Wenn dir Prosa, Hörspiele oder Essays zu anstrengend sind, schreib Artikel für die Zeitung. Meinetwegen über Film. Man muß schreiben wie Klavierspielen üben, um ein Meister zu werden.*

1984 lief zur Eröffnung der ersten sowjetischen Filmwoche im Zeichen der Perestroika Andrej Tarkowskijs *Stalker*. Im Kino ›International‹ hätte man den Herzschlag von eintausend Zuschauern hören können, wenn der Film stumm gewesen wäre. Überwältigt von der ganz heutigen Filmadaption des utopischen Romans *Picknick am Wegesrand* der Brüder Strugatzki verstand ich zwar, daß die ›Zone‹ ein gewöhnlicher Ort in der Sowjetunion war, wo eine Schlacht oder ökologische Katastrophe stattgefunden hatte, aber ich begriff nicht, daß das Interesse der drei Besucher an paranormalen Wundern, die dort passieren, nur deshalb groß war, weil der Ort verboten war. Der Stalker glaubt an diese Wunder und bringt sie in den banalsten Naturgeräuschen, den unansehnlichsten Dingen zur Erscheinung.

Erst im Peenemünder Wald, der sechzig Jahre Militärsperrgelände war, offenbarte sich mir die pantheistische Botschaft Tarkowskijs, daß in jedem Grashalm, jedem Stein das Geheimnis der Schöpfung steckt. Doch nicht die tiefe Religiosität des Filmemachers interessiert mich an *Stalker*. Als DDR-Bürger kam die Erkenntnis zu spät, weil ich die letzten Jahre vor der Wende keinen Blick mehr für die natürlichen Schönheiten meines Landes hatte, keine Freude an den kleinen Dingen des Lebens. Honeckers Land erschien mir wie ein endloser Film, in dem nichts Überraschendes passiert. Als Drehbuchautor ist die verspätete Erkenntnis allemal produktiv für die Arbeit. Und was für die Arbeit gut ist, kann auch in der Freizeit den Blick öffnen für Verborgenes. Wer schreibt, hört und sieht genauer zu, um noch besser zu schreiben. So lebe ich seit 2000 für ein paar Tage die verlorenen Möglichkeiten der DDR nach. Nicht aus Nostalgie oder militärischem Interesse, sondern aus der Verzweiflung des Stalkers über die Zerstörung der Welt, das Desinteresses an den Wundern der Natur, der Furcht der Menschen, ihren Alpträumen und tiefsten Wünschen zu begegnen, wovon er erzählen muß, um zu überleben. In seinem rätselhaften Film beschreibt Tarkowskij, wie ich finde, im Subtext die Odyssee des Drehbuchautors durch die kaputte Welt, die er erklären muß, um sie zu retten. Die er liebt, weil sie voller Wunder ist, die sich tatsächlich materialisieren, sobald er wachen Auges träumt.

GOLDMARIE UND PECHMARIE

2005 war kein gutes Jahr für mich. In meinem chinesischen Horo-
skop stand: »Im Jahr des Hahnes kämpft der Tiger mit dem Rücken
zur Wand. Er ist rundum von feindlichen Einflüssen umgeben. Ein
Ausfall wäre verlustreich.« Wann war das in den letzten Jahren nicht
der Fall? Seit längerem hatte ich kein neues Drehbuch mehr auf Sendung, lebte von den VG-Wort-Tantiemen meiner DEFA-Filme und
Fernsehkrimis, die zum Glück dauernd wiederholt werden, von
gelegentlichen Lehraufträgen, dramaturgischen Beratungen oder
Script Doctoring. Das Finanzamt machte sich Sorgen über die zu
kleinen Brötchen aus meiner Ein-Mann-Backstube. Zudem beschäftigte ich mich schon viel zu lange mit einem Dokumentarfilm
über Ost-West-Spionage für 3sat.

Der Ehrgeiz, mich Regisseur zu nennen, war nicht der Grund,
weshalb ich seit 1995 hin und wieder Dokumentarfilme drehte. Das
Salär von zehntausend Euro für Buch und Regie schon gar nicht,
wenn man ein bis zwei Jahre damit zubringt. Die wirkliche Wirklichkeit erschien mir nach Jahren ausgedachter Drehbucharbeit für
den Televisor spannender als alle Fiktion. Am dokumentarischen
Film gefällt mir das Recherchieren, Schreiben und der Schnitt, nicht
das Regieführen. Man macht es, um die Kontrolle über seine Stoffidee zu behalten und mal aus seiner Schreibstube rauszukommen.
Das Filmen der Realität ist eine nervenaufreibende Rechnung mit
vielen Unbekannten. Danach fühle ich mich in meinem Schreib-
zimmer wie der Marquis de Sade im Gefängnis – zufrieden und
glücklich.

Aber wie der Regisseur Max Ophüls schrieb: »Glück ist kein rei-
nes Vergnügen«, wenn man pünktlich seine Miete zahlen muß und
die Hälfte des Tages fürs Finanzamt schreibt. Der ehemalige DEFA-
Chefdramaturg Prof. Jürschik, den ich noch heute für seine Integrität schätze, rief mich an und fragte, ob ich nicht eine Folge für
Der letzte Zeuge schreiben wolle. Die Pathologie-Serie von Gregor

Edelmann war eine der wenigen TV-Krimi-Serien, die ich mir gelegentlich ansah. Nicht zuletzt wegen der Schauspielerin Gesine Cukrowski, die so kühl und sinnlich in die Kamera blicken kann wie Grace Kelly. Ulrich Mühe fand ich auch großartig, obwohl er nicht zu meinen liebsten Schauspielern zählte. Drehbucharbeit ist kein Privatvergnügen und so lieferte ich vier Ideen für die neue Staffel der ZDF-Serie, von denen eine das Gefallen des Produzenten von NOVA-Film fand. Bevor ich auf einen Drehbuchvertrag hoffen konnte, mußte ich etliche Sitzungen mit den Machern der Erfolgsserie über mich ergehen lassen. Der Regisseur Bernhard Stephan, mit Abstand der meistbeschäftigte DEFA-Veteran im Westfernsehen, nörgelte ohne klare Argumente an meinen ersten drei Ideenskizzen herum, fand die vierte annehmbar, zweifelte aber, ob ich ein veritabler Ersatz für seinen völlig überlasteten Stammautor sei. »Wenn du es nicht schaffst, die unnachahmliche Art der Figuren- und Dialogführung von Gregor Edelmann zu liefern, bist du raus«, erklärte mir der Regisseur. Wir kannten uns aus der DEFA, grüßten uns aber nur freundlich. Der Absolvent der Moskauer Filmschule galt in Babelsberg als Mann für politisch-korrekte Themen. Rudi Jürschik warnte mich, daß zwischen dem Erfinder der Serie und dem Exklusiv-Regisseur die Verabredung bestand, fremde Autoren nicht oder höchstens einmal zum Zuge kommen zu lassen, damit sie sich nicht etablieren. Ich ignorierte die Warnung, weil die Firma gegenüber dem ZDF mit Drehbüchern in Verzug war und Fremdautoren akquirieren mußte. Außerdem erzählte mein Stoff *Goldmarie & Pechmarie* einen im TV-Krimi noch nicht gesehenen Fall von Leihmutterschaft unter Schwestern, mit mörderischen Folgen. Ich hatte mich eingehend mit dem Thema In-vitro-Fertilisation und ihren psychischen Risiken beschäftigt, wußte, daß in Deutschland die Verpflanzung von Samenzellen in blutsverwandte Leihmütter verboten war, nicht aber in Belgien, Holland, Frankreich. Der Produzent nahm nach einigen Änderungen das Drehbuch ab, zog die Abnahme aber, nachdem der Regisseur es Wochen später gelesen hatte, mit der Begründung zurück, ich hätte die besondere Edelmannsche

Tina Ruland, Robert Atzorn in *Ein Mann steht auf*, 1999. Foto: Novafilm

Figuren- und Dialogführung nicht getroffen. Ich gab mich damit
nicht zufrieden und rief Bernhard Stephan an. »Ja, der Plot ist zwar
witzig, doch sehr untypisch und gefällt weder Edelmann, Mühe
noch mir«, bekam ich zur Antwort. Kein Satz darüber, daß das Exposé von allen Beteiligten für gut befunden wurde. Ich hätte, wie
manches Mal bei der DEFA, auf Rudi Jürschik hören sollen. Doch
ihn traf keine Schuld. Er hatte mein Drehbuch bis zuletzt verteidigt,
war als Dramaturg mit Einjahresvertrag und der Angst, kurz vor der
Rente arbeitslos zu werden, jedoch nicht in der Position, bei Nova-
film etwas durchzusetzen. Ich erreichte wenigstens, daß der Stoff als
eventuelles Einzelstück unter Vertrag blieb, und bekam eine Teilver-
gütung.

Regel Nr. 43: *Sei besonders auf der Hut, wenn man dich für ein serielles Projekt engagiert, das schon jahrelang läuft. Erkundige dich, ob der oder die Erfinder (in der Regel Autoren) einen vertraglich fixierten Einfluß auf die Produzenten, den Regisseur, den/die Hauptdarsteller hat/haben. Da Vertragsinhalte Dritter nicht leicht zu erfahren sind, bestehe auf einer Ausfallklausel oder die Rückübertragung deiner Rechte, falls man dein Drehbuch mit der Begründung ›nicht formatgerecht‹ oder sonstigen, faulen Ausflüchten ablehnt. Hat die Serie nur einen Regisseur, kannst du wetten, daß er mit dem Erfinder oder dem/den Hauptdarsteller/n im stillen Einvernehmen ist. Niemand teilt gern exklusive Arbeitsverhältnisse und will sich mit Einsteigern messen, die er nicht ausgewählt hat. Achte darauf, ob deine als ungenügend verworfenen Ideen nicht heimlich für andere Formate des Produzenten verwendet werden und zeige es gegebenenfalls bei deinem Anwalt an. Diebstahl gehört zum Filmgeschäft wie Egons nächstes ›Großes Ding‹ zur Olsenbande.*

THINK FOR YOURSELF,
I'M SO TIRED

DER FLUCH DER *ARCHITEKTEN*

> *»You have to think about one shot.*
> *One shot is what it's all about.«*
> Robert de Niro in *The Deer Hunter*

Erfolg im Filmgeschäft ist eine zwiespältige Sache. Man kann ihn im voraus schlecht planen, im nachhinein erscheint er wie ein perfekt inszenierter Bankraub oder der kalkulierte Lottogewinn für den Systemspieler. Nicht selten wird der Lohn zum Fluch, ein Vergnügen zwischen Glücksfall und Katastrophe, der die Mühe anderer, vielleicht wichtigerer Erfolgsmeldungen übertönt.

Der DEFA-Film *Die Architekten* wurde 1998 zu den hundert wichtigsten Werken des deutschen Films gezählt. 2006 erwarb das New Yorker Museum of Modern Art eine Kopie für seine Sammlung und in der Neuausgabe des Klassikers *Film Verstehen* von James Monaco (Rowohlt 1995) widmet der Autor sowohl *Treffen in Travers* wie *Die Architekten* einige Sätze. Eine Ehre, die den Autor freut, aber als nomineller Posten in keinem Verhältnis zum Publikumsinteresse steht, das im Kino gering war. Vom Ertrag für die Macher ganz zu schweigen. Trotz Preisen und Festivals konnte sich Peter Kahane im Westen erst Jahre später als Regisseur etablieren. Im deutschen Fernsehen wurden *Die Architekten* zehn Jahre nicht gezeigt, weil DEFA-Außenhändler noch vor der Wiedervereinigung die TV-Rechte ins Ausland verkauft hatten. Doch seit 1990 läuft der Film im Lehrprogramm deutscher Architekturschulen, in DEFA-Retrospektiven, Filmklubs, Symposien. Das Drehbuch wurde gedruckt, es gibt Bücher, politische Bildungsbroschüren, Doktorarbeiten, eine DVD und zahlreiche Ausschnitte in Filmdokumentationen über die DDR. Mit keinem anderen meiner Filme kam ich soviel zwischen Palermo–Wolfsburg und Paris–Texas herum. Inzwischen kann ich die Umstände seiner Entstehung samt der Baupolitik in der DDR im Schlaf herbeten. In letzter Zeit lädt man mich zu Veranstaltungen, die den Rahmen filmischer Ausdrucksmöglichkeiten sprengen. So war ich 2007 auf einem Bürgerforum in Leipzig, wo es um die zukünftige Stadtplanung der Messemetropole ging. Zuerst lief *Die Architekten*, dann gab es eine Diskussion über die Frage, was die ›Heldenstadt‹ seit dem Ende des Kommunismus gewonnen hat. Der Leipziger Bürgermeister sparte nicht mit Erfolgen und Eigenlob. Ich gab meine Eindrücke wieder, fand, daß die einst pariserische Innenstadt jetzt aussieht wie Köln – Kaufhäuser, Banken, Apotheken, fast keine Kinos, zu wenige kleine Cafés, zu viele teure Restaurants – kein Ort zum Verweilen für Menschen ohne Kauflaune. Als der Bürgermeister protestierte, fielen die Bürger über ihn her und verwandelten das Forum in eine Beschwerdestelle für Baugenehmigungen, Zwangsenteignung und Behördenschlamperei. »Hier ist ja alles wie in dem Film, nur noch schlimmer«, fand eine Frau aus Connewitz, die lange vergeblich um Zuschüsse für ihr marodes Mietshaus kämpfte. Als Autor freute es mich, daß mein Film von gestern die Zuschauer heute bewegt, als Gast eines städtischen Forums schien es mir unpassend, mich einzumischen. Mir fiel der Satz von Steve Martin ein: »Talking about music is like dancing about architecture.« Ähnlich ist es, über Film zu reden, man landet zwangsläufig in anderen Künsten und damit in der Realität. *Die Architekten* ist ein Drama der politischen Kommunikationsstörung von oben und unten. Insofern hat er über sein Zeitbild hinaus eine anschauliche Existenz in der Zukunft bewahrt.

Trotzdem wünschte ich manchmal, den Film nicht mehr sehen und kommentieren zu müssen. Ist er doch auch ein Zeugnis dafür, was ich als Drehbuchautor nicht mehr schaffe – die Einheit von persönlicher Gereiztheit, gesellschaftlichem Unbehagen und Beruf. Der Mut, für eine Überzeugung seine Existenz aufs Spiel zu setzen, den manche Architekturstudenten den Filmhelden und ihren Machern bescheinigten, war eher Verzweiflung und Sturheit, um nicht zu sagen Überheblichkeit. Filmemacher denken ja oft, die Realität ver-

Filmplakat *Die Architekten*

ändert sich durch ihre Werke. Ich dachte das nie, wußte aber, daß jedes Drehbuch, das ich für die DEFA schrieb, ein kulturpolitisches Problem darstellte, auf das im Filmministerium reagiert werden mußte. Darum waren die Gehälter der Szenaristen für DDR-Verhältnisse üppig. Man bezahlte uns gut, damit wir nicht soviel schreiben oder die Realität schönmalen. Gezwungen war man nicht, gegen den eigenen Willen, Propagandafilme zu schreiben. Auch im Babelsberg des Dr. Goebbels gab es solche Zwangsmaßnahmen nicht. Genügend Autoren und Regisseure boten sich gern an, nicht wenige flüchteten ins seichte Gewässer der Kleine-Leute-Geschichten oder, wie Erich Kästner, in waghalsige Münchhausen-Abenteuer. »Sklavensprache« nennt Volker Schlöndorff diese Babelsberger Filme in Zeiten beider Diktaturen und hat damit nicht unrecht, aber auch nicht recht. Denn er verachtet ein Kino, in dem er nie aktiv war. Er haßt etwas, daß ihn nie quälte. Deshalb ist sein Film *Strajk – Die Heldin von Danzig* über Anna Walentynowicz, die kleine Kranfahrerin der Danziger Werft mit dem großen Traum von freien Gewerkschaften, Kino der Herrschaftssprache und hart am Rand des Politkitsches, auch Sozialistischer Realismus genannt. Das Gegenteil von einer Sache ist eben nur die Kehrseite davon, nicht die Kritik der Sache mit anderen Mitteln. Wie Wittgenstein sagte: »Wovon man nicht sprechen kann« – weil man nicht dabei war –, »darüber muß man schweigen.«

Die Architekten waren für mich und Peter Kahane eine Notwendigkeit, um unsere Integrität als Sprecher einer verlorenen Generation zu wahren. Daß auch unser Land verloren war, fürchteten wir, konnten aber nicht vorhersehen, wie schnell es zu Ende gehen würde. Heute glauben wir, daß der Kapitalismus ewig währt, und haben uns eingerichtet. Von der Wüste weiß ich, daß *ewig* ein relativer Begriff ist. Auch dort verändert sich alles immerzu. Wann beende ich endlich *Die Architekten II*? Schon 1995 hatte ich die Fortsetzung geschrieben, doch Peter Kahane glaubte nicht an ein erfolgreiches *Sequel*, da kaum jemand das Original kannte. Das Treatment erzählt das Leben des Architekten Daniel Brenner weiter,

wie er auf dem freien Markt seine Ideen verwirklicht bzw. nicht verwirklicht. Das Vorbild für den Filmhelden, der Architekt Michael
Kny, ist einer der außergewöhnlichsten Menschen, denen ich je
begegnet bin. Nach der Wende machte er sich mit einem Partner
selbständig und behauptete sich mit großen und kleinen Berliner
Projekten. In der Baukrise Anfang 2000 mußte er seine fünfundzwanzig Mitarbeiter entlassen, hielt aber durch. Hier begann meine
Fortsetzungsgeschichte. Ich wollte an dem Konzept des tragischen
Helden festhalten, fand aber in der Gegenwart nur prosaische Konflikte mit sturen Bürokraten, kriminellen Bauunternehmern und
windigen Anwälten. Deshalb erfand ich ein privates Drama – den
Tod der Tochter des Architekten Daniel Brenner. Als das Treatment
fast fertig war, verunglückte der Sohn des einen Partners vom Büro
Kny & Weber tödlich, zwei Jahre später nahm sich der Sohn des anderen das Leben. Die reale Doppelkatastrophe wäre im Film als un-
wahrscheinlich und übertrieben nicht akzeptabel. Deshalb und aus
Pietät verwarf ich das Projekt. So bleibt mir nur, mit *Die Architekten I* weiter über Land zu ziehen und wie Sheherazade dieselbe Geschichte immer neu zu erzählen, um den Blick für die Realität nicht
zu verlieren. Um nicht zu vergessen, daß bei allen Mißerfolgen etwas mich überleben wird – meine DEFA-Filme aus einem Land, das
als abgeschlossenes Sammelgebiet für Kinoliebhaber und Soziologen
noch eine Zukunft hat.

SCHREIBEN ODER LEBEN

> *»In meiner Schublade liegen zwei Romane.*
> *Wenn man sie findet, bin ich ein toter Mann.«*
> Isaak Babel

Der Schriftsteller Christopher Isherwood wurde mit seinem Roman *Goodbye to Berlin* (*Leb wohl, Berlin*, 1939) berühmt. Mit den Worten »Ich bin eine Kamera« begann der vornehme *Englishman in Berlin* seine Erlebnisse, die Jahrzehnte später als Musical die Bühnen der Welt und des Kinos eroberten. Der vom Broadway-Choreographen Bob Fosse inszenierte Film *Cabaret* (1972) war einer der größten Kassenschlager des Progressfilmverleihs. Er ist ein beredtes Beispiel dafür, wie sehr das Kino auf Literatur angewiesen ist. Oder besser, auf Schriftsteller. In Deutschland waren sich, bis auf Kästner, Goetz, Zuckmayer, namhafte Schriftsteller lange zu fein, fürs plebejische Medium zu arbeiten. Das änderte sich in den sechziger Jahren, als auch das Kino nach neuen Ausdrucksformen suchte und der Literatur Konkurrenz machte. In Frankreich schrieben Autoren des *nouveau roman* wie Alain Robbe-Grillet und Raymond Queneau Filmgeschichte, in Großbritannien lieferten die *angry young men* John Osborne, Alan Sillitoe, Shelagh Delaney die Vorlagen für das *Free Cinema*. In Hollywood, wo sich seit Beginn des Tonfilms Bühnen- und Bestsellerautoren als *screenwriter* verdingten, war Literatur im Film nie ein formales Problem, sondern ein kommerzielles. Wem es als unabhängigen Literaten widerfuhr, *verfilmt* zu werden, verfuhr nach der Devise ›Take the money and run!‹ Der amerikanischste deutsche Nachkriegserzähler Jörg Fauser meinte auf die Frage, was er von dem Drehbuch nach seinem Roman *Der Schneemann* (1985) hält: »Ich kenne das Drehbuch. Das Drehbuch ist – na ja, mein Gott – Film. Das ist eine andere Branche als der Roman, im Film

gibt es ein Happy-End. Meine Figur, der Blum, ist ein Paranoiker, …
weil der Mann weiß, er ist allein auf der Welt.« Entsprechend war der
Film von Peter F. Bringmann ein Kinoerfolg, ist aber, im Gegensatz
zum Werk des 1987 verstorbenen Jörg Fauser, fast vergessen.

Bei der DEFA wurden die Drehbücher wie Literatur behandelt,
aber nur wenige Szenaristen waren bekannte Literaten. Literarische
Drehbücher gibt es seit Carl Mayers expressionistischen Lichtspiel-
dichtungen, literarische Bildsprache seit der französischen Film-
avantgarde. Noch heute erstaunt uns die rätselhafte Syntax von Bu-
ñuels *Un chien andalou* (*Der andalusische Hund*, 1929) und *L'Age
d'Or* (*Das goldene Zeitalter*, 1930).

Der bemerkenswerteste literarische Spielfilm jener Jahre ist für
mich *Limite* (1931) des Brasilianers Mário Peixoto. Ich sah das in Europa kaum bekannte Meisterwerk des Stummfilms in der Cinema-
thek von São Paulo und glaubte, mit offenen Augen zu träumen. In
verschachtelten Rückblenden fast ohne Zwischentitel wird das Leben
vierer Schiffbrüchiger (zwei Männer, zwei Frauen) erzählt, das jeweils
von einer persönlichen Niederlage überschattet ist. Peter Weiss erklärt
das Wesen des Films in seinem Sachbuch *Avantgarde Film* (edition
suhrkamp 1995) besser als ich es vermag: »Neben dem außergewöhn-
lich gesteigerten Rhythmusgefühl wird der Film von einer konstruk-
tiven Bildkomposition getragen. Der südländisch melodramatische
Zug in den Geschichten wird vollständig von dieser Grundstruktur
dominiert.« Selten sah man im Kino eine prosaischere Darstellung
des Meeres, vergleichbar nur mit den nautischen Romanen von Joseph Conrad und Herman Melville. Der Autorenfilmer Peixoto war
ein Komet am Leinwandhimmel, der nach nur eineinhalb Filmen
verschwand. Bis zu seinem Tod 1993 lebte der 1908 geborene Fabri-
kantensohn zurückgezogen auf einer Insel vor Rio. Er wollte niemandem Auskunft über sich und sein limitiertes Filmwerk geben.

Als Konstrukteur von Drehbüchern muß man sein erzählerisches
Selbst verleugnen, kommt als Autor im fertigen Film höchstens in
den Dialogen vor, sofern sie nicht der Zensurschere des Produzen-

Karikatur von Grischa Meyer, 1981

ten oder des Redakteurs zum Opfer fallen oder dem Figurenverständnis des Regisseurs. Wer damit klarkommt, soll sich von meinen Erfahrungen nicht entmutigen lassen. Man ist immer das Produkt seiner Zeit und der Verhältnisse, in denen man jung war. Heutige Drehbuchautoren haben meist kein Problem mit dem Fernsehen, sie wuchsen damit auf.

Als ich Kind war, gab es nur stundenweise Programm aus Adlershof. Der Empfang wurde durch den Radar des nahen Militärflugplatzes erheblich gestört. Mitten im *Sandmännchen* oder der *Aktuellen Kamera* tönte eine Stimme auf russisch aus der Funkleitzentrale. Das Westfernsehen sah aus wie später der *Beat Club* – psychedelische Glasmalereien mit Nachrichten aus der freien Welt. Das häufigste Fernsehbild war das Testbild mit der Aufschrift: Sendestörung. Was für eine wunderbare Zeit, als wir zu Hause noch »Mensch ärgere dich nicht« spielten, weil FDJler mal wieder die Richtung Brocken/Harz gerichteten Fernsehantennen auf dem Dach herumdrehten. Erst, als die Buna-Arbeiter mit Streik drohten, hörte der Unfug auf. Meine Liebe zum Film kommt also nicht aus der Flimmerkiste, sondern der »Flohkiste«. So hieß das Kino meiner Kindheit um die Ecke. Deshalb verzeihe man mir meine Abneigung gegen das liebste Freizeitvergnügen der Deutschen. Obwohl es mich fünfzehn Jahre zeitweise nicht schlecht ernährte, hat es mich nie wirklich interessiert.

Ich kann nicht anders schreiben als mit den Augen, nichts anderes sein als ein Spiegel im Spiegel, ein *auteur du cinéma,* der sich selbst beim Filmen zusieht, um dem unvermeidlichen Realismus des fotografischen Mediums wenigstens teilweise zu entgehen. Es geht doch beim Schreiben um die Selbstvergewisserung, daß man existiert, die Ermutigung, nicht aufzugeben, auch wenn man die Welt damit nicht ändern kann. Um nichts anderes geht es.

Regel Nr. 44: *»Schreiben ist keine Sozialarbeit.« (Jörg Fauser) Filme schreiben auch nicht. Es ist ein Job, um Geld zu verdienen. Aber nicht nur. Wie alles Schöpferische, braucht es Disziplin und Leidenschaft.*

Briefing for a Descent into Hell (Anweisung für einen Abstieg zur Hölle)
lautet der Titel eines Romans von Doris Lessing. Es ist die Geschichte
eines Mannes, der nach einer Schiffskatastrophe auf eine einsame Insel verschlagen wird und mittels einer rotierenden Lichtscheibe höhe-
res Bewußtsein erlangt. Nach seiner Rückkehr in die Zivilisation wird
der Mann als geistesgestört in die Psychiatrie eingeliefert. Dort erlebt
er die Hölle, als die Realitätsverwalter den übersinnlichen Bewußt-
seinsstrom des Patienten mittels Elektroschocks und Psychopharmaka
zu bremsen suchen. Ursprünglich schrieb Doris Lessing die Geschichte für einen Film. Weil Produzenten und Redakteure sie für
realitätsfern und spekulativ hielten, gab die Autorin das Script zwei
führenden Neurologen und erhielt zwei völlig konträre Sachgutach-
ten über die geistige Verfassung ihres nichtfiktiven Helden. Das
Script wurde kein Film, aber ein Roman von Weltrang. Ich könnte
viele Beispiele nennen für das Elend des Drehbuchschreibens, doch
dieses enthält drei typische Klippen, an denen Autoren im Filmgeschäft scheitern. Ein nicht sehr witziges Sujet, das beunruhigt und
zum Nachdenken anregt, anstatt einzulullen; ein Held, der lieber
wahnsinnig wird, als sich der allgemeinen Verblödung hinzugeben;
Redakteure, Produzenten, Gutachter, die das Realitätsprinzip einer
Kunst verwalten, die so wirklichkeitsnah ist wie unsere Träume. Man
muß verrückt sein, um diesen Beruf auszuüben, oder Zyniker. Beides
zusammen erhöht die Chance auf ein Auskommen.

Die meisten deutschen Drehbuchautoren arbeiten vorwiegend fürs
Fernsehen, und ihr Berufsverband hat durchgesetzt, daß die Namen
der Mitglieder in der Fernsehzeitung erwähnt werden. Ich bin nicht
Mitglied und froh, nicht namentlich verantwortlich zu sein für einiges, was aus meiner Feder in den Äther strahlt. Darum schreibe ich
jetzt für Verlage. Klar, man kommt vom Regen in die Jauche, wie der
böse Wolf Biermann sang, wird noch schwerer reich und berühmt.
Aber man kann entdeckt werden, nachdem man zehn Romane veröf-
fentlicht hat wie der Büchner-Preisträger Walter Kappacher. Vorher
schon mal von ihm gehört? Einen unbekannten Drehbuchautor am
Leinwandhimmel entdeckt nicht mal das Hubble-Teleskop.

Das Problem ist, zu schreiben oder zu leben. Beides scheint unmöglich, weil man viel Disziplin braucht, keine Ablenkung, also wenig Abwechslung. Seit ich keine Drehbücher mehr schreibe, sondern Bücher, ist mein Weltgeist auf 1,3 km³ zusammengeschrumpft. Im letzten Jahr war ich Reisenarr außer drei Tagen in Ostende nie weiter weg von Deutschland als Berlin von Osteuropa. Nach Jahrzehnten des Unmuts über die provinziellste Großstadt der Welt bin ich ein echter Berliner geworden. Aber Berlin ist ein hartes Pflaster. Alle paar Monate sollte man für eine Weile woanders hin, um den Umgang mit freundlichen Menschen zu pflegen und durch Straßen zu flanieren, wo man nicht dauernd Gefahr läuft, in eine Baugrube zu fallen oder von Radlern umgefahren zu werden. So muß ich wohl oder übel wieder auf Reisen gehen, statt zu träumen, und dann kann ich nicht schreiben, aber leben.

Mein bisheriges Leben habe ich in zwei Büchern erzählt, da muß noch was kommen. Falls nicht, gibt es genug Vergangenes, das immer wieder neu erzählt werden muß. Ich kann und will nur noch *Filme in Worten* schreiben, die ich in der Realität gesehen, die ich erfahren habe. Ich muß keine perfekten Verbrechen fürs Fernsehen mehr aushecken, die ich dann nicht begehe. An die einhundert Leute habe ich in meinen Drehbüchern sterben lassen. Obwohl ich kein praktizierender Buddhist bin, fürchte ich, daß sie mir das im Jenseits übelnehmen.

Jetzt suche ich, die verlorene Zeit der Kindheit durch rückwärtsgewandtes Schreiben mir selbst und anderen zu erzählen wie der traurigste Humorist Rußlands Michail Soschtschenko in seinem Buch *Schlüssel zum Glück* (Philipp Reclam jun., Leipzig 1977). Nur das gelebte Leben ist lesenswert. Die Gegenwart erscheint unbegreiflich, unerträglich und unsagbar banal auch in manchen Glücksmomenten.

Langweilig nur für den, der sich nicht von innen betrachten und von außen nicht gefesselt werden kann. »I like to watch«, sagt Peter Sellers in dem Hal-Ashby-Film *Being there (Willkommen Mr. Chance)* nach dem Roman von Jerzy Kosiński.

HELLO, GOODBYE
4 TOTENBILDER

DER MANN, DER SEINEN KOPF FÜR EINEN WITZ VERLOR – ERICH KNAUF (JOURNALIST, LEKTOR, FILMAUTOR)

Köpfe abschlagen ist nicht sehr klug.
Die Stecknadel, der man den Kopf abschlug,
fand, der Kopf sei völlig entbehrlich,
und war nun vorn und hinten gefährlich.
Erich Kästner

Als ich ihn kennenlernte, war er bereits vierzig Jahre tot. Als DEFA-Szenarist interessierte mich die Autorenrolle meines entfernten Verwandten im UFA-Film. Weil Nichtkommunisten als Opfer des Faschismus zweiter Klasse keiner Erwähnung würdig waren, erinnerte die DDR-Presse erstmals zu seinem neunzigsten Geburtstag an den Sozialdemokraten Erich Knauf. Es gab Gründe, den ultralinken Journalisten zu vergessen. Sein Tod unterm Fallbeil der Nazis wegen staatsfeindlicher Äußerungen war geeignet, DDR-Journalisten zum Nachdenken über ihren Beruf anzuregen.

Sein Leben verwirkte der gelernte Schriftsetzer aus Meerane in Sachsen nicht im aktiven Widerstand, sondern im permanenten, mitunter unvernünftigen, Widerspruch zur Propagandamaschine des Dritten Reichs. Trotz mehrwöchiger ›Erziehung‹ im KZ Oranienburg und Ausschluß aus dem Reichsverband der deutschen Presse konnte der sture Vogtländer sein Maul nicht halten und wurde vom Volksgerichtshof zum Schweigen gebracht. Erich Knauf war weder Dummkopf noch Angeber. Als Schriftsteller hing er an jedem Wort und seiner Bedeutung, als koste es das Leben. Als Feuilletonredakteur der *Plauener Volkszeitung* schrieb er gegen die bürgerliche Selbstherrlichkeit eines Richard Strauss ebenso an wie gegen das proletarische Provinztheater Arnolt Bronnens; Er verriß den völkischen Verseschmied Stefan George und verhalf dem humoristischen Weltbürger Erich Kästner zum Durchbruch. Als Cheflektor des Gewerkschaftverlags ›Büchergilde Gutenberg‹ betrieb er ab 1928 ein Programm der politischen Aufklärung und kulturellen Bildung für Arbeiter und Angestellte. Neben der Biografie *Kurt Eisner – Welt werde froh!,* Monografien über Satire und Malerei *Das blaue Auge, Empörung und Gestaltung,* schrieb er seine Erlebnisse mit Max Hölz im Reportageroman *Ça Ira!* nieder. Nach Schließung des Verlags 1933 ging Knauf zum Berliner *8-Uhr-Abendblatt* und wanderte wegen einer Opernkritik (!) ins Zuchthaus. Er verfaßte satirische Gedichte, rund zweihundert. Eines mit dem Titel *Schwarzes Schicksal* war auf Goebbels gemünzt und zog Schreibverbot nach sich, für die nächsten tausend Jahre. Als Pressechef der Terra Film durfte er unter seinem Namen unverfängliche Filmjahrbücher verfassen, unter Pseudonym schrieb er Drehbücher und Liedtexte zu UFA-Filmen. Sein bekanntestes Lied »Heimat, deine Sterne« zu der Musik von Werner Bochmann aus dem Rühmann-Film *Quax, der Bruchpilot* wurde zum Leidwesen des Pazifisten Knauf eine populäre Frontschnulze. Der bombastische Schlußakkord des grenzenlosen deutschen Heimatbegriffs kostete dem Wahlberliner 1943 das Dach überm Kopf. Mit seinem Freund Erich Ohser (e. o. plauen), Karikaturist der Bilderserie *Vater und Sohn,* zog er nach Kaulsdorf in das Haus eines gewissen Schulz, Schreibstubenoffizier der Wehrdienststelle. Während stundenlanger Sitzungen im Luftschutzkeller vertrieben sich die beiden Erichs die Zeit auf ihre Weise. Ohser zeichnete Karikaturen über den Endsieg und Knauf brüllte dem schwerhörigen Freund politische Witze ins Ohr, die Schulz fein säuberlich notierte. Am 22. Februar 1944 machte er bei der Staatspolizei Meldung mit der Begründung, er könne die zersetzenden Reden der Angezeigten nicht mit seiner Offiziersehre vereinbaren. In Wahrheit war der Reservehauptmann auf die größere Wohnung der Zivilisten scharf. Eine Woche später wurden Erich und Erich von der Gestapo verhaftet. Ohser erhängte sich noch vor der Gerichtsverhandlung an seinen garantiert reißfesten Hosenträgern. Knauf wurde zum Tode verurteilt und in die Strafanstalt Brandenburg verbracht. 62 Tage = 1.488 Stunden = 89.280 Minuten = 5356.800 Sekunden dauerte das Warten in der Todeszelle. Prominente Freunde unternahmen den Versuch, Knauf zu retten. Alf Teichs, Produktionschef der Terra Film, Werner Bochmann, Filmkomponist, Rudolf Fernau, Schauspieler, schrieben Gnadengesuche an Goebbels. Heinz Rühmann wagte es und wurde mit den Worten »Wenn Sie noch einmal den Namen Knauf erwähnen, lasse ich Ihnen Ihren Kopf auch vor die Füße legen!« von Goebbels zurechtgewiesen. Boleslaw Barlog hatte Ärger mit der Zensur wegen einer Szene seines Films *Seinerzeit zu meiner Zeit*, in der Knauf in der Rolle eines Postmeisters auftrat. Barlog rettete die Szene vor der ›Kammfabrik‹ und ermöglichte so dem Freund die Flucht vor völliger Nichtexistenz, indem er ihn auf AGFA-Zelluloid verewigte. Erich Kästner, wie Knauf mit Schreibverbot belegt, aber als Autor Berthold Bürger bei der UFA gefragt, stellte in den fünfziger Jahren öffentlich die Frage nach dem Verbleib des Denunzianten seiner Freunde Knauf und Ohser: »Was macht dieser Herr Schulz, damals Hauptmann der Reserve im OKW? Dieser Verleger von Zeitschriften, die sich mit ›Körperkultur‹ befaßten, um auf Glanzpapierseiten Nacktfotos abbilden zu können? Wie geht es ihm denn, dem Herrn Hauptmann? Hat er das letzte Kriegsjahr gesund und munter überstanden?« Er hat und verschied nach einem langen Leben selig in Stuttgart, ohne sich für die Mitschuld am Tod zweier Menschen verantworten zu müssen.

Zwei Gemälde von Kurt Günther und J. M. Avenarius zeigen den »sozialistischen Haudegen« (Kästner) im Profil. Die Ähnlichkeit mit meinem Großvater Willi Knauf ist verblüffend. Wie sein Halbbruder aus Plauen entkam er der Hölle von Verdun schwer verwundet. Erich erlitt im I. Weltkrieg zwei Kopfschüsse und wurde politisch hellsichtig. Nach der gescheiterten Novemberrevolution 1918 kämpfte er im Vogtland an der Seite von Max Hölz gegen die Reichswehr, während mein Opa in Leuna die Kapp-Putschisten niederrang. Erich wurde Sozialdemokrat, Willi Kommunist. In der Nazizeit versuchten beide, sich mit List und Tücke durchzuschlagen, Erich als Dialogschreiber für Rühmann und Albers, Willi als Rangierer der Reichsbahn. Er sorgte heimlich dafür, daß die Räder ohne Schmierfett für den Sieg rollten. Er wurde nicht erwischt und trat 1946 der SED bei, um sich fortan aus der Politik rauszuhalten. Bis zu seinem Tod kannte ich ihn als Witzbold, der kein Blatt vor den Mund nahm und offen über Ulbricht herzog. Als meine Großmutter ihn einmal ermahnte, sich vor mir als Jungem Pionier in Acht zu nehmen, sagte er: »Wird den Nischel (hochdt. Kopf) schon nich' kosten.« Heute weiß man, daß in den fünfziger Jahren dreiundsechzig Staatsfeinde durch die Guillotine hingerichtet wurden. In Brandenburg waren es 1.807, die der Nazi-Henker Röttger enthauptete. Erich Knauf, steht im Protokoll des Justizangestellten Karpe, war ruhig und gefaßt und ließ sich ohne Widerstreben aufs Fallbeil legen, nachdem ihm vom Anstaltsarzt Dr. Müller mehrere Liter Blut für Wehrmachtskonserven abgenommen wurden. Ein wegen Wehrkraftzersetzung Verurteilter sollte mit seinem Blut dem Endsieg frische Kraft geben. Zynismus oder deutsche Gründlichkeit (»nichts umkommen lassen«)? Drei Tage nach der Hinrichtung wurde der Witwe Erna Knauf ein Schreiben der Justiz zugesandt, worin man sie aufforderte, binnen einer Woche die Kosten des Urteils in Höhe von 585,74 Reichsmark zu begleichen. 300 Mark betrug die Gebühr für das Todesurteil, 158,18 Mark die Vollstreckung. Hinzu kamen Gebühren für Pflichtverteidiger (81,60 Mark), für Strafhaft (44 Mark), Postporto (1,84 Mark) plus 12 Pfennige für die Übersendung der Kostenrechnung. Begründung der Justiz: Weil Knauf verurteilt ist, muß er auch die Kosten für seine Hinrichtung tragen. Je wahnsinniger der Staat, desto vernünftiger seine Gesetze – Todesstrafe als Dienstleistungsgewerbe, Massenvernichtung als Wirtschaftszweig. Das Leben des Journalisten, Drehbuchautors und Witzeerzählers Erich Knauf war lange nur in der Sprache der Schreibtischtäter dokumentiert, als abgeschlossener Vorgang in vergilbten Volksgerichtsakten. Die letzte Stunde vor seinem Tod habe ich 1988 in einem Hörspiel dramatisiert. Der Ostberliner Filmjournalist Hannes Schmidt plante eine Knauf-Biografie. Nach der Biermann-Affäre lange mit Berufsverbot belegt, setzt er seinem Leben ein Ende, kaum daß die DDR verschieden war. Seit Jahren kündigt der Aufbau-Verlag eine zweibändige Erich-Knauf-Werkausgabe an. Solange müssen wir mit Erich Kästner vorlieb nehmen, der nicht müde wurde, an das Schicksal seiner beiden Freunde zu erinnern: »Erich Ohser, Erich Knauf und Erich Kästner, zwei Sachsen aus Plauen und einer aus Dresden, ein Schlosser, ein Setzer und ein Lehrer, die ihre Berufe an den Nagel hängten, ihren Talenten vertrauten, ihre Erfolge hatten und bis auf einen unter Hitler ihr Ende fanden, das sind drei kurze Biographien in unserem Jahrhundert ... Sie wollten, mit einem Minimum an Konzessionen, das braune Reich überdauern. Sie hofften, es werde gut gehen. Es konnte nicht gut gehen, und es ging nicht gut. Sie verleugneten ihre eigentlichen Talente, damit sie nicht mißbraucht würden. Ihre eigene Meinung konnten sie auf Dauer nicht verbergen.«

DER EINSIEDLER AUS DER 57. STRASSE –
JERZY KOSIŃSKI (AUTOR, SCHAUSPIELER)

1983 schied der gebürtige Ungar Arthur Koestler, im Spanienkrieg von den Franquisten zum Tode verurteilt und wie durch ein Wunder gerettet, freiwillig aus dem Leben. Die Angst vor Altersverfall und Schreibunfähigkeit trieben den Erfolgsautor aus dem Leben. In *The Roots of Coincidence* (*Die Wurzeln des Zufalls*, 1972), einer Chronologie der Erforschung außersinnlicher Wahrnehmung, schrieb Koestler: »Ist Zufall wirklich Zufall? Was bewegt den Menschen, in bestimmten Augenblicken etwas zu tun oder zu unterlassen, das für sein Leben bestimmend ist, das ihn zu entscheidenden Begegnungen führt oder sie verhindert?«

Am 3. Mai 1991 beging Jerzy Kosiński mit siebenundfünfzig Jahren Selbstmord. Seine Ehefrau Katherina von Fraunhofer fand ihn in der Badewanne mit einer Plastiktüte über dem Kopf. Zuvor hatte er eine Überdosis Tabletten geschluckt. In seinem letzten Roman *The Hermit of 69th Street* (1988) schrieb Kosiński: »Dann, natürlich, die Koestlers: tot aufgefunden in ihrer Londoner Wohnung, eine Flasche mit Barbituraten und ein Glas Brandy in Arthur's Hand ... und Plastiktüten niedlich über ihre beiden Köpfe gestülpt.« Kosiński litt wie Koestler an Depressionen. Zudem machte das Herz dem agilen Sportsmann, der auf allen Poloplätzen und Skipisten der Welt zu Hause war und sich auf der Titelseite des *Time Magazine* mit nacktem Oberkörper ablichten ließ, zu schaffen. Er glaubte, so die offizielle Verlautbarung, seine Herzrhythmusstörungen würden einen Infarkt ankündigen und ihn schreibunfähig machen.

Ein Pflegefall der Literatur ist der gebürtige Pole, dessen schriftstellerische Karriere erst nach seiner Flucht aus dem Osten begann, nie gewesen. Sein Leben liest sich wie ein Schelmenroman des 20. Jahrhunderts. Als hätten Rabelais' Riesen Gargantua und Pantagruel Auschwitz überlebt, um Stalins Hölle und Carters High-Society-Himmel aufzumischen. Jerzy Nikodem Kosiński, 1933 in Łódź geboren, war ein Kind des Krieges. Von seinen jüdischen Eltern beim Einmarsch der Deutschen aufs Land geschickt, überlebt der Knabe mit falschem Taufschein bei katholischen Bauern. Er wird geschlagen, vergewaltigt und verliert sein Sprachvermögen. 1948 erlangt der 15jährige bei einem Skiunfall seine Stimme zurück. 1953 besteht er das Examen für Politikwissenschaft in Łódź. Bis 1957 arbeitet er als Forschungsstipendiat am Institut für Kulturgeschichte der Akademie der Wissenschaften in Warschau. Nebenbei hat er Erfolg als künstlerischer Fotograf, gibt Skiunterricht in Zakopane und wird nach Moskau an die Lomonossow-Universität, der Alma Mater der Kommunistischen Internationale, geschickt. 1957 gelingt dem 24jährigen die Ausreise in den Westen mit einem unglaublichen Coup. Sein Institut war Teil eines riesigen Bürokratenapparates mit Sitz im ›Palast der Kultur und Wissenschaft‹. Den babylonischen Turm im Zuckerbäckerstil hatte Stalin als Trojanisches Pferd der Aussöhnung zwischen Russen und Polen gestiftet, um die polnische Nation *à la russe* zu verwalten. Mittels vier erfundener Akademiemitglieder und zweijähriger Korrespondenz auf gefälschten Briefbögen mit dem ZK der polnischen KP erwirkt der Student eine fiktive Einladung zu einem fiktiven Stipendium an einer realen amerikanischen Universität. In New York angekommen, verdingt sich Kosiński als Lkw-Fahrer, Nachtwächter, Filmvorführer. Außer Polnisch und Russisch beherrscht er keine Sprache. Nach einem halben Jahr spricht er Englisch fließend genug, um ein Stipendium der Ford Foundation zu erringen. Zwei Jahre später legt Kosiński unter dem Pseudonym Joseph Novak sein erstes Buch vor, verfaßt in Englisch, *The Future is ours, Comrades* (1960). Die scharfe Analyse des Sowjetkommunismus wird im *Reader's Digest* abgedruckt. Weitere zwei Jahre später heiratet der jetzt 29jährige Mary Weir, Witwe eines millionenschweren Stahlfabrikanten und begeisterte *Digest*-Leserin. 1962 erscheint *No Third Path (Homo Sowjeticus)* ebenfalls unter dem Pseudonym Novak. 1964 verleiht die New Yorker Columbia Universität Kosiński die Doktorwürde der Soziologie. Ein Jahr darauf wird er amerikanischer Staatsbürger und mit dem ersten Roman unter seinem wahren Namen *The Painted Bird (Der bemalte Vogel)* ein amerikanischer Bestsellerautor. Ohne auf seine jüdische Herkunft näher einzugehen, schildert Kosiński darin traumatische Episoden seiner Kindheit in polnischen Dörfern der Okkupationszeit. Der Roman wird in dreißig Sprachen übersetzt und reiht sich in die Weltliteratur als bedeutsames Zeugnis des Holocaust ein. Die düstere Poesie des Autors in der Tradition polnischer Apokalyptiker (Witkacy, Schulz, Borowski) ist zugleich der Versuch, sich von der verhaßten osteuropäischen Identität zu befreien. Dem Ich-Erzähler offenbart sich das Schema der Welt im Wesen polnischer Bauern: »Ich begriff, warum einige Menschen stark und andere schwach waren, einige frei und andere versklavt, einige gesund und andere krank. Die ersten hatten einfach die Notwendigkeit des Gebets zur Erlangung einer hohen Anzahl von Ablaßtagen erkannt ... ich hörte auf, andere verantwortlich zu machen; die Schuld lag allein bei mir.« Der Schlüssel zum Glück, mit dem Kosiński aus den Verliesen des polnischen Vatikans ans Licht gelangt, ist sein narzißtisches Ich. Haß und das Bekenntnis zu den animalischen Triebstrukturen des Menschen resultieren aus der Erkenntnis, daß der *homo sapiens sapiens* ein »Irrläufer der Evolution« (A. Koestler) ist und kein göttliches Wesen. »Er als einziger haßt bewußt, stetig und aus tiefstem Herzen; nach allem, was ihm die Welt angetan hat, dürstet er nach Haß und bietet ihm viele Ausdrucksmöglichkeiten dafür.« *(The Painted Bird)*. ICH ist für Kosiński kein anderer als er selbst; ES kam in den Wirren des Krieges abhanden; DU bleibt eine flüchtige Verbindung des nach Selbstbestätigung dürstenden Ichs und WIR ein irrationales Wunschbild, um der Einsamkeit des individuellen Schicksals wenigstens zeitweilig zu entfliehen. Sein Leben lang versucht der Autor verzweifelt, diesem ihm auferlegten Schicksal durch Literatur zu entrinnen. 1968 erhält er für *Steps (Aus den Feuern)* den begehrten National Book Award. Der Pulitzer-Preisträger Stanley Kunitz unterstreicht im Vorwort der Erstausgabe: »Dieser Roman läßt ein überzeugendes poetisches Bewußtsein erkennen, das sich einer neuen Form zuwendet, ... die für die Hoffnungslosigkeit in der philosophischen Aussage des Werkes steht.« Milan Kundera, Philosoph der Kitsch-Theorie und Chirurg der menschlichen Lieblingstätigkeiten Sex & Politik, operiert in jedem seiner Romane glücklos an der Vivisektion der Triebstrukturen. Kosiński holt die Kastanien mit ganzen 125 Seiten aus den Feuern. In *Cockpit* (1975) treibt der Autor das Spiel mit der eigenen Biografie ins Monströse. Man könnte den Roman über Tarden, den Agenten eines östlichen Geheimdienstes, der in die USA flieht und dort mit Menschen ebenso schicksalhaft umspringt wie das Gesellschaftssystem, dem er entrann, als Gegenentwurf zu Kafkas *Proceß* lesen. Tarden ist der smarte Bruder von Josef K. Er widersetzt sich der allgegenwärtigen Macht, die er nicht besiegen kann, indem er sie an der Achillesferse angreift. Der kleine Beamte im akademischen Elfenbeinturm des Staates manipuliert die Bürokratie-Maschinerie so geschickt, daß sie für ihn statt gegen ihn arbeitet. Die Befreiung aus der Kaderakten-Dynastie gelingt, doch der Held versucht Gott und Teufel, in dem er Schicksal für andere spielt. Er gräbt die Wurzeln des Zufalls an und verknüpft deren unwägbare Stränge zu Fallstricken, in denen er sich am Ende selbst verfängt. In einer Kritik an Solschenizyns ablehnender Haltung gegenüber dem Westen äußert Kosiński: »Wenngleich man Freiheit, Toleranz und andere Qualitäten angepaßte Mängel der Demokratie nennen mag, sind sie der starren Korrektheit des Totalitarismus bei weitem vorzuziehen. Wie schriftstellerische Arbeit, so gibt es Freiheit nur dann, wenn sie ständig, sogar falsch, interpretiert wird.«

Durch die Heirat mit Mary Weir, Erbin eines Millionenvermögens, gelangt der Einwanderer in die erlesensten Kreise der High Society. Auf ausgedehnten Reisen nach Europa benutzt der Dichter Privatflugzeug und Hochseeyacht. Zwei Europäer im Weißen Haus zählen ebenso zu seinen engsten Freunden wie der Ex-Beatle George Harrison. 1968, als Mary an Hirntumor stirbt, erbt er keinen Cent des auf 800 Mio. Dollar geschätzten Grundvermögens. Kosiński kehrt in seine akademische Laufbahn zurück und wird Professor für Literatur in Yale. 1973 wählt man ihn als ersten nichtgebürtigen amerikanischen Autor zum Präsident des PEN der USA. 1978 wird sein Roman *Being There (Willkommen Mr. Chance)* mit Peter Sellers und Shirley MacLaine verfilmt. Die Geschichte des Gärtners Chance, der zeit seines Lebens eingesperrt war und die Welt nur aus dem Fernsehen kennt, aber Berater des amerikanischen Präsidenten wird, ist eine der großen Satiren auf die kleinen, haarsträubenden Schwächen der westlichen Zivilisation. In der Schlußsequenz von *Being There (Willkommen Mr. Chance)* geht Peter Sellers wie Christus übers Wasser, ohne zu versinken. »Ich bin ein Geschenk Gottes, ein Mensch, der stärker ist als alle«, meinte Kosiński bei der Premiere des Films und sorgte mal wieder für Verwirrung. Sein glänzend inszeniertes Image, sein exzentrischer Lebensstil, sein dunkelhäutiger Teint und die zahlreichen Affären mit Damen des Jetsets brachten einen exotischen Sinn für Mystik und Intrige in die eher biedere New Yorker Literaturszene. Niemand vermag zu sagen, wieviel Wahrheit und Erfindung in den Lebensanekdoten steckt, die Kosiński in sich widersprechenden Varianten feilbot. In *Cockpit* behauptet der Verfasser, jede Ähnlichkeit der Handlung mit realen Personen und Ereignissen sei rein zufällig. Zeitgleich ließ Kosiński über seine Agentur ›Scientia-Factum‹ verkünden, daß er, wie sein Held Tarden, verschiedene Identitäten besitze und zahlreiche geheime Adressen, wo er Geld und Waffen deponiert habe, um sich jederzeit vor seinen, nicht näher benannten, Häschern in Sicherheit zu bringen. Spielt hier das Kind des Krieges die verbotenen Spiele als Erwachsener weiter, oder versteckt ein begabter Lügner sein Trauma, als polnischer Jude unter polnischen Antisemiten überlebt zu haben, in Literatur?

Als ich ihn zwei Wochen vor seinem Tod bei *Castellano's* an der Bar lehnend erkannte, sah er kaum jenem braungebrannten Playboy aus den Magazinen ähnlich. Erst als ich ihn um Feuer bat, erkannte ich ihn am polnischen Akzent, der gegenüber seinem perfekten englischen Schreibstil befremdlich wirkte. 1982 behauptete die Zeitschrift *Village Voice*, Kosiński schriftstellerisches Werk sei das Produkt mehrerer Ghostwriter, die seine Lebensgeschichte weitgehend erfunden hätten. Die Gegenrede der *New York Times*, es handle sich um eine Verleumdung östlicher Adressaten, die sich für seinen Spott über den Kommunismus rächen wollten, mutet gleichsam wie eine Kosiński-Story an – halb Kolportage, halb fiktive Selbstdarstellung. Nicht auszuschließen, das der Autor von *Blind Date* (1977), *Passion Play* (1979), *Pinball* (1982) das Ganze inszenierte, um seinen sinkenden literarischen Stern wieder zum Leuchten zu bringen. Als Schauspieler, u. a. in Warren Beattys Oscar-Gewinner *Reds* (1981), war Kosiński mehr Erfolg beschieden als mit seinen letzten Romanen. Ist es am Ende die Angst vor dem schriftstellerischen Ruin gewesen, die den oft bis zur Unkenntlichkeit entstellten Selbstdarsteller in den Freitod trieb? Nur Tage vor dem 3. Mai soll Kosiński Gedichte des Lyrikers Lechoń gelesen haben. Der polnische Dichter sprang 1956 aus einem New Yorker Hotel in den Tod.

Jerzy Kosiński war ein Phänomen. Die einen sagen, eine *bête humaine* der Literatur, andere halten ihn für den unterhaltsamsten und traurigsten Zeitgenossen seit F. Scott Fitzgerald. Wieder andere vergleichen ihn mit Joseph Conrad, der, in Polen geboren, die englische Literatur aus ihrer Provinzialität befreite. Wie Conrad war Kosiński dauernd auf Reisen und besessen von der Idee, seine Identität wie ein Chamäleon zu wechseln. Sein intellektueller Zynismus, der zwischen Philip Roth und Fjodor Dostojewski den Seiltanz übte, kam aus der Tiefe des tragischen osteuropäischen Grundgefühls. Zynismus mag bloße Attitüde sein, mit der sich innere Leere vollmundig kaschiert. Aber Selbstmord ist keine zynische Pose. Es ist eine Inszenierung, die der Regisseur nicht unbeteiligt verfolgen kann. Vielleicht war der gewollte Abtritt von der Bühne des Lebens zweierlei: die begabten Menschen innewohnende Angst, konventionell zu sein und einen langsamen Tod zu sterben; der artistische Drang zur Symbolik. »Kunst ist die Verwendung von Symbolen, durch die eine zutiefst ungesicherte subjektive Realität manifestiert wird«, schrieb Kosiński. Am 4. Mai 1991 wollte der Autor zur feierlichen Eröffnung der American Bank of Poland nach Warschau fliegen. Ein Land, das er hinter sich gebracht hatte, ohne jemals von ihm loszukommen. Auf andere Weise als Czesław Miłosz (Nobel-preis für Literatur 1980) blieb Jerzy Kosiński ein Gezeichneter des ›Kompleks Polski‹, einem unheilbaren Gemütszustand, der nicht selten zum Tode führt. Die polnische Journalistin Hanna Krall be-richtet in ihrem erschütternden Buch über den Warschauer Ghetto-Aufstand *Dem Herrgott zuvorkommen* (1979), wie zahlreiche mit Geld und unter Lebensgefahr ins Ausland gebrachte Juden später dort Selbstmord verübten. Sollte ich Mr. Kosiński in einer Bar im Jenseits zufällig wiedertreffen, wird er mir wohl jeden Tag eine andere Version für seinen Freitod auftischen. Dann haben wir viel Zeit, über Osteuropa, New York und die Wurzeln des Zufalls in un-serem kurzen Leben zu sprechen.

DIE MASKEN DES ERIC AMBLER
(FILMPRODUZENT, THRILLERAUTOR)

1982 erlitt Eric Ambler nahe Genf einen beinahe tödlichen Autounfall. Im Hospital begann der als Krimiklassiker längst abgeschriebene Autor, an seinen Memoiren zu arbeiten, die 1985 unter dem doppelsinnigen Titel *Here lies* (»Hier liegt/lügt«) erschienen. Statt einer eitlen Selbstbespiegelung wurde es eine spannende Lebensbeichte, in dem der Ich-Erzähler lügt, um die Wahrheit über die wirkliche Lage der Welt zu sagen. 1998 starb der Doyen der *suspense*-Literatur in London mit neunundachtzig Jahren. Wer wird seinen Logenplatz einnehmen in der moralischen Instanz des Politthrillers, der letzten und einzig möglichen Form, in der Gut und Böse noch abgehandelt werden kann? John LeCarré verdiente den Thron, wenn er sein Ost-West-Spiel mit Smileys Leuten nicht so verzweifelt weiterspielen würde. Ted Allbeury gebührt der Rang schon wegen des kriminellen Schreibfleißes, Brian Freemantle allein für die literarische Erfindung des *field agents* Charlie Muffin, dem gewieftesten Schurken des Kalten Krieges.

Ambler hinterläßt ein literarisches Gesamtwerk, das im Vergleich zu Georges Simenon bescheiden ist. In sechzig Schaffensjahren schrieb er ›nur‹ einundzwanzig Romane, davon drei als Co-Autor, zwei autobiografische Bücher, einen Essayband und fünf Kurzgeschichten. Doch im Gegensatz zu Simenon hielt Ambler vom ersten Thriller *The Dark Frontier* (*Der dunkle Grenzbezirk,* 1936) bis zu seinen letzten als *Memories and other fictions* (*The Story So Far,* 1993) deklarierten Kriminalgeschichten ein gleich hohes Erzählniveau. Der Drang, die eigene *curriculum vitae* zu thematisieren, ließ den gelernten Maschinenbauingenieur ebenso kalt wie die Erfindung neuer Erzähltechniken. Mit Proust und Joyce verbindet Ambler so wenig wie die Briten mit Europa, mit Balzac und Dürrenmatt so viel wie die Schweiz mit dem Nazigold. Dem Dritten Reich schuldete der junge Idealist und linke Demokrat Ambler den Stoff für seine frühen Meisterwerke. *Uncommon Danger* (*Ungewöhnliche Gefahr,* 1937), *Cause for Alarm* (*Anlaß zur Unruhe,* 1938), *Epitaph for a Spy* (*Nachruf auf einen Spion,* 1938) und *Journey Into Fear* (*Die Angst reist mit,* 1940) warnten vor der Gefahr des Faschismus, als Europa sich noch im Frieden wähnte. Sie bewiesen eine weltpolitische Hellsichtigkeit, die den Erzähler als Experten für lautlose Kriege, schwelende Konflikte, geheime Umstürze, und andere Kapitalverbrechen berühmt machten. Die Technik des Staatsstreiches, die Curzio Malaparte als erster sezierte, benutzte der *suspense*-Autor nur als Handlungsmaschine für seine fiktiven Chroniken des realen Ausnahmezustandes, 20. Jahrhundert genannt. Der Idealist Ambler (deutsch: Schlenderer) wandelte sich zum Pessimisten, nachdem er als Hersteller von Propagandafilmen für die britische Armee den Zusammenbruch des alten Europa erlebte. Weil die Nazis vorerst keinen Stoff für Thriller mehr boten, ging Ambler nach Hollywood und machte Karriere als Filmproduzent und Drehbuchautor. Vier seiner Bestseller waren 1943/44, den Vorlagen inadäquat, verfilmt worden: *Journey into Fear* (*Von Agenten gejagt,* Regie: Norman Foster, Orson Welles, 1942), *Background to Danger* (*Spion im Orientexpreß,* Regie: Raoul Walsh, 1943), *Hotel Reserve* (Regie: Lance Comfort, 1944), *The Mask of Dimitrios* (*Die Maske des Dimitrios,* Regie: Jean Negulesco, 1944). Für Alfred Hitchcock war *A Coffin for Dimitrios* (1939), so der ursprüngliche amerikanische Titel, der beste Kriminalroman des Jahrhunderts. Einen Ambler-Stoff verfilmte Sir Alfred nie, weil er als Vertreter des *cinéma d'auteur* lieber aus zweitklassiger Ware erstklassige Filme machte als umgedreht. Ruhm als Drehbuchschreiber errang der geniale Erzähler Ambler trotz einer Oscar-Nominierung nicht. So kehrte er mit *Judgment on Deltchev* (*Der Fall Deltschev,* 1951) zu seinem Metier zurück. Das Comeback bestätigte seinen unangefochtenen Rang als Meister intelligenter Spannung, zugleich war es die Abkehr von linker Schwärmerei. Empört über den Schauprozeß gegen den frei gewählten Führer der Bulgarischen Bauernpartei Petkow, entlarvt Ambler in seinem packenden Politkrimi das sowjetische Szenario, die nationale Unabhängigkeit in Osteuropa zu ersticken. Weil es gefährlich ist, die Politik den Politikern zu überlassen, schrieb Ambler gegen die Machenschaften der Mächtigen an. Seine stärkste Waffe sei seine Neugier, so der Autor, statt Belletristik lese er lieber Börsenberichte und studiere Landkarten fremder Länder. In seinem Domizil am Genfer See, in feiner Gesellschaft von Diktatoren, Geheimdienstlern, Finanzbetrügern u. a. Ruheständlern, fand der Autor den Stoff, aus dem die globalen Alpträume sind. Der Ambler-Touch »vereint die plebejische Phantasie eines Voltaire mit der philosophischen Weisheit eines Montaigne, garniert mit einer gehörigen Prise britischem Understatement« (Jörg Fauser). Die Distanziertheit des unparteiischen Beobachters verführte Ambler nie dazu, die Welt durch die ideologischgetönte oder biografischgeschliffene Brille zu sehen, sondern so wie sie ist – schmutzig, gemein, bedrohlich wirklich. Seine Lieblingshelden waren fragwürdige Existenzen mit zweifelhaften Berufen: Waffeningenieure, Schmuggler, Agenten, Schriftsteller – seelisch Entwurzelte, politisch Heimatlose, Naivlinge von empörender Dummheit, britischer Exzentrik und Schwejkscher Schlitzohrigkeit. Als Verfolgte der Wirklichkeit jagen sie weniger Geheimnissen fremder Mächte nach als der eigenen Wahrheit. Sie bleiben Fremde in fremden Verhältnissen, sind Opfer von Intrigen und Verwechslungen, die sie oft nur durch Zufall überleben. In *Dirty Story* (*Schmutzige Geschichte,* 1967) ist der Held ein Zuhälter und Pornograph mit Visumproblemen, der wider Willen in einen von Ölmultis angezettelten Konflikt in Afrika hineingezogen wird. In *The Light of Day* (*Topkapi,* 1962) stehlen professionelle Ganoven auf geniale Weise einen Diamantendolch aus dem bestbewachten Museum Istanbuls und scheitern an einem kleinen Schurken, der für die Polizei arbeitet. Peter Ustinov hat ihm in der atmophärisch dichten, etwas neckischen Verfilmung von Jules Dassin seine unverwechselbare Gestalt gegeben und schrieb auch mit Ambler das Drehbuch. Echte Einbrecher ahmten den von Ambler ausgedachten Seiltrick nach und gingen mit ihrem spektakulären Domraub zu Köln in die Verbrechensgeschichte ein. Was Georg Lukács recht gibt, der meinte, realistische

Literatur muß die Wirklichkeit nicht nur getreu nachahmen, sondern auch lebendige Vorbilder liefern. Amblers kriminelle Phantasie war der Wirklichkeit stets um eine Nasenlänge voraus, wie in *The Levanter* (*Der Levantiner,* 1971). Da spekulierte der Autor, Jahre vor Mogadischu und München, über blutige Terrorpläne palästinensischer Freischärler. Seine ersten literarischen Gehversuche machte der Sohn eines Londoner Entertainerpaares mit Sketchen fürs Vaudeville-Theater. Daher rührt wohl die Angst des Romanerzählers, seine Leser zu langweilen. Mit Vorreden und Erklärungen hielt sich der Autor nie lange auf. Seine poetische Maxime: »If you have anything to say, say it short and loud«, führte er exemplarisch in den ersten Sätzen seines Romans *The Care of Time* (*Mit der Zeit,* 1981) vor. »Der Brief mit der Warnung traf Montag ein, die Bombe selber am Mittwoch. Es wurde eine betriebsame Woche.« Nun müssen treue E.A.-Leser auf Nachgelassenes hoffen oder auf Altbekanntes zurückgreifen. Zum Beispiel *The Schirmer Inheritance* (*Schirmers Erbschaft,* 1953), dem am meisten unterschätzten Ambler-Roman. Mir ist er ein unheimliches Lesevergnügen, weil ich darin verblüffende Parallelen zu den Erzählungen meiner Großmutter finde, deren Vorfahren auch aus Ostpreußen stammten und Schirmer hießen, doch keine Millionenerbschaft hinterließen. Ich bin trotzdem reich, weil ich alle einundzwanzig Ambler-Thriller (Diogenes) und die einzige DDR-Lizenzausgabe *Cause for Alarm* (*Alarm in Mailand,* Verlag der Nation 1956) besitze. *Last but not least* die sechs Filme auf DVD nach Romanen von Ambler. Als Drehbuchautor sehe ich sie immer wieder an, um nicht zu vergessen, wie man gesunden Tatsachensinn mit atemberaubender Spannung zu lehrreicher Unterhaltung verknüpft. Selbst wenn mittelmäßige Regisseure vieles verdarben, erfreue ich mich bis heute an Joseph Cotten, Orson Welles, James Mason, Lucie Mannheim, Melina Mercouri und dem durch und durch ›amblerischen‹ Peter Lorre.

DER GOTT DER UNNÜTZEN DINGE –
LAURENS STRAUB
(AUTOR, FILMPRODUZENT, -VERLEIHER)

2007 war kein gutes Jahr für den europäischen Autorenfilm. Am 30. Juli starben die Regisseure Antonioni und Bergman (als hätten sie sich verabredet). Zwei Monate früher war Laurens Straub gestorben – nach langer Krankheit, wie man so sagt. Oder am frühen Tod des ›Kinos der Autoren‹, dessen liebender Taufpate er war.

Er war nicht der einzige Holländer, der in Deutschland sein Glück versuchte, aber der eskapistischste unter denen, die nur in größeren Zusammenhängen ihr Talent entfalten können. Im Mai 1963, als die Beatles mit ihrer ersten Platte ›Please Please Me‹ die Musikwelt erschütterten, kam der Neunzehnjährige in München an der Falkenberg-Schule an, um Schauspieler zu werden. Lange hielt er sich mit dem mimischen Rollenspiel nicht auf, nach einer Rolle in Franz-Josef Spiekers *Wilder Reiter GmbH* zog es ihn zur Drehbucharbeit und Regie. Als Wunschkind und begabter Selbstdarsteller war er von sich überzeugt, zweifelte nicht daran, überall gebraucht zu werden. Den Drang seines Vaters nach Geschlossenheit und Selbstbeschränkung hielt er für unannehmbar, die Angst vor Brüchen oder Verzettelung für altmodisch. Die 1960er Jahre waren alles andere – Aufbruch, Revolte, der Traum von etwas anderem. Kino der Ideen und Bilder einer gefühlten Wirklichkeit. Von Paris und Prag schwappte die *Nouvelle Vague* des Autorenfilms nach München, wo sich in den Cafés von Schwabing die Jungfilmer Dinge erzählten, die in ›Papas Kino‹ nicht vorkamen. In Hof gründeten sie 1967 das kleinste Filmfestival der Welt, um ihre »flüssigen, gottbehüte überflüssigen Geschichten« *(Frankenpost)* zu zeigen, Bier zu trinken und Fußball zu spielen.

Laurens Straub war von Anfang an dabei und trommelte gegen Einzelkämpfertum für eine kollektive Stoffentwicklung, Produktion und Vertriebswirtschaft. 1971 gründete er mit Hark Bohm, Uwe

Brandner, Hans W. Geißendörfer, Peter Lilienthal, Thomas Scha-
moni, Volker Vogeler, Wim Wenders u. a. den ›Filmverlag der Auto-
ren‹ und wurde dessen Geschäftsführer. Bis zu seinem Ausscheiden
1977 entstanden über hundert Filme, darunter einige Klassiker des
Jungen Deutschen Films. Während die frühen Werke von Wenders,
Fassbinder, Herzog in Paris, New York, Tokio frenetisch als ›New
German Cinema‹ gefeiert wurden, liefen die Autorenfilme aus
München in bundesdeutschen Kinos eher schleppend. Laurens
Straub reiste als Verleiher mit Filmbüchsen im Gepäck um die Welt
und wurde nicht müde, das deutsche Autorenkino gegen Warner
Bros., Mosfilm und Quotenfernsehen zu vertreiben. Nebenbei pro-
duzierte und schrieb er Filme mit Herbert Achternbusch, Radu Ga-
brea und Frank Ripploh. Dessen drastische Schwulenkomödie *Taxi
zum Klo* (1980) war der Überraschungssieger beim Saarbrückener
Max-Ophüls-Wettbewerb. Als der Filmverlag an inneren Querelen
seiner Mitglieder in die Krise geriet, gründete Straub mit zwei Part-
nern und in Kommission mit George Harrisons Firma ›HandMade
Films‹ den Verleih ›Filmwelt‹. Ihm verdanken die deutschen Kinogänger das irre Vergnügen der Monty-Python-Filme, die Streifen
von Stephen Frears und Neil Jordan, den Politskandal mit Achtern-
buschs *Das Gespenst* (1982). Dazu die legendäre Deutschland-Tour
mit Russ Meyer, aber auch kommerziell erfolgreiche Kinderfilme
wie *Pumuckl* und *Das letzte Einhorn*. Ab 1986 lehrte Laurens Straub
als Professor an der Filmakademie Ludwigsburg und ermutigte die
Studenten, auf ihre eigene Stimme zu hören, nicht nur nach Aner-
kennung zu schielen, ihr Talent vor der Beschädigung des Marktes
zu schützen und Mut zum Scheitern zu haben. Seine Fähigkeit,
Film als fragwürdiges Kunstprodukt der Massenkultur disparat und
dissolut zu betrachten, von den Rändern einer immer hermetische-
ren Medienkritik her, trug ihm den Ruf eines Provokateurs ein, der
das Abseitige liebt und das Naheliegende verachtet. Auf Filmdiskus-
sionen und in der Presse forderte er seine Gegner aus dem Filmverlag und Hamburger Filmbüro heraus, indem er ihnen Megalomanie
und Gefallsucht vorwarf. Ein starkes Stück war, als er im Fernsehen

Laurens Straub in seinem Hamburger Büro, 1995

äußerte, Rainer Werner Fassbinders Vorbild sei Adolf Hitler gewesen. Straub liebte die Gescheiterten und Verkannten, Orson Welles, Nicholas Ray, Bernhard Wicki, Vlado Kristl, Heinz Emigholz, Roland Klick, über die er sehr persönliche, kluge Texte schrieb. Auch in Literatur, Musik, Malerei liebte er jene Verlorenen der großen Städte, die »wie eine Nadel ohne Faden durchs Gewebe der Zeit« (Viktor Schklowski) gingen: z. B. Klaus Mann, Gabriel Fauré, James Ensor. Das Malen und Zeichnen übte er phasenweise mit großer

Hingabe, schaffte aber nur im Schreiben Bleibendes. »Mit der zunehmenden Kommerzialisierung des deutschen Kinos interessierte ihn der Beruf des Producers nur als Möglichkeit, mit unbekannten Talentgrößen und unmöglichen Ideen zu jonglieren.« Seine Firma ›NextFilm‹ konnte in den neunziger Jahren eine Reihe ansehnlicher Spiel- und Dokumentarfilme verbuchen, aber keinen echten Kassenerfolg. Für arte realisierte Straub zwei Themenabende über Christo und Hunde, nicht aber sein Lieblingsprojekt ›Train stories‹ von Albert Maysles, den er auf den Hofer Filmtagen 1995 als einen der Väter des *cinema direct* erstmals in Deutschland präsentierte. Hof, »die Einheit von Ort und Filmutopie« (L.S.), blieb bis zuletzt eine feste Konstante im Leben des nach München, Hamburg, Paris in Berlin gestrandeten ›Fliegenden Holländers‹. Hier residierte er im Restaurant ›Bonfini‹ in der Münzstraße und genoß das Gegenwärtige »wie aus der Ferne längst vergangener Zeiten« (Richard Wagner). Er aß und trank zuviel, rauchte weiter, als die Diagnose Lungenkrebs im Raum stand und seine Zukunft obsolet war. Statt sich hinzusetzen und den Roman seines Lebens aufzuschreiben, den er in Hunderten von Moleskine-Notizbüchern skizzierte, machte er die Interviews für die Werner-Herzog-Edition auf DVD. Trotz Chemo- und Strahlentherapie begann er einen Kinodokumentarfilm über den ›Filmverlag der Autoren‹ und überwachte noch den Rohschnitt, als er ans Bett gefesselt auf der Krebsstation lag. Am 28. Februar 2007 schrieb er in sein Tagebuch: »Sterben ist nichts für Amateure. Ich tue mich schwer loszulassen, das Leben klebt an mir, die Bilder, nicht die Leistung. Warum will es mir nicht gelingen, völlig unbedeutend und endlich frei zu sein.« Am Morgen des 19. April starb Laurens Straub mit 62 Jahren wie ein Profi. Ohne Betäubung, allein mit sich und einem Lächeln auf den Lippen. Ein Verlust fürs deutsche Kino und seine Freunde, der nicht billig aufzuwiegen ist.

Im Januar 2011 starb mit nur 61 Jahren ein anderer deutscher Filmproduzent, Straubs sportiver Antipode Bernd Eichinger, beim Essen in einem Restaurant in Hollywood.

Ein Tod, der dem holländischen Genießer gut gestanden hätte. In *Heimat I* von Edgar Reitz fahren die beiden als Darsteller zweier Kapitalunternehmer einträchtig in einer Mercedes-Limousine durch den Hunsrück, um ihn zu erobern. Im realen Leben hatten sie sich nicht viel zu sagen, weil der eine Kino als Erfolgsmodell für Aktien und Ego verstand und das Publikum, das da war, bediente; der andere nach einem Publikum schielte, das es nicht mehr gab, und mit einem guten Essen, Wein und drei Schachteln Zigaretten pro Tag zufrieden war. Am wichtigsten jedoch waren ihm gute Gespräche mit guten Leuten über Kino, Fußball, Gott und die Welt.

GOODNIGHT all you PAPERBACK WRITERS

DAS GESETZ DER SERIE

Es gibt Filme, bei denen man sich wünscht, sie mögen nie enden. Bücher über Film sind meist zu lang und sagen oft wenig über den subjektiven Blick des Autors auf die Welt aus, weil das photographische Medium, in dem er schwimmt, zur Kursbestimmung zwingt.

Ich hoffe, ich habe den Leser nicht gelangweilt. Das wäre für einen Drehbuchautor eine unverzeihliche Sünde. Meiner Meinung muß niemand sein, denn ich selbst bin selten länger als einen Film meiner Meinung. Oder wie Volker Schlöndorff jedes Mal antwortet, wenn er beim Wort genommen wird: »Was kümmert mich mein Gefasel von gestern.« Meine praktikablen Ratschläge für angehende Drehbuchautoren können und sollen ernst genommen werden. Sie entspringen der 25jährigen persönlichen Erfahrung eines Hilfsarbeiters zweier mächtiger Brüder – dem einäugigen *Kinemachos,* der, rückwärtsblickend die Seele der Dinge und den Zustand des Menschen schaut; dem stets informierten *Telemachos,* der alles gleichzeitig sieht, aber das Wesentliche nicht erkennt – den Zusammenhang von allen Dingen jenseits der Zeit und allen Menschen, die jemals lebten.

Vilém Flusser hat das in seinem Buch *Lob der Oberflächlichkeit* sachkundiger beschrieben. Ich kann nur nachbeten und umschreiben, wie der zu früh verstorbene DDR-Dichter Kurt Bartsch, im Westen nur als Autor der TV-Serie *Unser Lehrer Dr. Specht* bekannt, in einem Gedicht ausführt: »Ich schreibe nur ab und zu. / Ich schreibe von Brecht ab. / Und was ich zuschreibe, das stammt / Von den Expressionisten.« Für mich hieße das: Ich schreibe von F. Scott Fitzgerald ab, und was ich dazuschreibe, stammt aus dem Kino der sechziger Jahre.

Stilleben à la Karl Blossfeldt, Katowice 2002

POST SCRIPTUM

Ich wollte keine Abrechnung betreiben mit denen, die mir schadeten, noch offene Rechnungen eintreiben. Im Gegensatz zu Claire Goll verzeihe ich allen. Mein Job ist es, Geschichten zu erzählen, in diesem Buch nur selbst erlebte und erlittene. Ob sie wahr oder halbwahr, gar falsch interpretiert sind, kann ich nicht beschwören, weil mein Gedächtnis, wie das aller Menschen, die Erinnerung ständig neu bewertet. Wenn sich der eine oder andere auf den Schlips getreten fühlt, tut es mir leid oder auch nicht. Ich bin nicht auf Skandale aus, obwohl sie die Auflage steigern. Ich nehme mir lediglich die Freiheit, einen Film zu erzählen, für den kein Produzent, kein Redakteur einen Cent geben würde – den Film meines Leben.

Mein Dank gilt folgenden Personen, die mir direkt oder indirekt bei diesem Buch behilflich waren:
Christiane Altenburg, Lars-Peter Barthel, Hermann Beyer, Wolfgang Brenner, Jochen Brunow, Martin Buchhorn, Stella Diedrich, Mike Downey, Christel und Roland Gräf, Michael Gwisdek, Hannes Hametner, Corinna Harfouch, Jürgen Holtz, Urs Jaeggi, Prof. Rudi Jürschik, Peter Kahane, Uwe Kockisch, Herbert Kugler, Lech Majewski, Thomas Martin, Dr. Christiane Mückenberger, Peter Rabenalt, Käthe Reichel, Oliver Schlecht, Torsten Schulz, Gundula Schulze ElDowy, Tamara Trampe, Angelika Schrobsdorff, Peter Voigt, Alexander Wewerka, Antje Wewerka.

ENDE

THE END

FIN

FINE

終

KONIEC

КОНЕЦ

FINIS

WERKVERZEICHNIS

Drehbücher zu Spiel- und Dokumentarfilmen

1979 **Eine Nummer zu klein** (Kurzspielfilm der HFF),
Buch/Regie: Thomas Knauf

1986 **Rabenvater** (DEFA-Kinofilm),
Regie: Karl-Heinz Heymann

1987 **Vorspiel** (DEFA-Kinofilm), Regie: Peter Kahane
*Preis des Saarländischen Ministerpräsidenten im Ophüls-
Wettbewerb 1988*

1989 **Treffen in Travers** (DEFA-Kinofilm),
Regie: Michael Gwisdek
*Offiziell ausgewählt in Cannes 1989 (Un Certain Regard); Kritiker-
preis der DDR als bester Film 1990; Hauptpreis und Preise für besten männlichen und weiblichen Darsteller des Nationalen Spielfilmfestivals der DDR 1990*

1990 **Die Architekten** (DEFA-Kinofilm), Regie: Peter Kahane
*Sonderpreis des Nationalen Spielfilmfestivals der DDR 1990; Preis
der Katholischen Kirche 1990*

1992 **Die Spur des Bernsteinzimmers** (DEFA/WDR-Kinofilm), Regie: Roland Gräf

1992 **Der Schinkel von Babelsberg** (Dokumentarfilm für ORB),
Buch/Regie: Thomas Knauf

1993 **Preußen und die Toleranz** (Dokumentarfilm für Arte),
Regie: Angela Beinemann

1994 **Zurück nach Taree** (Dokumentarfilm für 3sat),
Buch/Regie: Thomas Knauf

1995 **Nepal, Land zwischen Himmel und Erde /
Nepal, Land zwischen Gestern und Morgen**
(Dokumentarfilm für ARD), Buch/Regie: Thomas Knauf

1995 **Shalom Israel** (Dokumentarfilm für ARD),
Buch/Regie: Thomas Knauf

1996 **Brennendes Herz** (Spielfilm für ARD),
Co-Autor, Regie: Peter Patzak

1997 **Heißkalte Liebe** (ARD-Reihe »Polizeiruf 110«),
Regie: Rolf Liccini

1999 **Ein Mann steht auf** (2teiliger Krimi für ARD),
Co-Autor, Regie: Michael Lähn

1999 **Reise zur Sonne** (Kinofilm D/Türkei),
Skriptdoktor, Regie: Yeşim Ustaoğlu
Menschenrechtspreis der Berlinale 1999

1999 **Wojaczek** (Kinofilm Polen),
Schnittberatung, Regie: Lech Majewski

2001 **Führer Ex** (Kinofilm D),
Skriptdoktor, Regie: Winfried Bonengel

2001 **Exil** (Tatort NDR),
Co-Autor, Regie: Thomas Bohn

2002 **Brass on Fire** (Kino-Dokfilm),
Schnittberatung, Regie: Ralf Marschalleck

2004 **Klaus Kuron – Spion in eigener Sache** (Dokfilm für 3sat),
Buch/Regie: Thomas Knauf

2009 **Wir waren so frei** (Dokumentarfilm für DEFA-Stiftung),
Buch/Regie:Thomas Knauf
Ophüls-Wettbewerb Saarbrücken 2010, New Berlin Award 2010

2011 **Gespräche um nichts mit Jürgen Holtz** (Dokumentarfilm),
Buch/Regie: Thomas Knauf

Unverfilmte Drehbücher und Treatments (Auswahl)

1981 **»Aviatiker«** (Flugpioniere in Berlin-Johannisthal 1918)

1984 **»Reise nach Gandesa«** (Treatment nach Walter Jankas
Spanienkriegserlebnissen)

1986 **»Hiob, letztes Kapitel«** (Gegenwartsdrama, Treatment)

1989 **»Ein Beruf wie jeder andere«** (Agentenfilm, Treatment)

1990 **»Alles Gute im Jenseits«** (Ost-West-Liebesgeschichte)

1991 **»W. M. in N. Y.«** (nach *Meine Entdeckung Amerikas* von W. Majakowski)

1992 »**Helden**« (Teil des europäischen Episodenfilms *Intolerance*)

1993 »**Hunger**« (Goldgräberdrama in Colorado 1857, Treatment)

1994 »**Herbst der Spione**« (Politthriller)

1995 »**Dresden sehen und sterben**« (»Tatort«, Treatment)

1996 »**Enite & Erec**« (Ritterepos nach Hartman von Aue, Treatment)

1997 »**Hemingways Zimmer**« (Kuba-Thriller, Treatment)

1999 »**Beuys**« (Filmpoem, zusammen mit Lech Majewski)

2000 »**Yves, mon amour**« (Künstlerdrama, zusammen mit Lech Majewski)

2001 »**Störtebecker**« (TV-Miniserie, Treatment)

2002 »**Schatten von Gestern**« (Politdrama)

2003 »**Marmor, Stein und Eisen …**« (»Die Architekten II«, Treatment)

2003 »**Der Schmerz**« (Politdrama, Treatment)

2004 »**Something in the Air**« (Thriller, Treatment)

2005 »**Goldmarie & Pechmarie**« (Episode für ›Der Letzte Zeuge‹)

2006 »**Die Freiheit**« (Mediensatire, Treatment)

2007 »**Nachtangst**« (Psychothriller, Treatment)

2009 »**Winckelmanns Irrtum**« (historische Biografie, Treatment)

2010 »**Die Nächte der Kanzlerin**« (Liebesfilm, Treatment)

Journalistische und literarische Arbeiten (Auswahl)

1985–89 Reportagen, Interviews, Filmkritiken für *Film & Fernsehen*, *Sonntag*, *Wochenpost*, *Unterhaltungskunst*; ab 1990 freier Journalist für *der Freitag*, *taz*, *Tip*, *Zitty*, *Die Zeit*, *Frankfurter Rundschau*, *Neue Zürcher Zeitung*, *Berliner Zeitung*, *World Press Review*.

Neue Deutsche Literatur 9/81, 5/84, 8/90 – Gedichte

Temperamente 4/82, 3/90 – Gedichte und Interview

Akzente, No. 3/84 (Hanser-Verlag) – Gedichte und Prosa

Jahrbuch Lyrik 1984 (Oberbaum Verlag Berlin) – Gedichte

Jahrbuch Lyrik 1985 (Mariannenpresse Berlin) – Gedichte

Der Neue Zwiebelmarkt (Eulenspiegel Verlag 1988) – Gedichte

Reisebuch DDR (Haude & Spencer 1989) – Text über Halle/Saale

Semafórum (Prag 1990) – Text & Fotos: Das deutsch-deutsche Gefühl
Film und Fernsehen 8/90 – »Reise nach Gandesa«, Filmtreatment
ARCH+ No. 103/1990 – Abdruck des Drehbuchs »Die Architekten«
DEFA NOVA (Kinemathek No. 82, 1993) – Text über die DEFA
Bahnhof Berlin. Hrsg. Katja Lange-Müller (dtv 1997) – Text »Ab
    durch die Mitte«
Jenseits von Hollywood (Verlag der Autoren 2000) – Text »Change the
    script«
DEFA-Jahrbuchs 2001 (DEFA-Stiftung) – Drehbuch »Herbst der
    Spione«
André Rival, Fotobuch (Nicolai'sche Verlagsbuchhandlung 2002) –
    Vorwort
DEFA-Jahrbuchs 2003 (DEFA-Stiftung) – Text über Ulrich Weiß
Brecht plusminus Film (Theater der Zeit 2003) – Text u. Fotos von
    Peenemünde
Erzählen für den Film (DEFA Stiftung 2004) – Interview mit Wolf-
    gang Trampe
50 Jahre HFF (Buch im VISTAS-Verlag Berlin 2004) – Mitautor
Spur der Filme – Zeitzeugen über die DEFA. Hrsg. Ingrid Poss,
    Peter Warnecke (Ch. Links Verlag 2006) – Interviewtexte
Scenario 2 (Bertz & Fischer Verlag 2008) – Text über Ulrich Plenzdorf
Lettre International Nr. 86/09 – Text »Tagebuch des Teufels 1989–90«
Scenario 4 (Bertz & Fischer 2010) – Auszug aus »Babelsberg-Storys«
Scenario 5 (Bertz & Fischer 2011) – Filmerzählung »UFA Traumstadt«
Der Golem vom Prenzlauer Berg (voraussichtlich 2011) – Krimi

Hörspiele/Ausstellungen

1988 *Die Stunde des Augenblicks.* Hörspiel für den Berliner Rundfunk
1998 *Ab durch die Mitte.* Feature für MDR-Radio
1999 *Lobetal.* Stück von Jürgen Hofmann, Regie: Harald Siebler –
    Darsteller
2003 *Chemie & Liebe.* Feature für MDR-Radio

2003 *Kabul im Winter.* Fotos in Galerie Pankow und Galerie F96 Berlin

2008 *Die Angst vor der Angst.* Hörspiel für MDR, auch Regie

2009 *Rückwärts in die Zukunft* DDR-Fotos in der Domgalerie Halle/Saale, Zwingli-Kirche Berlin, Künstlerhaus Saarbrücken

Publikationen anderer zur Person/Arbeit (Auswahl)

Ian Walker, *ZOO-Station* (London: Abacus 1987) – Romanfigur

Die Weltbühne Mai/1989 – Peter Ahrens über *Treffen in Travers*

Weimarer Beiträge 3/90 – Brigitte Thurm: »Wer traf sich in Travers?«

Film und Fernsehen 5/90 – Interview zu *Treffen in Travers*

Deutsche Bauwelt 6/90 – Interview über Architektur und Film

Adolf Endler, *Tarzan am Prenzlauer Berg* (Reclam 1994), Kapitel: Verboteverbote

Bauwelt 1+2/97 *Thema Leinwandhelden* – Ulf Meyer: »Die Architekten«

Heimat in DDR-Medien (BfPB 1998) – Stefan Zahlmann: Das Beispiel ›Die Architekten‹

Alexander Kluge, *Chronik der Gefühle* (Hanser 2000) Kapitel ›Der Schatzsucher‹

Die imaginierte Nation (DEFA-Stiftung 2007) – Bettina Mathes: Mit der Heimat verheiratet, ›Die Architekten‹

Preise und Stipendien

Maxie-Wander-Tage, Dresden 1982, Preis für den besten Prosatext

DDR-Hörspielpreis für *Die Stunde des Augenblicks*, 1988

DDR-Kritikerpreis für *Treffen in Travers*, 1990

Timothy-Leary-Preis für die beste Vorlesung an der University of Chico, California 1994

Stipendium der Stiftung Kulturfonds 1996/97/01/04

Stipendium der DEFA-Stiftung 2001/02/05/08/09/11

Drehbuchförderungen der Filmbüros Brandenburg, Bremen, Hessen, Mecklenburg-Vorpommern, BKM

Ingmar-Bergman-Stipendium 2011

KURZBIOGRAFIE

geb. 1951 in Schkopau-Buna;
Abitur, Schlosser, Theater-Re-
quisiteur, Filmplakatmaler, Film-
klubmitarbeiter; 1971–76 Regieassistent im DDR-Fernsehen;
1976–80 Studium und Diplom
an der Hochschule für Film- und
Fernsehwissenschaft in Babelsberg; 1980 Regieassistent von István Szabós Film *Mephisto*; 1981–
90 Drehbuchautor der DEFA;

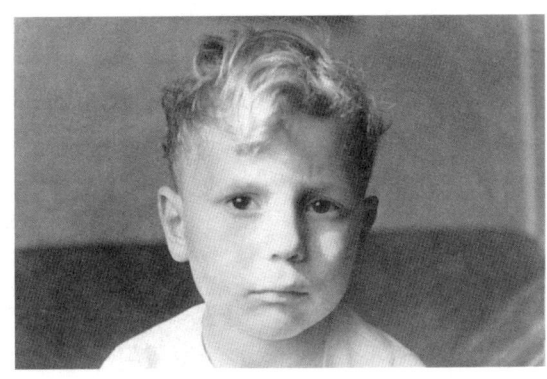

1990–95 Wohnsitz in New York: Videoarbeit für Laurie Anderson,
Moderator der Sendung *Cinema then, Cinema now* im Kabelsender
CUNY-TV, Auslandskorrespondent der Wochenzeitung *Freitag*; 1994
Vorlesungen an der University of Chico, California; 1995/96 Au-
tor/Regisseur des ORB-Kulturmagazins *Querstraße*; 1996/97 Wohnsitz
in Jerusalem; 1997 Drehbuchseminare in Istanbul und Berlin (dffb),
seit 1998 Mitglied des Verlages der Autoren; 2000 Drehbuchseminar
an dffb, 2002/03 Lehrauftrag an der HFF Potsdam; 2005 Lehrauftrag
Film und Theater an der Berliner Schauspielschule ›Ernst Busch‹;
2008 Lehrauftrag an der dffb; lebt in Berlin-Prenzlauer Berg, geschie-
den, eine Tochter.

LITERATUR- UND FILMEMPFEHLUNGEN

Theorie & Praxis

Jean-Claude Carrière, Pascal Bonitzer: *Drehbuchschreiben und Geschichtenerzählen*. Berlin: Alexander Verlag Berlin | Köln 2011

Jean-Claude Carrière: *Der Kreis der Lügner. Die Weisheit der Welt in Geschichten*. München, Zürich: Diana Verlag 1999

Vilém Flusser: *Lob der Oberflächlichkeit*. Mannheim: Bollmann Verlag 1995

Rudolf Denk (Hrsg.): *Texte zur Poetik des Films*. Stuttgart: Reclam 1992

Robert Bresson: *Notizen zum Kinematographen*. Berlin: Alexander Verlag Berlin 2007

David Mamet: *Bambi vs. Godzilla. Über Wesen, Zweck und Praxis des Filmbusiness*. Berlin: Alexander Verlag Berlin 2008

Erwin Panofsky: *Die ideologischen Vorläufer des Rolls-Royce-Kühlers & Stil und Medium im Film*. Frankfurt a. M: Campus-Verlag 1993

Pier Paolo Pasolini: *Ketzererfahrungen – Schriften zu Sprache, Literatur und Film*. München, Wien: Hanser Verlag 1979

Christoph Klimke: *Wir sind alle in Gefahr – Pasolini, ein Prozeß*. Berlin, St. Petersburg: Oberbaum 2001

Paul Virilio: *Die Sehmaschine*. Berlin: Merve-Verlag 1989

Jean Baudrillard: *Die fatalen Strategien*. Berlin: Matthes & Seitz 1991

Jörg Probst, Hanns Zischler (Hrsg.): *Großes Kino, kleines Kino. 1968 Bilder*. Berlin: Merve-Verlag 2008

Jean-Luc Godard: *Liebe Arbeit Kino. Rette sich wer kann. (Das Leben)*. Berlin: Merve-Verlag 1981

Frieda Grafe: *Beschriebener Film 1974–1985* (in: *Die Republik* Nr. 72–75/ 25. Januar 1985, Salzhausen: Verlag Die Republik 1985) Nettelbeck, Petra und Uwe (Hrsg.)

Peter Weiss: *Avantgarde Film*. Frankfurt a. M.: Suhrkamp 1995

Friedrich A. Kittler: *Optische Medien. Berliner Vorlesungen 1999*. Berlin: Merve-Verlag 2002

Marshall McLuhan: *Die magischen Kanäle*. Dresden, Basel: Verlag der
Kunst 1994

Marshall McLuhan: *Die mechanische Braut. Volkskultur des industriel-*
len Menschen. Amsterdam: Verlag der Kunst 1996

Neil Postman: *Die Verweigerung der Hörigkeit. Lauter Einsprüche*.
Frankfurt a. M.: S. Fischer Verlag 1988

Paul Watzlawick: *Wie wirklich ist die Wirklichkeit? Wahn, Fälschung,*
Verstehen. 21. Aufl. München, Zürich: Piper Verlag 1996

Paul Watzlawick: *Vom Schlechten des Guten oder Hekates Lösungen*.
München: Deutscher Taschenbuch Verlag 1994

Viktor Schklowski: *Schriften zum Film*. Frankfurt a. M.: Suhrkamp
Verlag 1966

F. Scott Fitzgerald: *Der Knacks*. Berlin: Merve-Verlag 1984

Romane und Erzählungen, die man (noch) einmal verfilmen müßte

F. Scott Fitzgerald: *Pat Hobby's Hollywood-Stories*. Zürich: Diogenes
1978

Osvaldo Soriano: *Traurig, einsam und endgültig*. Frankfurt a. M.:
Suhrkamp 1983

Ray Bradbury: *Die Laurel-&-Hardy-Liebesgeschichte und andere Erzäh-*
lungen. Zürich: Diogenes 1992

Doris Lessing: *Anweisung für einen Abstieg zur Hölle*. Frankfurt a. M.:
Fischer Taschenbuch Verlag 1991

Blaise Cendrars: *Gold*. Zürich: Arche 1987

Heinrich Eduard Jacob: *Blut und Zelluloid*. Bad Homburg: Oberon
1986

Adolfo Bioy Casares: *Morels Erfindung*. Frankfurt a. M.: Suhrkamp
2003

Lidia Tschukowskaja: *Untertauchen*. Zürich: Diogenes 1975

Milán Füst: *Die Geschichte meiner Frau. Roman einer Eifersucht*. Reinbek bei Hamburg: Rowohlt 1989

Lars Gustafsson: *Der Tod eines Bienenzüchters*. Frankfurt a. M.: Fischer
Taschenbuch Verlag 2001

Erich Maria Remarque: *Die Nacht von Lissabon.* Köln: Kiepenheuer & Witsch 1998

Albert Camus: *Der Fremde.* Reinbek bei Hamburg: Rowohlt 2003

Jerzy Kosiński: *Cockpit.* Frankfurt a. M.: Fischer Taschenbuch Verlag 1980

Urs Jaeggi: *Rimpler.* Frankfurt a. M.: Fischer Taschenbuch Verlag 1990

Einar Schleef: *Die Bande. Erzählungen.* Frankfurt a. M.: Suhrkamp 1982

Wolfgang Brenner: *Welcome Ossi!.* Zürich: Diogenes 1993

Ambrose Bierce: *Mein Lieblingsmord.* Frankfurt a. M.: Suhrkamp 1996

G. K. Chesterton: *Pater Brown und der Fehler in der Maschine.* Zürich: Diogenes 1985

Brian Freemantle: *Lächeln Sie, Charlie Muffin.* Frankfurt a. M., Berlin: Ullstein 1988

Joseph Wambaugh: *Golden Orange.* München: Goldmann 1994

James Hadley Chase: *Wenn der Film reißt.* Frankfurt a. M., Berlin: Ullstein 1968

Don DeLillo: *Americana.* Reinbek bei Hamburg: Rowohlt 1995

Philip K. Dick: *Ubik. Roman und Drehbuch.* München: Heyne Verlag 2003

Peter Schmidt: *Das Veteranen-Treffen.* Reinbek bei Hamburg: Rowohlt 1990

Jörg Fauser: alle Romane (Berlin: Alexander Verlag Berlin)

Eric Ambler: alle Thriller (Zürich: Diogenes Verlag)

Fünfundzwanzig Filmklassiker, die ein Drehbuchautor kennen sollte

Spione (Deutschland 1928, R: Fritz Lang)

Ein Mensch in der Masse (*The Crowd*, USA 1928, R: King Vidor)

Rashōmon (Japan 1050, R: Akira Kurosawa)

Asche und Diamant (*Popiół i diament*, Polen 1958, R: Andrzej Wajda)

Rocco und seine Brüder (*Rocco e i suoi fratelli*, Italien/Frankreich 1960, R: Luchino Visconti)

Der Fall Gleiwitz (DDR 1961, R: Gerhard Klein)

Das süße Leben (*La dolce vita*, Italien/Frankreich 1960, R: Federico Fellini)

Performance (Großbritannien 1970, R: Nicolas Roeg)

Persona (Schweden 1966, R: Ingmar Bergman)

Belle de Jour (Italien/Frankreich 1967, R: Luis Buñuel)

Pickpocket (Frankreich 1959, R: Robert Bresson)

Der Prozeß (*Le procès*, Frankreich/Deutschland/Italien 1962, R: Orson Welles)

Schock-Korridor (*Shock Corridor*, USA 1963, R: Samuel Fuller)

Vertigo – Aus dem Reich der Toten (*Vertigo*, USA 1958, R: Alfred Hitchcock)

Am Rande des Rollfelds (*La Jetée*, Frankreich 1962, R: Chris Marker)

Die Verachtung (*Le mépris*, Frankreich/Italien 1963, R: Jean-Luc Godard)

Die Rote Wüste (*Il deserto rosso*, Italien/Frankreich 1964, R: Michelangelo Antonioni)

Teorema – Geometrie der Liebe (*Teorema*, Italien 1968, R: Pier Paolo Pasolini)

Der Dialog (*The Conversation*, USA 1974, R: Francis Ford Coppola)

Zelig (USA 1983, R: Woody Allen)

Die Strategie der Spinne (*La strategia del ragno*, Italien 1970, R: Bernardo Bertolucci)

Der Spiegel (*Zerkalo*, UdSSR 1975, R: Andrej Tarkowski)

Der Zufall möglicherweise (*Przypadek*, Polen 1981, R: Krzysztof Kieślowski)

Stroszek (Deutschland 1977, R: Werner Herzog)

Deadlock (Deutschland 1970, R: Roland Klick)

Kino auf der 42nd Street mit Text von Jenny Holtzer, New York 2001 |
Filmmuseum im Trocadéro, Paris 2005

New Yorker Loft mit Blick nach New Jersey, 1993 |
Autokino in Spring Valley, New York State, 1992

Maria Falconetti in *Die Passion der Jeanne d'Arc* von Carl Theodor Dreyer, Paris, 1997 |
Monica Vitti in *Die Rote Wüste, Mestre* (Italien) 1990

Medienzentrum Kabul (Afghanistan) 2003 |
Pornokino auf der Reeperbahn in Hamburg, 1989

Kino URANIA 70 in Halle/Saale, 1995 |
Kinoruine in Süditalien, 1999

Privatkino eines Milliardärs in Estoril (Portugal), 1997 |
Kino am Amazonas (Brasilien), 1993

PERSONENREGISTER

Kursive Seitenzahlen beziehen sich auf die Bildunterschriften.

FILMTITELREGISTER

Richard Blank
FILM&LICHT
Die Geschichte des Filmlichts ist die Geschichte des Films

DREHBUCH
Alles auf Anfang

Robert Bresson
NOTIZEN ZUM KINEMATOGRAPHEN

Jean-Claude Carrière
DER UNSICHTBARE FILM

Jean-Claude Carrière und Pascal Bonitzer
DREHBUCHSCHREIBEN UND GESCHICHTENERZÄHLEN

Michel Chion
TECHNIKEN DES DREHBUCHSCHREIBENS

Dominik Graf
SCHLÄFT EIN LIED IN ALLEN DINGEN
Texte zum Film

IM ANGESICHT DES VERBRECHENS
Fernseharbeit am Beispiel einer Serie

Robert McKee
STORY
Die Prinzipien des Drehbuchschreibens

Peter Rabenalt
FILMDRAMTURGIE

www.alexander-verlag.com
Postfach 19 18 24 – D-14008 Berlin